DANGDAI HUANJING BAOHU WENTI DE
FALÜ YINGDUI

当代环境保护问题的法律应对

冷罗生 著

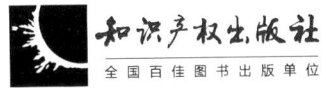

图书在版编目（CIP）数据

当代环境保护问题的法律应对／冷罗生著 .—北京：知识产权出版社，2019.9
ISBN 978-7-5130-6416-3

Ⅰ.①当… Ⅱ.①冷… Ⅲ.①环境保护法—研究—中国 Ⅳ.①D922.680.4

中国版本图书馆 CIP 数据核字（2019）第 179675 号

责任编辑：彭小华　　　　　　　　　责任校对：潘凤越
封面设计：韩建文　　　　　　　　　责任印制：孙婷婷

当代环境保护问题的法律应对

冷罗生　著

出版发行：知识产权出版社有限责任公司	网　址：http：//www.ipph.cn
社　址：北京市海淀区气象路 50 号院	邮　编：100081
责编电话：010-82000860 转 8115	责编邮箱：huapxh@sina.com
发行电话：010-82000860 转 8101/8102	发行传真：010-82000893/82005070/82000270
印　刷：北京九州迅驰传媒文化有限公司	经　销：各大网上书店、新华书店及相关专业书店
开　本：720mm×1000mm　1/16	印　张：17
版　次：2019 年 9 月第 1 版	印　次：2019 年 9 月第 1 次印刷
字　数：320 千字	定　价：78.00 元
ISBN 978-7-5130-6416-3	

出版权专有　侵权必究
如有印装质量问题，本社负责调换。

目　　录

第一部分　绿色化立法 …………………………………………… 1
　日本绿色化的立法实践及其对我国的启示 ………………………… 3
　电子废弃物回收利用和处置的法律措施：国外的经验与中国的对策…… 21

第二部分　气候变化立法 ………………………………………… 31
　CDM 项目值得注意的几个法律问题 ……………………………… 33
　构建中国大陆自愿减排交易机制的政策法律思考………………… 43
　构建中国碳排放权交易机制的法律政策思考……………………… 58
　日本温室气体排放权交易制度及其启示…………………………… 72
　加拿大《气候变化责任法案》及其对我国的启示 ………………… 84
　韩国《绿色增长基本法》及其对我国的启示 ……………………… 98
　德班气候变化大会前景不容乐观 ………………………………… 112

第三部分　污染防治立法 ………………………………………… 115
　对《中华人民共和国水污染防治法》的理性思考 ………………… 117
　中国面源污染防治立法的现状、困境与出路 …………………… 131
　日本应对面源污染的法律措施 …………………………………… 137
　河湖水系连通中的法律问题 ……………………………………… 145

第四部分　环境保护法前沿问题 ………………………………… 195

刑法将修　"达摩克利斯之剑"已悬

　　——刑法修正案（八）（草案）的主要动机与要点释疑 ……… 197

环境执法中的责令停止建设与责令停止生产 …………………… 202

保护生命水源　亟待法律健全 …………………………………… 206

"不防污染防监督"造就排污天堂 ……………………………… 209

治理地下水污染　法律要有"法力" …………………………… 212

第五部分　新环境保护法的热点问题研究 …………………… 217

新环保法实施中环境报告制度的困境与突破 …………………… 219

论我国林权流转制度的不足与完善

　　——以恶意收购林权证贷款不还现象为例 ……………………… 230

反思环境公益诉讼中的举证责任倒置

　　——以法定原告资格为视角 ……………………………………… 242

论环境侵权法律救济体系之构建

　　——以《环境保护法》第 64 条为核心的评析 ………………… 259

第一部分

绿色化立法

- 日本绿色化的立法实践及其对我国的启示
- 电子废弃物回收利用和处置的法律措施：国外的经验与中国的对策

日本绿色化的立法实践
及其对我国的启示[①]

随着全球环境问题的日益严峻，各主要国家大都将绿色发展作为经济增长的核心新动力。美国 2009 年出台了《美国清洁能源与安全法案》，韩国同年公布了《绿色增长国家战略及五年计划》，欧盟 2010 年制订了"2020 发展战略"，日本 2012 年也推出了"绿色发展战略"。2015 年 3 月 24 日，中央政治局会议审议通过了《关于加快推进生态文明建设的意见》（以下简称《意见》），首次提出"绿色化"概念，并将"四化"拓展为"五化"，表明党中央对生态文明建设的高度重视，已将其上升为国家战略层面[②]，成为实现生态文明建设的具体路径，体现着中国发展的整体理念。[③] 本文拟从日本"绿色化立法"的实践入手，分析其实施成效并总结其成功经验，以期对我国绿色化立法有所启迪。

一、绿色化与绿色化立法

"绿色化"不是简单的植树造林和增加国土绿色覆盖率，而是将生态文明理念融入我国现有价值观、生产方式和制度建设中去，将经济发展方式转化为以创新为基本动力，并符合资源节约、环境友好和生态安全的效率型集约式发展。"绿色化"既是构建科技含量高、资源消耗低、环境污染少的产业结构和生产方式，也是养成勤俭节约、绿色低碳、文明健康的生活方式和消费模式。[④] "绿色化"就是把绿色的理念内化为人的绿色素养，外化为人的生产方式、生

[①] 本文首次发表于 2015 年 6 月 26 日至 28 日的生态文明贵阳国际论坛。刊载于 2016 年 7 月社会科学文献出版社出版的《绿色化与立法保障》。本文的研究主要针对的是当时的情况，分析引用的法律法规也是当时有效的法律法规，研究成果对现在只具有一定的借鉴意义。全书文章均如此，下不赘述。

[②] 赵建军. 绿色化是生态文明建设重要标志 [N], 辽宁日报, 2015 - 5 - 5: (5).

[③] 李晓西. "绿色化"突出了绿色发展的三个新特征 [N], 光明日报, 2015 - 5 - 20: (15).

[④] 于林月, 张力. "绿色化"升级我国经济硬实力 [N], 光明日报, 2015 - 5 - 20: (15).

活方式，企业的绿色产业、绿色产品，政府部门的绿色管理、绿色治理方式。①

"绿色化"是一种新的生产生活方式，应涵盖四个方面，即资源循环、低碳减排、生态保护和污染控制，而不是简单的绿化，因此，推进"绿色化"必须是全方位的。绿色发展一定需要体制机制支持，离不开制度保障，特别是需要法律的支持，需要推进"绿色化"立法。因此，《意见》明确要求健全法律法规，全面清理现行法律法规中与加快推进生态文明建设不相适应的内容，加强法律法规间的衔接。值得肯定的是，近年来，在生态文明体制机制建设方面，无论是顶层设计还是地方探索，开展了很多"绿色化"的立法实践。如2014年修订的《环境保护法》，就经过了3年反复调查、研究和论证，广泛地听取、征求各方意见，并历经全国人大常委会4次审议，最终获得通过。2014年《环境保护法》在内容上确实有许多突破和创新：在完善制度方面，提出要建立健全一系列新的环境管理制度；在强化保障方面也提出了一些新要求、新措施，进一步明确了各方的责任，并且明确规定了一些约束和处罚的措施。《环境保护法》在体制机制建设上迈出了一大步。它的实施体现了铁腕治污的良好态势，在生态文明制度建设方面，特别是"绿色化"立法方面具有里程碑的作用。

"绿色化"立法是一个新词，目前还未有官方的解释，也鲜有学者对其加以解释或定义。笔者认为"绿色化立法"是一个系统工程，是一个循序渐进的过程。"绿色化"立法不仅需要完善环境资源法律法规，而且还必须要修改和完善其他相关的法律法规，使之形成一个完善和谐的环境资源保护法律体系。基于此认识，"绿色化"立法可以理解为：以生态文明理念为导向，以当代生态学原理为理论基础，以维护绿色化的生产方式与生活方式、促进可持续发展为目标，按照生态系统管理的基本要求，对现行环境资源立法体系进行改造的趋势和过程。当下，"绿色化"立法的首要任务是建立和完善资源节约和循环经济发展的法规和标准体系；同时还要建立和完善环境友好与生态发展的法规和标准体系。②

目前中国经济发展与环境保护的情形与30年前的日本大致相似。"二战"后的日本曾经创造了经济高速增长的奇迹，同样，在较短时期内，克服严重的环境污染，也创造出了经济与环境"双赢"的奇迹。究其原因种种，关键在于日本能够通过绿色化的立法实践，将"绿色宏观调控"的成果及时巩固，实现

---

① 曹广晶. "绿色化"是全新的发展观 [N], 人民日报, 2015-5-28: (5).
② 聂资鲁. 建设长株潭"两型社会"需强化绿色立法, http://news.sina.com.cn/o/2015-03-23/143931635664.shtml, 访问日期: 2015-6-12.

了由"环境换取增长"到"环境优化增长"的转变,最终走上可持续发展的良性轨道。

二、日本绿色化的立法实践

"二战"后,日本致力于发展经济,成就了20世纪50~70年代经济的高速增长。但这种以牺牲环境换取经济的快速增长,也让日本成为举世闻名的"公害国"。由于日本政府积极行动,制定和完善了各类"公害法律",从而有效地刺激了日本绿色经济的发展。随着日本政府"绿色宏观调控"政策的实施,"最佳生产、适度消费、最少废弃"的可持续社会发展模式的逐步形成,日本适时开始了"绿色化"的立法实践。

(一)资源循环方面的绿色化立法实践

在资源循环方面,日本立法的着力点是逐步构建绿色化(科技含量高、资源消耗低、环境污染少)产业结构和生产方式,促进经济社会的可持续发展,同时促使经济发展与环境保护保持平衡。立法上采取了基本法统率综合法和专项法的三层模式。第一层面是两部基本法,即《环境基本法》《推进循环型社会形成基本法》;第二层面是两部综合性法律,分别是《废弃物处理法》《资源有效利用促进法》;第三层面是根据各种产品的性质分别制定11部具体法律法规,分别是《容器包装再生利用法》《家电再生利用法》《食品循环利用法》《绿色采购法》《建筑材料再生利用法》《PCB特别措施法》《报废汽车再生利用法》《产业特别措施法》《小型家电回收法》《农林渔业生物燃料法》《生物质活用推进基本法》《净化槽法》。

(二)碳减排方面的绿色化立法实践

在应对气候变化方面,其立法着力点是激励绿色技术发展,减少温室气体排放,促进产业结构调整与就业,倡导绿色低碳、文明健康的生活方式和消费模式[1]。已形成了以《全球气候变暖对策推进法》为中心,以《能源利用合理化法》《氟利昂回收与销毁法》《电力事业者利用新能源等的特别措施法》《促进新能源利用特别措施法》等相关配套法律为内容的应对气候变化的法律体系。

在能源开发与利用方面,其立法着力点是节约能源、提高能效、发展非化石能源、保障能源安全,促进清洁能源技术发展,减少温室气体排放和促进就业。日本还制定了一系列能源专门法相关配套法规。已构建了以《能源政策基

---

① [日]大塚直. 国内排出粹取引制度的温暖化对策[M],岩波书店,2011,pp61-64.

本法》为指导,《电力事业法》《天然气事业法》《原子能基本法》《合理用能法》等能源专门法为主体,《电力事业法施行令》《天然气事业法施行令》《促进新能源利用特别措施法施行令》等相关法规为配套的金字塔式能源立法体系。[①]

(三) 生态保护方面的绿色化立法实践

在生态保护方面,其立法着力点是提出了国土和自然资源的利用应将避免影响生物多样性或将影响降到最小作为基本原则,确立保护自然环境和景观的理念,保护动植物、保存生物多样性,要求尽量减少人类对自然的干扰,实现人类与自然和谐共存。20世纪末以来,日本有关自然保护与自然开发的法律不只考虑环境保全的问题,同时还注重其绿色化的程度。先后修改了《河川法》《森林、林业基本法》《鸟兽保护法》《自然公园法》《关于濒临灭绝的野生动植物的种保存的法律》等,制定了《生物多样性基本法》。

(四) 污染防治方面的绿色化立法实践

在污染防治方面,其立法特点是从过去的单纯限制污染行为,发展到关注国民健康,环境优先,环境立国,再到目前的以构建低碳社会为目标。在环境领域中,最重要、具有决定地位的基本法有3部:《公害对策基本法》《自然环境保全法》《环境基本法》。此外,还有以针对因氮氧化物(NOx)和颗粒物(PM)等导致大气污染的法律,如《大气污染防止法》《关于减少特定地区机动车排放氮氧化物和颗粒物总量的特别措施法》《有关防止防滑轮胎粉尘发生法》;还有以各种自然资源因素为管理对象而制定的土地利用及环境保护相关法,如《国土综合开发法》《矿业法》《农业用地法》《水资源开发促进法》《土地改良法》《都市绿地保护法》《都市圈近郊绿地保护法》《自然公园法》《海岸法》等;有以规范污染防治费用负担和规范环境行政管理成本而制定的环境行政管理法,如《环境厅设置法》《公害防治事业费用企业负担法》等;有以公害救济和纠纷处理为目的而制定的法律,如《油污损害赔偿保障法》《原子能损害赔偿法》等。日本污染防治法律体系中的《环境基本法》等法律是日本环境管理战略转型的重要里程碑,与《循环型社会基本法》等宏观法律法规一起,把环境管理的中心从以防控为主转向了构建可持续发展的经济社会。

三、日本绿色化的立法经验

在亚太地区乃至全世界,日本是通过改变经济增长方式实现经济增长与环

---

① 罗丽.日本能源政策动向及能源法研究[N],政法论坛,2007(1)。

境保护双赢的国家。日本为治理环境与转变经济发展方式主要采取了技术对策和法制建设两种途径，而法制建设对技术进步产生极强的导向与保障作用。日本没有绿色化立法这样的提法，而且其绿色化立法的范围有待进一步拓宽，立法的程度也有必要引向纵深，但是，日本在环境保护领域（不限于此领域）真真切切、循序渐进地开展了上述绿色化的立法工作。尽管其涉及的法律众多，条文十分繁杂，但仍然可以将其绿色化的立法经验归纳如下。

(一) 立法理念先进超前

20世纪60年代末70年代初，日本高速增长的经济带来了环境的急剧恶化，公害问题愈演愈烈，引起了尖锐的社会和政治问题。由此民间反公害运动也日益高涨，这些民间的环境保护运动使政府不得不进行公害控制的立法。公害控制立法的目的仍然是"保护国民健康和维护生活环境"，是以"与经济健全发展相协调"为条件。这种"经济优先"的立法理念，遭到了日本法学界和环保人士的尖锐批评。在1970年的"公害国会"上，日本不得不将"保护国民健康和维护其生活环境"作为该法的唯一立法目的，从此确立了"环境优先"的立法理念。

20世纪80年代以后，日本从环境保护末端治理的战略思路，转向从生产和消费源头防止污染的"管端预防"，实现了发展战略和思路的一次突破，并取得了积极的成效。但是"资源→产品→废物排放"的传统经济流程并无根本的改变。20世纪90年代，伴随着可持续发展理念的兴起，日本作为一个环保意识极强的国家，感觉到从前发挥过巨大作用的《公害对策基本法》和《自然环境保全法》实际上存在太多的不足之处，这种单纯的被动式的公害污染防治已经不能满足可持续发展的要求，必须适时地对环境基本法作出调整，将环境保护转向解决整体性环境保护及全球性环境问题上。1991年，日本颁布了《再生资源利用促进法》，从法律层面正式规定和推动资源的循环再利用。1993年以《公害对策基本法》为基础，以可持续发展、保护环境和国际协调为新的理念，制定了《环境基本法》。《环境基本法》成为日本政府指导环境事业的基本依据，并与《环境长期计划》和一系列制度和政策相结合，构建了政府、地方公益团体和国民共同推动环保事业的法律、制度和政策体系。

进入21世纪以来，日本提出循环经济理念，实现了发展战略和思路的再次突破。日本进一步明确提出资源减量消耗、减轻对环境的压力、构建循环型社会的目标，并正式实施"3R"（减量化、再利用、再循环）政策，推进循环型社会建设。为此，2000年颁布《容器包装再利用法》、2001年颁布包括《循环型社会基本法》《资源有效利用促进法》《家电回收再利用法》《食品回收再利用法》等在内的一系列专项法律。目的是使保护环境的工作更加具体化，从生产到废弃的全过程中，提倡和促进物资的有效利用和循环使用，减少废弃物，减轻环境负荷。次贷危机对日本经济造成严重影响以后，再一次触动了日本对新经济模式与环境保护的探索，绿色经济理念也越发深入人心。日本高度重视减排，主导建设低碳社会。受地理环境等自然条件制约，全球气候变暖对日本的影响远大于其他发达国家。日本各届政府一直在宣传推广节能减排计划，主导建设低碳社会。2007年，日本内阁会议制定了《21世纪环境立国战略》，并通过了"低碳社会行动计划"。2008年提出的"福田蓝图"，是日本低碳战略形成的正式标志。2009年公布了名为《绿色经济与社会变革》的政策草案，目的是通过实行削减温室气体排放等措施，强化日本的"绿色经济"。为适应经济社会环境的变化，确保能源安定而充足的供应，促进国民努力利用新能源，为国民健康发展和生活安定作出贡献，2009年日本再次修订了《促进新能源利用特别措施法》。2012年开始实施的《电力事业者利用新能源等的特别措施法》的核心在于"固定价格买取制度"，该制度规定电力公司在一定期间内，有义务利用国家制定的固定价格，购买可再生能源发电，以期鼓励更多企业或个人进入可再生能源发电领域，尽快形成一定产业规模。同年，日本修订了《原子能基本法》，将"国家安全"作为一项法律目标提出。新修订的内容有："原子能的安全应用旨在保护人们的生命、健康和财产、保护环境和国家安全。" 2014年再一次修订了《电气事业法》，根据修订的法律，日本的电力零售到2016年将全面自由化。除了目前已经实现自由化的企业用电外，由大型电力公司垄断的居民家庭用电市场也开放，消费者可自由选择电力公司。

总之，为了实现低碳社会目标，日本不断通过强有力的法律手段，全面推动各项节能减排措施的实施。

(二) 立法体系科学完备

日本环境法律体系经过30多年的渐进完善，已成为发达国家中对循环经济立法最为全面体系。

20世纪70年代，日本实行的是环境保护末端治理的战略思路，当时立法的重点是公害防治。为此，日本于1967年制定并于1970年修改了《公害对策基本法》，对日本的污染治理发挥了启动作用。1970年日本国会还通过了《公害防止事业费企业负担法》《海洋污染防止法》《水质污染防止法》《关于防止农用土地土壤污染的法律》《关于废弃物处理及清扫的法律》《关于处罚人体健康的公害犯罪的法律》《大气污染防止法》《噪声控制法》《下水道法》《农药管理法》《自然公园法》《毒品及剧毒物品管理法》《道路交通法》共计13部与公害有关的法律。至此，日本业已逐步完备了以《公害对策基本法》为中心的公害防治法律体系。

20世纪70年代的两次石油危机，给日本带来了严重冲击，能源需求得到了一定程度的抑制，不过，日本经济仍保持着一定的发展态势。80年代中期以后，能源需求一直呈上升趋势。为此，日本政府高度重视产业结构的"轻量化"，大力发展节能、高效、高附加值的技术与产品，开展节约能源、提高能效运动，积极推行各种节能措施，鼓励开发节能技术与产品。这一时期的立法，主要把节约能源、提高能效、发展非化石能源、保障能源安全的立法理念贯穿于一系列能源专门法律之中，构建了以《能源政策基本法》为指导，《电力事业法》《天然气事业法》《原子能基本法》《合理用能法》等能源专门法为主体，《电力事业法施行令》《天然气事业法施行令》《促进新能源利用特别措施法施行令》等相关法规为配套的金字塔式能源立法体系。①

20世纪90年代，日本为了建成"环之国"，实现社会的可持续发展，围绕建设循环型社会目标进行了一系列法制建设。其结构层次如下：环境宪法（《环境基本法》）→基本法（《推进循环型社会形成基本法》）→综合性法律（《废弃物处理法》《促进资源有效利用法》）→专门法（《容器包装再生利用法》《家电再生利用法》《建筑材料再生利用法》《食品循环利用法》《报废汽车再生利用法》《绿色采购法》《生物质活用推进基本法》《净化槽法》）→补充性法律（《PCB特别措施法》《产业特别措施法》《小型家电回收法》《农林渔业生物质燃料法》）。至此，日本已构建成以《环境基本法》为基础，以《循环型基本法》为指导，以相关综合法律、专项法律为分支，以及其他一些法律为补充的循环型社会的物质循环管理法律体系。

日本是一个资源比较匮乏的国家，因此也是新能源开发最领先的国家，在太阳能发电、海洋能、地热、垃圾发电、燃料电池等新能源领域都走在世界的前列。2006年，日本政府首次制定了国家能源战略——《新国家能源战略》。2009年4月，日本政府公布了《绿色经济与社会变革》的政策草案，提出通过实行削减温室气体排放等措施大力推动了低碳经济发展。目前，已形成了以《全球气候变暖对策推进法》为中心，以《能源利用合理化法》《氟利昂回收与销毁法》《电力事业者利用新能源等的特别措施法》《促进新能源利用特别措施法》等相关配套法规为内容的应对气候变化法律体系。

(三) 立法措施多管齐下

日本制定或修改法律时，特别注重"三性"（法律内容的配套性、系统性

---

① 罗丽.日本能源政策动向及能源法研究[N],政法论坛,2007 (1).

和可操作性)。日本在循环经济立法上采取了基本法统率综合法和专项法的三层模式。从生产投入到产品的形成、再到产品的销售和回收等各个环节法律法规相互配套,自成一个体系,尽可能地减少了法律法规的"盲区"。而且,这些法律条文也明确具体,便于贯彻落实。

(1) 适时修改,渐进完善。日本适时对相关法律进行立、改、废,从而使环境法律体系在稳定性与适应性之间保持适度的调整。如1979年制定的《能源利用合理化法》经过1993年、1997年、1998年、1999年、2002年、2005年和2006年等多次修改后,成为日本能源的核心法律之一。1970年制定的《废弃物处理法》经过4次修订已经成为发展循环经济的重要法规之一。

(2) 修改旧法与制定新法同时进行,不断完善绿色环境法律体系。日本立法时将重心放在保护绿色化的生产方式与生活方式,促进社会可持续发展方面。为了解决废弃物问题,日本于1991年彻底修改了《废弃物处理法》,1992年再次对此法进行了修改。在修改《废弃物处理法》的同时,日本政府还出台了《资源再生利用促进法》,以减轻环境的负荷。

(3) 更名旧法,并赋予新的内容。2000年日本将1991年颁布实施的《资源再生利用促进法》修订为《资源有效利用促进法》。修改的内容主要是将过去单纯促进废物的再生利用扩大为同时促进废物减少和零部件的再利用。即由原来的"1R"改为"3R"综合促进。同时还明确了国民在生活中的环境义务,即"消费者应努力促进产品尽可能长期使用,并促进可循环资源和可再用部件的再生利用,同时还应协助国家、地方政府和企业为实现本法目的所采取的措施"。

(4) 辅之以配套的政令、规则和告示,便利法律的贯彻执行。每一套法律之下都有一些配套的政令、规则和告示作为法律实施中的具体操作规则,具有可操作性的具体细则也是日本各项法律得以贯彻执行的有力保障之一。如为贯彻实施《促进新能源利用特别措施法》,1997年6月20日又制定了《促进新能源利用特别措施法施行令》,并于1999年、2000年、2001年、2002年经过多次修订,具体规定了新能源利用的内容、中小企业者的范围。又如为贯彻施行能源专门法,日本还制定了一系列相关配套法规。如《电力事业法施行令》《电力事业法施行规则》《受电限制规则》《电力事业会计规则》等。

(5) 日本的各项法律出台之后,还有许多保障其贯彻落实的具体政策。《循环型社会基本法》对政府在推进循环型社会中必要的财政措施作出了相应的规定。为了节约资源,减轻环境的负担,大力发展绿色经济,日本政府制订了相关的财政预算。日本政府对环保经费的分配是非常细致的。正是由于日本政府对环保经费分配的周全、细致,才确保了环保事业的发展,也为绿色经济的发展提供了强有力的支持。

(四) 合理区分环保责任

日本"三层立法"都明确了国家、地方政府、企业和国民等的责任,大大减少了相关法律法规的实施难度,提高了法律体系的可操作性。

为推进循环型社会建设,政府除了要承担制定政策措施的责任外,更重要的还要承担财政支持上的责任。要建设循环型社会,政府的财政援助是不可缺少的。另外,日本要求各级政府机关必须执行《绿色采购法》,在采购产品和服务时,首先要从环保和减少废弃物的角度考虑是否非采购不可。对于确实需要采购的产品和服务,优先考虑对环境的影响和资源的循环利用,优先选购那些节能、环保、利用再生资源的产品,诸如再生纸、再生板材制造的办公设备等,以政府的表率作用,构筑循环型社会。政府严把环保行业的许可制度,使环保企业在各类废弃物的运输、保管、处理和再利用过程中分工明确,既保证了治污企业的专业性,又可以避免重复建设和无序竞争。如特定家电由零售商回收,集中送回生产企业(或委托企业)处理,费用由消费者承担等。此外,相关法律还赋予地方长官对企业的全部处理过程实施监督检查的权力,对违反规定者处以拘役、罚款和取消许可等惩罚。

企业是开采和耗用自然资源的主体,往往也是制造污染的源头。因此,构筑循环型社会,发挥企业的作用至关重要。法律明确要求企业在经营中采取必要措施,抑制原材料、产品和容器变成废弃物。在公害诉讼中,企业屡屡败诉。这不仅惩罚了肇事的企业,也起到了警告其他企业的作用。随着国民"环境维权"意识的提高,对污染排放的制约力大为增强。企业如果不对自身产生的污染进行妥善处理,不仅要面对诉讼风险以及高额处罚,而且将失去立身之地。日本企业常常用"不是企业消灭污染,就是污染消灭企业"来警示自己应承担的环境责任,这促使企业勇于技术革新,采取减污减排措施,减少和治理废水、废气、废渣等。如日本的相关法律对于一些特定资源再利用(如容器包装、特定家电、建筑材料、食品循环资源、报废汽车、小型家电、农林渔业有机物质等)企业,除从业资格外,还对废弃物的分类收集、运输、处理过程和再资源化标准作出明确规定。企业应该对废弃物进行循环利用,对乱排放者进行惩罚。

日本《循环基本法》还明确了国民的责任。国民的责任是要抑制产品变成废弃物,尽量循环使用并适当处置废弃产品,由于对于国民的这些要求并不能通过强制性规定予以作出,所以在法律上更多地表现为一种宣示性的号召,并通过向消费者课征保护环境税的方式,由国民间接地承担责任。日本还通过立法提倡并大力弘扬健康、积极的消费理念与生活方式,形成全社会愿意为环保产品支出成本的消费理念与消费行为。特别是通过消费行为，制约企业的生产行为，迫使企业增强环保意识，提高环保水平。同时，国民环保意识的增强，可以为生活垃圾的处理提供有效的基础条件，减少垃圾产生量。

（五）实施正向激励措施

日本主要是通过财政、税制、金融等措施，实施正向激励，为企业循环利用资源提供政策支持。

1. 环保项目优先援助

凡是有利于循环经济发展的项目，政府应将其优先立项，通过直接或间接投资加大支持力度。同时，财政部门要设立循环经济发展专项资金，用于鼓励和支持循环经济发展的重大项目。如1997年制定的《促进新能源利用特别措施法》就规定对生产者进行的通过能源改进而减少二氧化碳排放的事业、促进再生产品使用等事业给予新的政策性支持。

2. 给予税收倾斜

政府实行鼓励节约与惩罚浪费相结合的税收政策，对于符合循环经济发展的产业单位给予税收上的优惠和扶持。如对企业购置节能、环保设备以提高资源利用率的行为，政府可尝试取消其消费型增值税；对使用无法回收利用的原材料、严重污染环境的消费品的行为，可将其列入消费税的征收范围或征收较高的消费税。日本自2000年《地方分权一揽子法》出台之后已有12个地方政府对产业废弃物设置了环境税。

3. 实行绿色采购

"绿色采购"就属于正向激励措施。对于国家机关，其购买物品时，必须购买环保产品，同时负责向国民提供有关环保商品的信息。对于民间企业而言，"绿色采购法"起着正向诱导的作用，即引导企业多用再生资源，开发和生产可利用再生资源的产品。对于国民，由于政府都以身作则购买使用环保产品，许多企业纷纷生产销售环保产品，这无疑是最大的引导和鼓励，最终极大地提高了民众的环保意识和节约资源的积极性。如日本政府对氢能汽车的采购，便是这方面的例子之一。氢气几乎是可以无限再生的能源，而且有利于环保。但是，以氢气为燃料的汽车，价格十分昂贵，难以成为一般企业和个人的购买对象。如果没有市场和购买者，氢能汽车的生产及其性能改良就无法延续下去，更难以走向普及。为此，日本政府带头采购氢能汽车，通过为氢能汽车提供需求，支持氢能汽车的生产和发展。日本在氢能汽车的研发和生产方面之所以能够走在世界前列，政府带头采购是一个重要因素。

（六）国民参与方便易行

目前，日本的环境保护主体呈现出明显的"三元"结构，即政府、企业和国民（包括国民、学者、媒体及 NGO 等社会公益性组织）。政府在环境保护中居于主导地位，企业和国民积极配合政府采取环保行动。"三元"之间相互配合，相互监督，相互制约，相互协作，形成了污染防治及环境保护的全民性参与。

1. 鼓励全民购买绿色产品

为了改变大量生产、大量消费、大量废弃的经济活动方式，日本政府积极鼓励全民参与循环经济建设。如日本政府在其政府采购中按照《绿色采购法》优先购买环境负荷小的产品，尽管绿色产品往往价格较高，但对于促进"购买绿色"为目标的企业、行政机构、消费者团体组成的"购买绿色网络"活动给予了积极支持，这有利于民众改变生活方式，减少一次性商品的使用。

2. 实行"环境顾问"制度

对环境保护具有丰富知识和经验的专家经过环境省审查以后授予"环境顾问"资格，专门负责对企业和国民提供环境保护方面的指导。

3. 实施"促进型"制度

日本绿色化立法还倡导绿色的生活方式，并通过消费行为，制约企业的生产行为，迫使企业增强环保意识，提高环保水平。不同于 2001 年实施的"义务型"制度——《家电回收法》，《小型家电回收法》并没有规定相关者的义务，而是呼吁国家、地方政府、制造商、零售商、消费者、处理企业等相关者协助合作自发开展回收再利用工作。这是"促进型"制度的核心内容。"义务型"制度一般规定一种方法用于开展回收再利用工作，而日本小型家电的回收再利用是先在一些地区对部分产品进行试点，在试点项目成功的基础上逐步扩大范围。因此，比起限定一种回收再利用方法的"义务型"制度，可以自由选择一种或多种方法结合使用的"促进型"制度更适合日本小型家电的回收再利用。[①]

4. 丰富国民的权利

2002 年制定的《生态旅游推进法》明确规定生态旅游为国民的权利，在日本全国范围内，无论孩子还是老人都有权参与生态旅游问题的解决。国民共同参与，探寻地域珍贵的自然旅游资源，为振兴地域出谋划策。[②] 该法最大的立法效果，便是把原本只是一部分关系人参与的生态旅游，建设成为普遍参与的新型旅游形态，并在各地得到广泛的推进。

---

① [日] 藤田実花. 小型家电リサイクル法の経纬と课题 [J]，调查と情报，2013 (780).
② [日] 环境省. エコツーリズム推进マニュアル（改订版）[R]，2008 (3)。

四、完善我国绿色化立法的启示

日本绿色化的立法实践表明，低碳经济、绿色发展作为人类历史上的一种先进的经济发展模式，已经成为经济增长方式转变的有效途径，必须通过法律予以干预和引导才能保障其最终得以落实。中国要建立科技含量高、资源消耗低、环境污染少的产业结构和生产方式，养成勤俭节约、绿色低碳、文明健康的生活方式和消费模式，实现经济社会可持续发展，就必须要在充分借鉴和吸取国外成功经验的基础上，不断探索适合中国国情的绿色化立法之路。

2015年5月中央政治局通过的《意见》首次提出了"绿色化"概念，并将其与"四化"并列，业已成为新常态下经济发展的新任务、推进生态文明建设的新要求。为了保障生态文明建设有法可依，《意见》还明确要求健全法律法规。全面清理现行法律法规中与加快推进生态文明建设不相适应的内容，加强法律法规间的衔接。借鉴日本绿色化立法实践中的成功经验，在完善中国环境保护法律的绿色化立法中，应当做好以下几项工作。

（一）以生态文明理念提升立法质量

制定合理的法律离不开科学、理性的思想的指导，就目前来说，生态文明理念是科学和理性的思维的结晶，它是我国绿色发展的指南。同样，加快我国的环境立法工作，必须以生态文明理念为指导。要根据生态文明理念的要求和环境发展的现状与趋势，重视和提高立法质量，从数量主导型立法转变为质量主导型立法。因为，有法而无质量，未必能治国，更不可能治好国。另外，经济社会发展的新要求，利益关系的新变化，都必须在立法中得到体现。"面对资源约束趋紧、环境污染严重、生态系统退化的严峻形势，必须树立尊重自然、顺应自然、保护自然的生态文明理念"。党的十八大报告的这一论断，是基于对人与自然关系深刻反思的科学判断，对于建设美丽中国、实现中华民族永续发展具有重要指导意义。

1. 提升立法质量，应该尊重自然

尊重自然是人与自然相处时应秉持的首要态度，要求人对自然怀有敬畏之心，尊重自然界的一切创造、一切存在和一切生命。绿色发展是应对全球环境危机和气候变化的根本途径，是中国转变自身经济发展方式的内在要求，是生态文明建设的重要内容，是建设资源节约型和环境友好型社会的客观要求。[1]

---

[1] 徐人良，陈小瑛. 践行绿色发展理念推动生态文明建设［C］, 2011 中国可持续发展论坛 2011 年专刊（二），2011.

走绿色发展之路,就是要使经济社会发展建立在资源得到高效循环利用、生态环境受到严格保护的基础上,形成节约资源和保护环境的空间格局、产业结构、生产方式、生活方式。① 当前,传统的高污染、高耗能产业还占一定的比重,实现绿色化还需要一个过程。

2. 提升立法质量,应该顺应自然

顺应自然是人与自然相处时应遵循的基本原则,要求人顺应自然的客观规律,按客观规律办事。保护自然,是人与自然相处时应承担的重要责任,要求人发挥主观能动性,在向自然界索取生存发展之需的同时保护自然界的生态系统。② 在实践过程当中,推进和实现绿色化,还存在一定的冲突和矛盾。中国区域差异较大,每个地区发展阶段不同,面临的矛盾不同,这就导致各个不同地方的领导决策也不尽相同。但需要注意的是,每个地方都要追求生态文明,都要守住环境底线。东部地区要追求创新型产业发展,补齐小康社会的短板。西部地区在承接产业转移时要注意拒绝高污染、高能耗的产业,提高环境门槛。在中国当前这种复杂的环境状况下,环境资源保护立法,必须要在观念上取得重大突破,必须尊重自然,顺应自然,立法应从"以人为中心"转向"人与自然和谐相处",彻底抛弃忽视法治、轻慢环境和资源保护的落后观念,从行动中体现出对生态文明法制建设的真正重视。作为生态文明法制建设"排头兵"的环境保护法律,其立法目的应提升为保护和改善生活环境与生态环境,防治污染和其他公害,保障人体健康,促进经济社会全面协调可持续发展,建设生态文明。③

(二)绿色化立法应与时俱进

经济是基础,法律是上层建筑,有什么样的经济,必然要有什么样的法律,社会经济不断发展,与之相应的法律也必然要随之发展变化。目前,我国大力提倡生态文明建设,倡导绿色发展,绿色化立法也应跟上时代的步伐,与时俱进。

1. 立法目的要与时俱进

立法的"与时俱进",不仅能够弥补原有法案的不足,而且使之更加适应不断变化的情况所提出的各种新要求,这既有利于保障绿色经济的发展,又能巩固生态文明建设的成果,推动生态文明建设的逐步深入,并形成经济与立法的良性循环。如日本1993年《环境基本法》就没有脱离1967年《公害对策

---

① 李斐. 以生态文明理念引领绿色发展 [N], 人民日报, 2015-6-9: (7).
② 孙文广, 武儒海. 怎样理解生态文明理念 [N], 人民日报, 2013-2-1: (7).
③ 竺效. 用法制保障生态文明建设 [N], 人民日报, 2013-7-5: (7).

法》的基本框架，但根据不同时期的实际情况，又会对这些法案进行修改、补充和完善。又如中国2014年修订的《环境保护法》将"推进生态文明建设、促进经济社会可持续发展"列入立法目的，将保护环境确立为国家的基本国策，将"保护优先"列为环保工作要坚持的第一基本原则。同时明确提出要促进人与自然和谐，突出强调经济社会发展要与环境保护相协调。过去是强调环境保护与经济发展相协调，一个顺序的改变意味着理念、观念的重大调整和提升。

2. 立法内容要与时俱进

在节能低碳减排方面，中国先后制定了《电力法》《煤炭法》《固体废物污染环境防治法》《大气污染防治法》《节约能源法》《清洁生产促进法》《可再生能源法》《循环经济促进法》以及《气候变化国家评估报告》《能源效率标识管理办法》《清洁发展机制项目运行管理办法》《温室气体自愿减排交易管理暂行办法》《碳排放权交易管理暂行办法》等法律法规，这对促进我国循环经济的发展，推进两型社会建设，都发挥了积极作用。但是，这些立法离创建低碳社会的要求还相差甚远。客观地说，迄今为止，中国还没有出台《能源法》，生态农业、生物多样性等专门领域的立法也存在空白，而且至今尚无专门的低碳经济立法，促进低碳经济发展的技术措施大多靠政策引导，留下了许多法律空白。[1] 又如中国虽然在2003年颁布实施了《政府采购法》，但目前对于政府绿色采购的法律规定都散见于《政府采购法》《清洁生产促进法》《固体废物污染环境防治法》《节能产品政府采购实施意见》和《关于环境标志产品政府采购实施的意见》等法律规定中。相关规定较为分散，且过于原则，缺乏具体的操作性，未能形成体系。因此，中国要跟上绿色发展的步伐，必须加大立法的力度。

（三）完善和谐的环境资源保护法律体系

建设"美丽中国"必须有法律作为可靠的、坚强的、系统的保障，这就是"生态法律文明建设"。这当中，不仅需要完善环境资源法律关系，还必须要修改和完善其他相关的法律法规，形成一个完善和谐的环境资源保护法律体系。

1. 完善与环境资源保护法律相关的其他法律

就宪法领域而言，应当将重点从"以人为中心"转变到"人与自然和谐相处"上来，尤其是应当明确规定"国家实施生态文明建设战略，建设美丽中国"等内容。在刑法领域，应改变环境刑事立法在体例上的结构性漏洞，如归

---

[1] 聂资鲁，李跃勇. 推进低碳经济立法刻不容缓 [N], 光明日报，2010-12-21：(11).

类不尽准确、条文偏少；环境资源保护法律中的刑罚规定与刑法中刑罚的规定还不够协调，等等。在民法领域，要引入可持续发展的理念，承认环境资源的生态价值、人格利益属性、确立特殊侵权行为规则，为建立专门的环境资源准物权制度、环境合同制度、环境人格权制度以及环境侵权行为制度留下空间；同时，提供对传统权利进行有利于环境保护解释的一般性条款，为民法与专门环境立法建立沟通与协调的基础与管道。①

2. 制定或修改环境资源保护法律

在绿色发展的几个优先领域中，我国的立法在某些领域存在空白，实践中无法可依。如《自然资源保护法》一直没有出台，能源、生态农业、生物多样性等专门领域的立法也存在空白，这些领域缺乏必要的强制性标准等技术法规，行政处罚、行政强制等一些程序性法规也付之阙如，将会影响绿色发展的推进。近年来，中国虽然出台了一系列体现和推动绿色发展的法律、法规，但现有法律在立法、执法、司法和守法等方面还存在一些不足，已不能胜任保障绿色发展的需求，亟待立法目的的更新、制度的完善和机制的创新。如在循环经济法律方面，除基本法《循环经济促进法》，综合法《环境保护法》外，其他如《节约能源法》《大气污染防治法》《水法》《农业法》《草原法》等单行法，从操作上看具有全局意义，更应划为综合法范畴。日本的经验告诉我们，要想将实现绿色发展的目的、措施与手段落到实处，必须制定具体的、更多的单行法律法规，如日本类似的法律《容器包装再生利用法》《促进新能源利用特别措施法》《建筑材料循环利用法》和《报废汽车循环利用法》等。

3. 解决环境保护法律之间的不协调等问题

一是中国现有的环境法律、法规之间不够协调，同一层级的立法之间以及不同层级的上位法和下位法之间，均存在着重叠规定和不够协调的问题。目前已经颁布《循环经济促进法》《清洁生产法》《可再生能源法》《节约能源法》等与绿色经济关系密切的几部法律，但是相关立法之间的不协调问题比较突出，某些方面的规定甚至相互矛盾和冲突，不利于指导实践操作。二是中国现行环境法律、法规操作性不够强。如，《环境保护法》第 16 条规定："地方各级人民政府，应当对本辖区的环境质量负责，采取措施改善环境质量。"但是本条仅仅对地方政府提出了宣言性的要求，并没有对地方政府违反环境法律出现严重后果时如何承担法律责任，特别是刑事责任作出具有可操作性的规定。"一方面，不受监督和制约的权力必然导致滥用。由于地方政府环境法律责任不明

---

① 吕忠梅. 绿色民法典. 环境问题应对之路，载 http://www.riel.whu.edu.cn/article.asp?id=25793，访问日期：2015-6-15.

确，行为人实际上没有受到应有的法律约束，其违法行为所产生的严重后果最终只能被转嫁给社会其他主体承担；另一方面，正是由于缺乏强有力的法律责任规范，对地方政府的决策者而言，以环境为代价的增长模式似乎得到了某种意义上的法律认可，其行为也似乎具有了'合法性'。类似于此种类型的宣言性规定和要求，很难让地方政府去认真执行"。

（四）打造"大环保"工作格局

党的十八大和十八届三中全会对生态文明建设进行了顶层设计，要求推进生态文明制度改革。各级政府要从制度层面进行有益的尝试和摸索，打造"大环保"工作格局，建立和完善"党委领导，政府负责，人大、政协监督，环保部门牵头，全社会齐抓共管"的工作机制。

1. 强化党政的环保责任

生态文明建设是中国特色社会主义建设五位一体布局的重要组成部分，防治污染，保护环境，是生态文明建设的重中之重。环境出了问题，不仅直接影响群众身心健康，而且影响经济运行和社会稳定。任何一个地方的党委，都要从政治、经济、民生的角度，全方位看待环境问题，切实负起领导和决策的责任。[1] 以前中国没有明确的制度规定党委在环境保护方面的具体职责，因此，党委的环境保护领导责任就虚化了。在这样的背景下，一旦出了环境保护事故，受到处罚的往往是政府系统的监管人员，而党委系统的领导则很难被追责。[2] 党的十八届三中全会《决定》提出了"实行最严格的责任追究制度""探索编制自然资源资产负债表，对领导干部实行自然资源资产离任审计""建立生态环境损害责任终身追究制"。中组部下发的改进政绩考核工作的《通知》提出，"强化约束性指标考核，加大资源消耗、环境保护、消化产能过剩、安全生产等指标的权重"。这些规定，是环境保护党政同责的强有力的依据。[3]

2. 明晰地方政府的职责

开展"绿色化"立法实践，一定要明晰地方政府的职责。实现"绿色化"发展是地方政府义不容辞的责任。经济发展绝不能以牺牲生态环境为代价，宁可发展慢点，也要把环境治理好。因此，地方政府必须要有责任担当，推进制度改革，加快产业转型，坚持铁腕治理。要制定相关优惠政策，激励环保产业发展。要以环保产业园为载体，不断吸引国内外的环保产业的研发、生产企业落户，形成环保产业集群。培育地方环保产业的领军企业，促进环保产业协会

---

[1] 武卫政. 党政同责抓环保 [N]，人民日报，2014-3-1：(9).
[2] 常纪文. 环境保护需党政同责 [N]，中国环境报，2013-12-6：(1).
[3] 武卫政. 党政同责抓环保 [N]，人民日报，2014-3-1：(9).

建设。充分利用积累起来的技术人才，范围广泛的产业基础设施以及企业、研究机构、政府、群众建立的网络。加强与企业、高校、科研院所的合作形成本地的环保优势产业，营造好氛围。引导构建创新体系，激励环保科技创新和产业集聚，实现环保优化经济增长。构建目标考核体系，将环保重点工作纳入"急难险重"目标任务管理，严格执行环保一票否决，建立严格的项目准入和会商制度，对不符合区域规划和园区规划的项目，坚决予以否决。划定生态红线，针对各地生态保护区的实际，确定优先开发、重点开发、限制开发、禁止开发的生态功能区红线。

3. 强化环保执法机关的责任

中国目前的环境执法和环境司法工作还存在着诸多的问题。近几年来频发的恶性环境资源破坏事件，在一定程度上，都是环境资源执法缺位的结果。具体来说，主要有：一是许多已经制定的法律没有得到严格的执行。二是许多法律执行力度太小，处罚太宽松。在环境资源执法、守法方面，存在"两高一低"的现象。三是执法主体结构不甚合理，执法主体之间缺乏协调，产生了执法难、无人执法、无法执法等问题。针对上述问题，环保部门要加强执法责任制，加强对内部的执法人员的监管，执法不到位、有案不移、以罚代刑的，要启动内部的行政问责机制。同时，要建立一个和司法机关特别是公安检察机关执法信息正常的交流机制，为公安检查机关及时提供案件线索。还要发挥各部门的优势。环保执法机关要运用日常环保监管获得的信息、监测的信息、分析化验的数据，主动及时地给公安、检察机关提供，准确、及时、有效地制裁环境违法、犯罪行为。

（五）全面提升国民的环保意识

与日本等发达国家相比，中国国民总体的环保意识和参与程度还很低，存在很多不足，主要表现在以下方面：一是保障国民参与的相关法律法规不健全，国民的环境知情权、环境诉讼权、环境参与权、环境监督权等落实不到位，国民的监督、检举和控告的反馈机制还不完善；二是国民环保参与程度低，深度和广度不够，参与形式单一，参与的作用有限；三是环保非政府组织（NGO）影响和作用亟待加强。国民参与环境保护主要集中在参与环境宣传教育方面，尚未触及和延伸至对环境决策的参与。国民参与机制中的具体制度可操作性低，不能为国民参与提供行为规范。国内缺少稳定的参与群体，信息和意见缺乏代表性，互动性和持续性差。总体而言，中国国民的环保意识和参与程度目前依然处于较低的水平，环境保护真正成为全体国民的自觉行为，依然是一项任重道远的工作。

1. 加强环境宣传教育

环保问题与生活息息相关,已经渗透到了人们的日常生活中,将环保理念也渗透到生活中来,让国民充分认识到环境保护与自身的生活质量息息相关,国民的环保意识才会逐渐提高。一是要加强以广播、电视、报纸等为主要媒介的环境宣传教育,清晰系统地向国民阐述人与自然环境的关系,将自然环境中的空气、水、森林等与人类社会生存和发展的利害关系阐明清楚,并对当前的环境现状予以分析,提高国民的环保意识。二是通过学校教育,提高青少年环保意识。学校是传授知识的重要阵地,也是传播先进思想和提高环保意识的重要渠道,因此,要加强在学校方面的环境保护教育工作。在学校中的环保教育要从小学—初中—高中—大学体系出发,建立起终身环保教育体系,让青少年的个体成长中离不开环保教育。无论是在哪一个阶段的环境教育中,教师都要在实际的教学中开展深入的研究,灵活有效地开展环境教育。

2. 推进国民参与环保制度化建设

国民有了参与环保的积极主动性,还需要制度的保障,否则国民参与就是一句空话。同时环境知情权是国民参与的前提和基础。没有环境信息的公开和了解,国民便无法真正有效地参与环境决策和环境保护。

3. 强化国民参与环境保护的作用

建立相应的激励机制,通过参与环境影响评价等环境事务活动,实现国民对环境决策的参与,对国民参与提出的意见和建议及时回馈,加强国民参与的积极性。此外环境保护的民间组织作为重要的国民表达自己意愿的社团性团体,也是一种有力的国民参与模式,要加以积极引导。中国现有的关于循环经济的法律法规在责任主体方面往往重视对工业企业的要求,缺乏对消费者引导与规范。如中国的废旧电池难以回收处理,就是因为法律对国民和企业缺乏明确要求,而绿色经济是众人参与的经济,国家、地方政府、企事业单位和全体国民都应遵纪守法。

4. 积极引导国民严格遵守环境资源法律,提升全民族的生态法律文明建设意识

国民尤其是企业的环保法律意识偏弱,是近几年中国生态环境、自然资源受到严重破坏、形势严峻的一个重要原因。提升国民尤其是企业的环境资源保护的法律意识,还必须加大各级政府的投入,加大环境污染、资源破坏的治理力度。而法律的保障,就在于通过立法规定,刚性要求环境资源保护的经费支出。这些都可以提高全民族对治理环境、保护资源、改良生态的自信心和自觉性。

电子废弃物回收利用和处置的法律措施：
国外的经验与中国的对策[①]

引 言

  降低电子废弃物对环境的危害，促进电子废弃物以无害环境的方式回收利用和处置，走循环经济之路，是我国亟待解决的环境资源问题。20世纪90年代以来，德国、日本以及欧盟等国开始对电子废弃物回收利用和处置进行立法规制，颁布实施了一系列专项法规，在电子废弃物回收利用和处置方面取得了骄人的成绩。我国作为电器电子产品生产和消费大国，电子废弃物循环利用和处置的问题仍未得到有效的解决，其中80%的废旧物品没有得到充分有效的利用和处置，造成资源浪费。某些含有多种有毒物质的电子废弃物如果回收利用或者处置不当，除了对水、空气、土壤和动植物造成污染外，还会形成一条危害人体健康以及生命安全的污染链，对人类生存环境造成无法估量的破坏。[②] 虽然各级政府对电子废弃物引发的环境和健康问题给予了高度关注，但我国至今仍未颁布专门的法律。虽然《清洁生产促进法》《固体废物污染环境防治法》《循环经济促进法》中有一些条款对此予以了规定，但这些条文仅是原则性规定，可操作性不强；2006年工信部等七部门颁布了《电子信息产品污染控制管理办法》，2007年环保部颁布了《电子废物污染环境防治管理办法》，商务部等六部门颁布了《再生资源回收管理办法》，2009年3月5日国务院办公厅正式对外发布了《废弃电器电子产品回收处理管理条例》，客观地说，这些条例和办法仍存在应对措施不力、法制化管理程度不高等问题。基于此，本文拟以德国、日本、欧盟诸国等在电子废弃物回收利用和处置方面的立法情况作为研究对象，简介其主要内容，分析其立法特点，剖析我国电子废弃物回收利用和处

  [①] 本文刊载于《行政管理改革》2012年第12期。
  [②] 中商情报资料.2009－2010年中国电子废弃物处理行业调查及投资咨询报告［R］，中商情报网网址．http：//www．askci．com，访问日期：2011－4－28。

置立法中的不足，提出改善这一现状的建言，以期对我国电子废弃物回收利用和处置立法有所裨益。

一、国外电子废弃物回收利用和处置立法的情况

（一）德国

德国于 1972 年颁行了《废弃物管理法》。1991 年 7 月颁布了《电子废弃物法规》，1992 年起草了《关于防止电子电器产品废弃物产生和再利用法（草案）》，1996 年公布了更为系统的《循环经济和废物管理法》，通过这些法律法规对电子废弃物进行积极的回收利用和处置。[①] 德国还根据欧盟的 WEEE 以及 RoHS 指令，于 2005 年 7 月颁布了新的《电子电气设备使用、回收、有利环保处理联邦法》（简称 ElektroG），并于同年 8 月 13 日生效。该法规定，从 2005 年 11 月 24 日起，德国所有电子电气产品生产商和进口商将产品投放市场前必须到位于菲尔特市的"废旧电器登记基金会"进行登记，并从 2006 年 3 月 24 日起承担回收、处理废旧电器的义务。还明确了制造商对其设计、制造和销售的家电和电子产品进行收集、再使用和处置等义务，即从电器的原材料选择和产品设计开始，就为将来的使用和废弃考虑，形成资源—产品—再生资源的良性循环，从根本上解决环境与发展的长期矛盾。

（二）日本

日本是最早对产业废弃物进行立法的国家。1971 年出台了第一部针对产业废弃物利用与处置的《废弃物处理法》。1992 年，日本修订《废弃物处理法》，[②] 并颁布了《资源有效利用促进法》，对再资源化资源和再资源化零部件利用，兼顾减量化、重新使用和回收利用的设计与制造，使用完毕的产品自主回收和再资源化等作出明确规定。1997 年颁布《容器包装再循环法》，1998 年 6 月颁布《家用电器再生利用法》（于 2001 年 4 月 1 日正式实施）规定制造商和进口商负责自己生产和进口产品的回收和处理。2000 年 6 月，日本颁布《循环社会推进基本法》，该法宗旨即推进循环型社会的形成，抑制天然资源的消费，减轻环境负荷。在《循环社会推进基本法》的总体框架下，随后《家用电器再生利用法》《绿色物品采购法》《食品再循环法》《建筑材料再循环法》《汽车再循环法》相继颁布或实施。[③] 2003 年 1 月 27 日中央环境审议会会议决

---

① 本报记者.《德国电子电气法》规定生产商有义务回收处理电子电气设备 [N]，中国贸易报，2006-2-9：(2)。
② 冷罗生.日本公害诉讼理论与案例评析 [M]，商务印书馆，2005，p353。
③ 本报记者.日本迈向循环型社会 [N]，人民日报（华南新闻），2002-4-18：(2)。

定，日本将大力提高废弃物品的循环使用比率，到 2010 年，重复利用率提高到 14% 以上。①

（三）欧盟

1993 年，欧盟确立了以"谁污染，谁负责"原则和"减少有害物质的替代原则"为基础的管理制度。也就是说，"谁生产，谁负责"，由生产者负责电子废弃物的回收、拆解和最终处理。② 1998 年 7 月颁布了《废旧电子电器回收法》，要求厂家对其产品在每个环节上对环境造成的影响负责，相关垃圾的回收和处理费用也由厂家承担。2000 年 6 月公布了《欧洲议会和理事会关于电子电器设备废弃物立法提案》，并于 2002 年 2 月 13 日通过了两项指令，即第 2002/96/EC 号《废旧电子电气设备（WEEE）指令》和第 2002/95/EC 号《关于在电子电气设备中限制使用某些有害物质 RoHS 指令》。2005 年 8 月 13 日欧盟《电子废弃物处理法》（简称 WEEE）正式出台；2006 年 7 月 1 日《关于在电气电子设备中限制使用某些有害物质指令》（简称 RoHS）正式施行。

匈牙利、西班牙、荷兰、意大利等欧盟大部分国家都完成了把 WEEE 或 RoHS 指令转化为国内法律这项任务，但英国至今尚未完成针对 WEEE 转化的国内立法。③

（四）其他国家和地区

美国于 1976 年颁布了《资源保护回收法》，并于 1986 年进行了修订。虽然对废旧电子电器中破坏臭氧层的氯氟烃（CFCs）和含氢氯氟烃（HCFCs）实行强制回收，但至今没有对废旧电子电器实行强制性回收利用和处置的法律，不过，一些州已经开展了此方面的立法工作。如缅因州于 2006 年 1 月正式实施了《有害废物管理条例》，规定家用电视机和电脑显示器实行强制回收。新泽西州和宾夕法尼亚州通过了征收填埋和焚烧税来促进有关家电企业回收利用废弃物的立法。马萨诸塞州制定了美国第一部禁止私人向填埋场或焚烧物扔弃电脑显示器、电视机和其他电子产品的法律。④ 密苏里州制定的《制造商责任和消费

---

① 乐绍延. 日本将加大废弃物循环使用力度 2010 年提高到 14%，中国网. http://www.china.com.cn/，访问日期：2010 - 4 - 28.

② 吕静. 生产者延伸责任及国外相关立法综述 [J]，中国发展，2007（1）.

③ 曾延光. 美国各州电子废弃物回收立法的最新进展 [J]，信息技术与标准化，2009（7）. 曾延光. 欧盟 WEEE 和 RoHS 指令的最新修订情况 [J]，电子质量，2010（1）. 李信柱，谢先锋. WEEE 的全球化影响——欧美中日韩废弃电子电气产品回收法规回顾 [J]，电子质量，2009（12）. 陈泽勇，黄小龙，杨万颖，张赟. 欧、美、日关于电子电气产品有害物质管控法规现状研究 [J]，电子质量，2007（4）. 李华友，冯东方. 电子废物管理的国际经验 [J]，世界环境，2007（4）.

④ 何京. 国外电子垃圾处理政策及动态 [J]，环境教育，2005（3）.

者便利计算机设备收集和回收法》适用于本州消费者使用和退回制造商的计算机设备，对固体垃圾的所有人或操作者不施加任何义务。佛蒙特州制定了《电子废物处理的法案 S256》，弗吉尼亚州制定了《电脑和电视机回收和重复利用的法案，HB344》。

加拿大多数省份已经开展了电子废弃物回收立法。如阿尔伯塔省制定了《指定材料再利用和管理条例》《电子产品指定条例》以及《电子产品再利用规章》，并于 2005 年 2 月正式启动了电子废弃物回收处理工作。安大略省（Ontario）2002 版《废物回收法》（the Waste Diversion Act，WDA）规定，授权省环境部长以管理条例的形式指定某一类需要建立回收处理的废弃物，并要求安大略省废物回收公司负责回收处理工作。安大略省环境部于 2004 年 12 月将电子废弃物列入废物回收法的管理产品目录，并要求废物回收公司制定电子废弃物回收制度。①

二、国外电子废弃物回收利用和处置的立法经验

综观上述诸国和欧盟电子废弃物回收利用、处置立法，其主要特点如下：

（一）立法理念先进

电子废弃物的资源化利用和处置是一项复杂的系统工程，各国立法时均从传统的"生产—消费—废弃"模式向"生产—消费—再生产"的新经济发展模式转化，确立再利用、无害化、资源化的理念，全面、合理考虑政府、生产者、进口者、销售者、消费者、回收处理者各方的责任和利益。1991 年德国首次按照资源→产品→资源的循环经济理念，制定了《包装条例》。不久，把"生产者承担延伸责任"引入电子废弃物处理立法中。日本立法时认为电子废弃物生产者延伸责任制度的有效实施必须要有消费者的积极协助。消费者承担部分责任，也是加强公众参与、鼓励消费者改变消费习惯和生活方式的有效手段。欧盟制定电子废弃物回收利用和处置法律的目的在于防止电子废弃物的产生，以及实现电子废弃物的再利用、资源化和减量化。

（二）调整对象规范

日本在制定《家用电器再生利用法》时，明确该法的调整对象主要为冰箱、洗衣机、电视、空调、电脑等家用电器。欧盟在制定《电子废弃物管理法》时参考了瑞典、德国、荷兰、意大利、葡萄牙等成员国家已经颁布的相关

---

① 严浩．"电子垃圾"问题的法律思考，北大法律网法律在线．http：//article．chinalawinfo．com/，访问日期：2010－4－28．

法律，经过了长时间的准备、酝酿和修改，总结了来自各方面的意见和建议，详细列出了十大类别和 101 个品种电子废弃物。这十大类别的产品包括大型家用电器、小型家用电器、IT 和通信产品、生活消费品、照明设备、电动工具、玩具和体育休闲设备、医疗设备、监控设备、自动售货机。美国加利福尼亚州 2003 年通过的《2003 电子废弃物再生法案》（2005 年 1 月 1 日起正式实施），其调整对象明确规定为在加州销售的所有视频显示设备的废弃物。

（三）责任主体明确

虽然各国对责任主体的规定不尽相同，但大致有以下三种：一是规定政府或政府的环保主管部门为责任主体；二是规定生产者为责任主体；三是将消费者规定为责任主体。如 1998 年日本《家用电器再生利用法》详细规定了厂商和消费者的责任，明确消费者有回收和循环利用废弃家电以及负担部分费用的义务。[①] 欧盟成员国瑞典的法律规定，消费者有义务对废弃产品按要求进行分类并送到相应的回收处。美国加州立法机构最近通过了一项在美国首开先河的立法提案：要求顾客在购买新电脑和电视机时，要交纳 1 美元的电子垃圾回收费，以帮助安全处置居民家中的电子垃圾。

（四）责任分配到位

"生产者延伸责任"不仅强调生产者的责任，它实际强调了以生产者为责任核心的社会不同角色在产品整个生命过程中共同分担责任的问题。各国的法律明确了各个相关环节的责任主体及其所应承担的义务。如欧盟和日本采取由厂商与消费者共同分担电子废弃物回收成本的模式，不过，回收成本分担的多与少由市场需求价格弹性来决定。欧盟生产者责任规定最为全面，经济责任、具体实施责任和信息责任均由生产者承担；挪威规定生产者只承担具体实施责任，而经济责任由消费者承担；荷兰具体实施责任由生产者和销售者共同承担；瑞典由专业厂家处理回收来的电子废弃物，回收、信息责任由生产者承担。

（五）费用负担合理

各国在立法中强调生产者、销售者、消费者、回收者、中央及地方政府通过有效机制共同承担电子废弃物回收处理责任。在经济责任方面，欧盟采取生产者负担方式，但对于在 2005 年 8 月 13 日前投放市场的为私人家庭以外的使用者使用的产品的电子废弃物，作为一种可选方法，成员国可以规定私人家庭

---

① ［日］外川健一．日本における使用済み製品の拡大生産者責任制度の特質家電 4 品目と自動車を対象に［J］，経済学研究，2003，69（5/6）；小藤めぐみ．拡大生産者責任政策の有効性－家電リサイクル法取り上げて［J］，地域公共政策研究，2004（10）．

以外的使用者也部分或全部承担费用；瑞典也采取生产者负担方式，实际上最终还是转嫁到了消费者的身上；荷兰、挪威、瑞士、日本等规定消费者承担回收、运输、处理费用。

（六）目标实际可行

日本、欧盟等国家和地区十分重视环保，因而对电子废弃物回收率要求较高，如日本的电子废弃物回收率过去要求在50%～60%之间。最近，环境省统一要求在2008年家用电器回收利用率应不低于80%；欧盟也将在2008年重新对循环利用的目标作出更高的规定。从各国的实施效果来看，对回收利用率作出明确规定的国家基本上都能在规定的时间内完成预期目标甚至超过预定目标，实施的效果较好，并进而进入一个良性循环。

三、我国电子废弃物回收利用和处置立法的现状

目前，我国针对电子废弃物的法律法规有《固体废物污染环境防治法》《废旧家电及电子产品回收处理管理条例》《电子信息产品污染控制管理办法》《电子废弃物污染环境防治管理办法》《循环经济促进法》《废弃电器电子产品回收处理管理条例》等，但这些都不是单行性法律，而且规定也不全面。

（一）法律方面

2002年6月29日第九届全国人民代表大会常务委员会第二十八次会议通过的《清洁生产促进法》只有第2条和第19条第1、2项从生产设计过程、原材料选择上、防污染和提高资源利用效率方面对有关清洁生产问题作出了规定。

2005年4月1日起施行的《固体废物污染环境防治法》第18条第1款只对有关产品及包装物的绿色设计和绿色制造作出了一些规定，第31条仅要求企业事业单位合理选择和利用原材料、能源和其他资源，采用先进的生产工艺和设备，减少工业固体废物产生量，降低工业固体废物的危害性。

2008年8月29日通过，2009年1月1日起施行的《循环经济促进法》只针对在拆解和处置过程中可能造成环境污染的电器电子等产品，不得涉及使用国家禁止使用的有毒有害物质。对废电器电子产品等特定产品进行拆解或者再利用，应当符合有关法律、行政法规的规定；回收的电器电子产品，需要拆解和再生利用的，应当交售给具备条件的拆解企业；违反本法规定的，视情节作出处罚。另外，该法第四章"再利用与资源化"中的多条规定体现了以生产者为主的生产者责任。

（二）法规规章方面

2006年工信部等七部门颁布的《电子信息产品污染控制管理办法》较全面

地对电子产品的绿色设计和绿色制造作出了具体、明确而又系统的规范，明确了对电子产品生产设计、原材料使用、工艺选择的防污染要求，特别是对几种特定原料的控制要求，同时明确了名录管理制度、进出口管制制度等内容。[①]

2007年商务部等六部门颁布的《再生资源回收管理办法》明确了再生资源包括报废电子产品；明确了对再生资源回收的合同方式，并明确了合同的主要内容，是一个较为有效的措施。有关"再生资源的收集、储存、运输、处理等全过程应当遵守相关国家污染防治标准、技术政策和技术规范"的规定，明确了一个法律上的衔接，即这一规定的实际效力依赖于有关污染防治标准和技术政策和技术规范的规定，而不能直接体现其效力。

2007年环保部颁布的《电子废弃物污染环境防治管理办法》对如下问题作出了具体要求：一是限制或者淘汰有毒有害物质在产品或者设备中的使用；二是公开所含铅、汞、镉、六价铬、多溴联苯（PBB）、多溴二苯醚（PBDE）等有毒有害物质；三是要求对产品作出废弃后以环境无害化方式利用或者处置方法的提示。

2009年3月5日国务院办公厅正式对外发布的《废旧家用电器回收利用管理办法》对回收体系相关方的责任和义务作出了明确的规定，均体现了"谁污染，谁治理"的原则。

客观地说，相比于日本、欧盟等发达国家和地区，目前我国电子废弃物立法工作还存在较大的差距，仅处在起步阶段，现有的这些法律法规主要强调了电子废弃物的处理处置，对电子废弃物的循环利用几乎没有明确规定。

四、我国电子废弃物回收利用和处置立法的困境

当前我国已经颁布的有关电子废弃物回收利用和处置的"办法"较多，众多的法律法规中缺乏一部能够统领电子产品的清洁生产以及电子废弃物回收利用与无害化处置等各个方面工作的综合性立法。综合性、统率性立法的缺乏致使我国电子废弃物回收利用和处置处于政出多门、职能交叉重叠、政策矛盾、法律效力较低，强制力度不够且难以到位的境地。究其原因，主要是：

（一）立法目标偏低，没有体现电子废弃物的循环利用

《固体废物污染环境防治法》规定了使用者对固体废物依法承担污染防治责任，却没有规定具体、配套的回收措施。由此可以看出：该法只强调对废弃物的控制，而忽视对其循环利用。事实上，对于废弃物的循环利用是治理电子

---

① 李丹. 电子废弃物管理立法研究 [J]，再生资源研究，2006（4）.

废弃物污染的一个很重要方面，因此必须通过立法明确规定生产商有责任向家庭用户回收寿终产品，循环再造，并在此过程中发现设计中存在的问题进而改进设计，政府应采取优惠措施，对废旧电子产品中的"危险废物"、有用的资源和可拆分零部件的回收和再利用等各方面作出较完整的规定，形成对废弃物的循环利用，才能向资源循环型的可持续发展社会迈出重要一步，实现废旧电子产品的减量化、资源化和无害化。①《循环经济促进法》第19条只是针对电器电子产品的拆解和处置，而不是对电子废弃物的拆解和处置；因此，这一条款的规定未涉及电子废弃物。《电子废弃物污染环境防治管理办法》以电子废弃物污染防治为规范的重点，关注生产、处理处置过程中的污染问题，因此，未系统规范电子废物回收中的污染防治问题，也未涉及电子废弃物回收再利用问题。

（二）条文过于原则，法律规范的实际作用难以发挥

《清洁生产促进法》仅有两个条文对清洁生产作出了一般性要求，并非专门针对电子产品的绿色设计和绿色制造进行规范，因此，这些条文根本不能反映出电子产品生产的特征，充其量不过是仅对电子产品的生产作了原则性的要求，不能作为规范电子废弃物管理各种行为活动的直接法律依据，也不能发挥法律规范的实际作用。《固体废物污染环境防治法》虽然在针对电子废弃物回收利用和处置方面规定"应当遵守国家有关清洁生产的规定"，但这些规定不过是《清洁生产促进法》原则性和抽象性规范的继续，而且该法第6条规定防治设施建设的经费投入包括在政府环境保护规划中，不利于保障设施有效运行的资金投入，法律对设施的建设作了简单要求，对如何实现这一要求并没有设置相应的保障措施。②对企业事业单位提出的原则性要求，对电子产品设计和生产作出的抽象性规范，仅仅涉及对电器废弃物处置的原则性规范，没有对电子废弃物回收利用作出任何规范，整部法律看不到"电子"的字样。③

（三）主管部门众多，要权推责现象时有发生

我国对电子废弃物回收利用与处置的管理实行的是分级管理与分部门管理相结合的模式。管理电子废弃物的部门有：发改委、科技部、财政部、建设部、公安部、信息产业部、商务部、海关总署、税务总局、工商总局、质检总局、

---

① 吴少鹰，方添智. 我国立法治理电子废弃物污染刍议，厦门司法行政网. http://www.xmsf.gov.cn/html/other/2007-8-16/0781618528409B8HAIJG3B55CADB90.html，访问日期：2011-4-28.

② 电子废弃物循环体系的实现与政策研究课题组. 中外电子废弃物循环体系的立法比较[J]，中国物流与采购，2007（2）.

③ 翟勇. 对我国电子废弃物法律规制的思考，中国人大网. www.npc.gov.cn，访问日期：2010-4-28.

环保部等多个部门。依据我国现行法规,电子废弃物的主管部门是不明确的。多个部门皆有权责,而实际后果只能是要权推责以致有权无责。这些管理部门虽然在电子废弃物的管理手段上和管理重点上有所不同,但是还是存在诸多职能交叉、政出多门的情形,个别部门的管理措施相互矛盾也不足为奇。另外,政出多门,电子废弃物回收利用和处置存在的问题难以协调。①

(四)条文内容片面,责任规定不全且不充分

1995 年《固体废物污染环境防治法》第 5 条规定了使用者对固体废物依法承担污染防治责任,却没有规定生产者依法回收和处置固体废物责任。《电子信息产品污染控制管理办法》关于生产者责任的规定,明确了生产者对废弃电器电子产品的回收责任,并进一步确认生产者可以委托销售者、维修机构、售后服务机构、废弃电器电子产品回收经营者回收废弃电器电子产品,但主要强调生产者的责任,没有明确相关方责任。《电子废物污染环境防治管理办法》《再生资源回收管理办法》《废弃电器电子产品回收处理管理条例》等所确立的法律责任不完善,存在着重叠与真空地带。

总之,我国关于电子废弃物回收再利用的法律规范极不完善,借鉴、吸收国外先进的立法工作经验,探索应对我国电子废弃物回收利用和处置的立法方法和思路,显得尤为重要。

五、完善我国电子废弃物回收利用和处置的立法建议

借鉴德国、日本、欧盟等发达国家和地区的经验,首先应该充分认识到电子废弃物回收利用和处置立法是一个庞大的系统工程,涉及不同管理部门以及生产者、销售者、消费者。建议应该在立法上明确各责任主体和各监管部门的责任,建立原则性、统率性的法规,为各相关部门的立法提供明确的原则性指导,保证各部门出台的相关规章衔接通畅,共同形成完整的电子废弃物管理立法体系。为此,提出如下建议。

(一)要确立先进的立法理念

电子废弃物回收利用和处置是一项复杂的系统工程,我国立法时应确立先进的立法理念,全面、合理考虑各方的责任和利益,突出公众参与、鼓励消费者改变消费习惯和生活方式,减少电子废弃物的产生,实现电子废弃物的再利用、资源化、减量化和无害化。

---

① 严浩."电子垃圾"问题的法律思考,北大法律信息网. www.chinalawinfo.com,访问日期:2011-4-25.

(二) 要制定切实可行的奋斗目标

从各国的实施效果来看,对回收利用率作出明确规定的国家基本上都能在规定的时间内完成预期目标甚至超过预定目标,实施的效果较好,并进而进入一个良性循环。因此,我国在立法时应设定一个切实可行的奋斗目标,并要求责任主体按时、按质、按量完成。

(三) 要建立符合循环经济要求的电子废弃物回收利用和处置的法律体系

第一,要规范调整对象,明确责任主体。要详细列出电子废弃物的类别和品种,明确规定政府或政府的环保主管部门、生产者、消费者规定为责任主体,要求其承担相关环节的责任。[1] 第二,要建立回收系统。我国应当规范电子废弃物回收系统的建立和监管。在立法中强调生产者、销售者、消费者、回收者、中央及地方政府通过有效机制共同承担电子废弃物回收处理责任。第三,要整章建制。完善电子废弃物污染防治的法律规定、完善电子废弃物再利用法律规范、落实生产者责任延伸制度、建立符合循环经济要求的电子废弃物回收物流体系。

(四) 要建立绿色壁垒

绿色壁垒是指进口国政府以保护生态环境、自然资源以及人类和动植物的健康为由,以限制进口保护贸易为根本目的,通过颁布复杂多样的环保法规、条例,建立严格的环境技术标准,制定烦琐的检验、审批程序等方式对进口产品设置贸易障碍。绿色壁垒本身具有双重性。对任何一个国家而言,它既有不利的一面,也有有利的一面。对于国外输往我国的科技含量不高、环境污染严重或者已经落后淘汰的电子产品,我国要严把入门关。通过立法提高进口电子产品的环保标准,或者对进口的电子产品额外征收垃圾回收费用等,把严重影响我国环境的进口电子产品挡在"绿色门槛"之外,以减轻我国电子废弃物回收和处置的压力。

(五) 要突出公众的参与

电子废弃物的回收利用和处置是一项庞大而艰巨的工程,需要政府的努力,更需要公众的参与意识和参与行动。立法时可以要求政府通过媒体宣传、组织等相关活动和方式加大对公众的教育,提高公众对电子废弃物适当处置的意识,引导和鼓励消费者优先选购环境友好型电子产品,通过市场的力量推动生产者承担更多的责任。同时要依法引导、鼓励公众开展技术革新等科研活动,因为对电子废弃物的循环利用、降低电子废弃物的处理成本、开发高效节能、环保的电子产品,任何一项都离不开科学技术的进步。

---

[1] 宋志国. 电子废弃物管理立法中的责任分担 [J],政治与法律,2008 (1).

第二部分

气候变化立法

- CDM 项目值得注意的几个法律问题

- 构建中国大陆自愿减排交易机制的政策法律思考

- 构建中国碳排放权交易机制的法律政策思考

- 日本温室气体排放权交易制度及其启示

- 加拿大《气候变化责任法案》及其对我国的启示

- 韩国《绿色增长基本法》及其对我国的启示

- 德班气候变化大会前景不容乐观

CDM 项目值得注意的几个法律问题[①]

CDM 是《京都议定书》中的三种市场机制之一,其产生是基于经典的排污权交易理论,将全球的气候变化问题纳入一个可以交易的框架之下,这是《京都议定书》的一大创新。这种创新不仅是将环境问题通过经济手段解决,而且也是实践排污权交易理论国际化和现实化的一大举措。[②] CDM 项目交易不同于一般的国际贸易,它涉及一系列极为复杂的问题。目前,有关 CDM 的研究主要集中在经济和环境方面,随着 CDM 项目的迅速发展,相关的法律问题已经凸显,亟待全面系统地研究。囿于篇幅,本文拟从 CDM 的创建及其发展趋势入手,对 CDM 相关的程序、决定与私人利益的保护,CERs 产生过程中的责任和权利归属,CDM 项目交易风险及其承担,CDM 项目与国内、国际政策的关系等问题予以探讨,以期对我国乃至全球的气候变化和节能减排事业尽一份绵薄之力。

一、CDM 创建及其发展趋势

(一) CDM 的产生背景

1991 年至 1992 年间,联合国气候变化框架公约政府间谈判委员会举行了 6 次会议,经过艰难谈判,1992 年 5 月 9 日在纽约通过了《联合国气候变化框架公约》(以下简称《公约》),全球 186 个国家以及欧盟各国成为《公约》缔约方。1994 年 3 月 21 日《公约》生效。1997 年 12 月 11 日,149 个国家和地区的代表在日本通过了限制温室气体排放量以抑制全球变暖的《京都议定书》,在《公约》的基础上形成了具体的目标和方法。作为有限执行的法律文件,它规定必须满足至少 55 个缔约国签字,签字国家温室气体的排放量占世界总排放量 55% 的条件才能生效。2001 年 12 月,《马拉喀什协议》通过了明确各国政府执行《京都议定书》的指南和全面的可操作规则。2005 年 2 月 16 日,《京都议定书》在经历了无数次跌宕之后,尤其是在美国政府宣布退出的阴影中,由俄罗

---

① 本文刊载于《中国地质大学学报》(社会科学版)(2009 年第 4 期)。
② 张孟衡,姜冬梅,裴卿,陆根法.中国碳交易中的法律问题[J],环境保护,2008 (24)。

斯的加入而正式生效。①

（二） CDM

《京都议定书》建立了三个合作机制，CDM 是三个合作机制中成本最低的一个。CDM 运行的法律前提是按照《京都议定书》的规定，一旦该议定书生效，那么 35 个发达国家必须履行减少二氧化碳和其他温室气体排放量的义务。CDM 的主要内容是发达国家通过提供资金和技术的方式，与发展中国家开展项目级的合作，通过项目所实现的"经核证的减排量"（CERs），用于发达国家缔约方完成在议定书第 3 条下的承诺。

CDM 是一项双赢机制：一方面发展中国家通过合作可以获得有利于可持续发展的先进技术以及急需的资金；另一方面通过这种合作，发达国家可以大幅度降低其在国内实现减排所需的高昂费用，加快减缓全球气候变化的行动步伐。

（三） CDM 的发展趋势

从全球第一个 CDM 项目获准注册开始至 2008 年 12 月 23 日，国际 CDM 执行理事会（EB）批准注册的全球 CDM 项目达到 1284 个，预期年减排量为 2.42 亿吨 CO_2 当量，较 2004 年底的 67 万吨 CO_2 当量，增幅近 350 倍。这些项目中有 439 个项目的 2.36 亿吨 CO_2 当量核证减排量已获得 EB 签发，是 2005 年底全球签发总量（10 万吨 CO_2 当量）的 236 倍。② 自 2007 年以来，随着全球 CDM 项目预期年减排量基数的增加，全球 CDM 市场飞速发展。但 2008 年爆发的金融危机给全球碳交易市场蒙上了一层阴影。但从远期看，2012 年之后《京都议定书》的精神将"在获得可度量、可报告、可证实的技术、资金和能力建设的支持下，在可持续发展的框架下，应当采取可度量、可报告、可证实的适当的国家减缓行动"承诺下得以延续，欧盟、日本等发达国家和地区会进一步减少温室气体排放。值得期待的是，美国奥巴马政府执政后，对温室气体减排的态度已发生了积极的转变。因此，有理由相信，在今后的一定时期内，CDM 市场需求将稳步增长。

二、CDM 项目存在的法律问题及其解决方案

虽然 CDM 是一项双赢机制，既能节能减排，造福全球大气环境，又能给发展中国家带来先进技术和经济实惠，但是，该项目是一项新的事业，适用的方

---

① 陈翌爽，周双. 清洁发展机制与温室气体减排 [J]，中国农村水电及电气化，2006 (8).
② 孟祥明，马卓坤，谢飞. CDM 在全球范围及我国的进展概述 [N]，中国财经报，2009 - 2 - 24：(2).

法学技术含量高，交易运作程序复杂，国内外的多层管理体系还有待理顺。而且，目前的公约、协定以及国内的法律法规还没有准确设定管理体系的权利义务；也没有对 CDM 项目交易的买方、卖方、中介、监督等参与方设定权利义务等。客观地说，CDM 这一复杂庞大的机制虽然已经运作，但实际运行中存在的诸多法律问题还有待边实践边解决。

(一) CDM 管理体系中存在的问题及其解决方案

1. CDM 管理体系

目前，CDM 管理体系中包含的主要管理机构有 CDM 执行理事会（EB）、指定性经营实体（DOE）和国家 CDM 主管机构（DNA）。[①]

(1) EB：EB 负责监管 CDM 的实施，并对成员国大会负责。EB 是 CDM 项目实施过程中最核心的一个机构，其在一个具体项目中的功能就是决定批准、注册 CDM 项目并签发该项目的 CERs。

(2) DOE：DOE 是由缔约方大会根据 EB 的推荐指定的经营实体，有资格确认拟议的 CDM 项目活动的合格性，并核实和核证温室气体源人为减排量。在《马拉喀什协议》框架下，DOE 被看成是 EB 的扩充，它们的工作目的是依据 CDM 的各项规则要求，对项目发起人所申请的作为 CDM 的项目进行核证，并在认为合格后提交 EB 批准注册；还承担在项目执行之后对项目所产生的温室气体减排量进行核实、向 EB 申请签发 CERs。

(3) DNA：DNA 负责判断发展中国家项目发起人报批的 CDM 项目是否符合其可持续发展要求，决定是否批准所报批的将在其境内实施的项目作为 CDM 项目。

2. CDM 管理体系中存在的问题

(1) EB 最大的问题是长期以来没有出台一个严格且可操作的 CDM 项目审定及核查核证指南，并对 DOE 在审定及核查核证方面的行为进行相应的规范，这就使得一些 DOE 不遵守 EB 决定或缔约方会议决定，不按照 EB 要求的时间期限提交年度报告。严重侵害项目发起人、项目开发商甚至买方的权益。

(2) CDM 项目审批速度慢。EB 的专家成员只有 10 人，且全都是兼职。每年开会的时间不超过 30 天，申请项目数量却成指数增长。EB 审批速度慢将对 CDM 的发展构成"瓶颈式"威胁。另外，随着申请项目数量的增加，DNA 的工作量也不断增大。由于 DNA 规模无法大幅度增加，项目申请周期会延长，从而影响项目的进展。

---

① 吕学都，刘德顺主编. 清洁发展机制在中国 [M]，清华大学出版社，2005，p37.

（3）DOE数量有限且信誉度不佳。CDM项目在逐年递增，但DOE数量较少，不能满足急速发展的形势需求，已成为CDM项目注册的"瓶颈"。而且，现存的DOE信誉不佳。在近几次EB会议上，DOE被要求复审的项目数量在不断增多。特别在EB的34次会议上，95%的项目被要求复审。①

（4）EB对未获准注册的CDM项目没有提供救济措施。② DOE认为合格的项目提交给EB后，通常情况下，EB会严格按照方法学进行审查，除了被批准和注册的一小部分项目外，大部分项目或被要求复审或未获准注册。对这些未被EB获准注册的项目，至今没有设置救济途径。这样没有任何监督的做法，很有可能为一些有民族或政治偏见的EB成员所利用。

（5）对EB成员的利益缺乏保障性措施。有关CDM项目的决定、核准都是由EB或EB授权的DOE负责实施的。CDM项目发起人对DOE或EB审批的结果不服，项目发起人是否可依照国内相关法律的规定，将负责该CDM项目审查的成员作为被告，向其所在国的人民法院起诉呢？目前，还没有任何条约或协定对此作出保障性规定。③

3. 解决上述问题的思路

笔者认为：上述问题应该全部纳入全球气候变化框架下，一部分可通过CDM的最高决策机构——缔约方会议缔结条约或者公约来加以解决；另一部分可依国内法来救济。

第一，对于问题（1）和（2），缔约方会议应及时开展谈判，修订协议，增加EB的人数，修订更加简便、快速且切实可行的EB批准、注册CDM项目的操作规程。

第二，对于问题（3），EB应提供DOE明确连贯、切实可行的指导方针（明确DOE的作用和职责是在审定和验证方面，而EB则对其工作进行审慎勘察），迅速出台DOE委任的新标准及违规惩罚办法。放宽准入，简化和促进DOE委任程序，让更多的DOE参与竞争，打破垄断局面。对委任程序中DOE的申诉程序要进行必要修改，尽可能公平公正地处理DOE的申诉。同时对违规（从事与其作为经营实体工作有利益冲突的活动）DOE采取警告、暂停资格、经济惩罚等措施，尽可能地从根本上解决"瓶颈"问题。

---

① 孟祥明，马卓坤，谢飞. CDM在全球范围及我国的进展概述［N］，中国财经报，2009-2-24（2）.

② ［日］高村ゆかり. 2013年以后の地球温暖化の国際的枠組みと市場メカニズム［J］. ジュリスト（NO.1357）2008.

③ 同上注。

第三，对于问题（4），可采取如下途径加以解决：一是未被 EB 获准注册的 CDM 项目，EB 必须说明不予注册的理由，并设置申请复议程序，允许 CDM 项目发起人针对 EB 不予注册的理由予以申诉；二是建立专门的争端解决机制，用以解决 CDM 项目发起人与 DNA 或者 DOE 之间的争议；三是若发展中国家项目发起人对 DNA 审批的 CDM 项目结果不服，发展中国家项目发起人可依照国内相关法律的规定，可以就 CDM 项目结果向 DNA 申请复议，也可以向人民法院起诉。

第四，对于问题（5），可采取两种方法处理。一是对于 EB 成员，赋予其在 CDM 项目方面的司法豁免权，保证其所作出的 CDM 项目审查决定不受任何国家法律的追究。二是对于 DOE 应区别情况采取不同的解决方法。在一个 CDM 项目开发中，会存在为项目开发方提供确证服务的 DOE 和接受 EB 委托实施监测、核实项目减排量的 DOE。CDM 项目发起人对提供确证服务的 DOE 不满，可依法解除确证服务合同，并要求其赔偿损失；对接受 EB 委托实施监测、核实项目减排量的 DOE 的监测结果不服，项目发起人只能向 EB 申诉。

（二）CERs 产生过程中的责任和权利归属问题

1. CERs 产生过程及责任承担者

一般来说，CERs 产生过程有八个步骤，但至关重要的有以下六个基本步骤：

一是项目参与人对潜在的 CDM 项目进行设计和表述。项目参与人应该采用经批准的方法依据项目的具体情况制定基准线。一个 CDM 项目的设计和表述必须具有真实的、可测量的、额外的减排效果。

二是国家负责评估和批准 CDM 项目。CDM 项目由所在国的 DNA 审核。主要审核内容如下：参与资格、设计档、确定基准线的方法学问题和温室气体减排量、可转让温室气体减排量的价格、资金和技术转让条件、预计转让的计入期限、监测计划、预计促进可持续发展的效果。

三是 DOE 审查登记。DOE 将考察项目设计文件，经过公众评议后决定是否批准该项目作为 CDM 项目。如果项目得到批准，DOE 会将项目设计文件上呈 EB 以获得正式登记。

四是项目融资。一般情况下，审查登记完成后，就进入了项目融资的关键时期。项目发起人寻找到合适的投资者后，项目实施之前的准备工作才算完成，项目就可以开始生产 CERs 了。

五是 DOE 监测核实。项目进入运行阶段后，项目参与人就必须准备一个监测报告估算项目产生的 CERs，并提交另一个 DOE 申请验证。如果没有经过指定的核实程序以测量和核实其排放量,就不可能在国际碳排放市场上转让其"减排量"以获取价值。

六是 BE 认证和签发。验证是由 DOE 独立完成的对监测报告估算的减排量的事后鉴定过程。DOE 必须查明产生的 CERs 是否符合项目的原始批准书标明的原则和条件。如果在 15 天之内,任何一个项目参与人或者三个以上 EB 成员没有要求重新审查该项目,则 EB 将指令 CDM 登记处签发 CERs。

2. CERs 产权归属的思路

以上是一个 CDM 项目的周期,也称之为一单 CERs 产生的过程。实践中,CERs 的转让收益既有可能是在 CERs 由 CDM 登记处正式签发之后,通过转让已生效的 CERs 实现,也有可能在 CERs 正式产生之前通过订金——CERs 购买协议等形式提前实现。作为 CDM 项目交易中的产品,CERs 其实并非一项具体的实物,而是经核证的减排量,类似于排放权交易。然而 CERs 的买卖却与典型的排放权指标交易不同,CERs 交易有着严格的限制:第一,此种买卖并不能进行完全的市场流通,买卖的主体只能是发达国家机构和发展中国家项目业主;第二,CERs 的产生并不是基于政策的指定,而是与具体的 CDM 项目直接相关,CDM 项目的实施与运行对 CERs 的产生有着决定性影响。

虽然国际上普遍认同 CERs 是一种财产,但没有明晰确定 CERs 的权利属性。这主要是因为 CERs 的产生过程比一般的排污权复杂很多,首先它涉及更多的参与机构,包括政府、企业、审核机构、联合国相关组织和咨询方;其次它的交易并不是像一般的排污权交易在同一类型的企业之间进行,而是严格限定买方和卖方的条件,并且 CERs 不能完全自由的进行市场流通。这些都给 CERs 属性的界定带来很大的困难。简单而言,CDM 项目产生的直接收益就是经核定的减排量,即 CERs 所代表的收益。

尽管理论界对 CERs 权利究竟属于何种权利仍没有达成共识,但笔者认同 CERs 实质上是一种具有期待性质的财产权利。因此,建议在缔约方会议上明确 CERs 的权利属性,并在条约或文件中加以确定。二是要求缔约国将其纳入国内法律体系,对其在实体和程序方面加以规范。

(三) CDM 项目交易风险及其责任分担

1. CDM 项目交易风险

第一个风险是 CDM 审批程序的复杂性和 EB 注册的不确定性。CDM 项目要履行国内、国际两套程序,经过多个机构审批。虽然国内审批程序也存在一定的不确定性,但主要是国际程序,特别是在 EB 注册的不确定性最大。在 EB 登记注册时,必须经过 10 名成员的集体表决,如果其中有 3 人以上反对,则无法通过。因此，在 EB 审核是项目能否进行下去的关键。一个项目从申请到获准最顺利也需要 3~6 个月时间，复杂的审批程序可能会给最后的结果带来不确定性，而不论结果如何，前期的设计、包装等费用至少需要投入 10 万美元。而且由于"额外性"的要求，大多 CDM 项目并不是副产品，而是要投资并确认了 CERs 后才能出售，这些投资在审批程序复杂和注册结果不确定的情况下很可能打了水漂。①

第二个风险是恶性价格竞争。项目开发方虽然都知道 CDM，但对其操作中的具体规则并不清楚。知识和经验的缺乏，让很多项目开发方在谈判过程中处于被动地位，也就丧失了讨价还价的能力。因此，现在 CDM 基本上是买方市场，发展中国家企业的议价能力弱。② 随着 CDM 不断壮大，会有越来越多的企业加入 CDM 市场中成为卖方，那么，CERs 的价格会进一步降低，预期的收益将会大幅度缩水。

第三个风险是受国际、国内经济政治形势影响较大。国际社会一直强调，发展生产力消除贫困仍然是当前要务。《京都议定书》几乎注定要在一定程度上让位于经济发展，这就表明，一旦某些主要缔约国的经济活动受阻，就很容易导致其无法按时履约。同时，相关国家可以以其已经尽到"善意履行"的义务来逃避责任。③

2. 避免 CDM 交易风险的思路

对于上述第一、第三风险，笔者建议用以下三种方式来分解。

第一，考虑到 CDM 前期投入费用较大，间接执行成本较高，项目开发方可通过国际和国内碳排放权交易平台，发布信息吸引风险资金先期投入，控制企业投资成本，提高项目业主开展项目的积极性。

第二，项目开发方（卖方）尽量不要签订签字生效的合同，避免可能产生的违约风险。尽量在合同中设置生效条件，即约定合同在获得相应的批准后生效。这样既可避免审批、注册方面不确定性的风险，也可避免包括国际、国内经济政治对 CDM 及环境等方面的诸多影响。

第三，项目开发方与 DOE 签订项目确证服务合同时，可以将确证方面的部分风险转移给 DOE。双方可在合同中约定，受托方负责申请注册和核准认证的费用，酬金待 CERs 的转让收益实现后，按照一定的比例分配。另外，如果在

---

① 毛永波. CDM 问题的冷思考 [J]，环境科学与管理，2008 (10).
② 彭建雄. CDM 的法律缺陷及遵约选择问题 [R]，中国气候变化网. http://www.2c-china.com/html，访问日期：2009-4-16.
③ 潘攀. 清洁发展机制下的减排量交易及其法律问题 [J]，中国能源，2005 (10).

项目的开发过程中由于 DOE 的资格被撤销或者由于 DOE 错误的提交认证与确证报告导致项目开发方受到损失的，DOE 应当对项目开发方进行赔偿。这样做的好处是：减少了卖方的前期投入，转移了一部分 CDM 交易项目审批程序不确定性所带来的风险，同时还可以激励 DOE 认真做好 CDM 项目设计和表述，争取快速核准减排量。

对于第二种风险，笔者建议：

第一，在 CDM 项目申请登记时，卖方寻找到合适的买方，与买方签订协议，确定投资的数额、CERs 的购买价格以及风险的承担比例等，在 CERs 正式产生之前，通过订金（先期投入的风险资金）——CERs 购买协议等形式提前确定价格，避免恶性竞争所带来的风险。这种做法的好处是：恶性价格竞争发生时，能够把自己的损失风险降至最低；坏处是：若没有出现恶性竞争，CERs 的价格不能随行就市，较难实现利益的最大化。目前，CERs 交易较为通常的做法是在 CERs 由 CDM 登记处正式签发之后，通过转让已生效的 CERs 实现。这种方法最大的缺点是难以规避恶性价格竞争的风险。

第二，卖方要求买方签订固定远期和指数远期两种合同方式。一般来说，合同双方经过谈判为确定数量的交易额设定一个固定价格，并同意剩余的交易量将按照指数价格成交。指数价格的基本计算原则由双方商议确定，并且将与现货市场价格挂钩。从数据和调查结果可以看出，固定远期交易在卖家中受到广泛的欢迎。

第三，卖方必须尽快熟悉国际贸易规则以及 CDM 相关制度，依照规则和制度签订买卖合同。

（四）CDM 项目与国际、国内政策的关系

1. CDM 对应的国际法存在局限性

CDM 项目所依据的程序规则主要是《公约》及其《京都议定书》中的相关规定。自《京都议定书》生效以来，随着国际上 CDM 项目的大量开展，相关的程序规则也在不断完善中，然而即便如此，目前的国际程序仍存在亟待改进之处。《京都议定书》作为全球性的国际法规是各方谈判利益折中的结果，因此必然存在覆盖面、制裁力以及适用性等方面的局限。

一是法律覆盖范围有限。众所周知，CDM 机制的主体十分复杂，如果套用传统的国际公法理论（一般认为标准的国际法主体只有国家、国际组织，特殊情况下，交战团体也可成为国际法主体），CDM 机制不包含在典型的国际法体系之内。在 CDM 机制下的公司、DOE 都是 CDM 项目不可或缺的参与方，而这两个主体是典型的私法上的主体。实际上，CDM 机制体现了国际环境法的主要

原则，即环境问题不只是国家间的问题而是和每一个人都息息相关的问题，是全人类的问题。①

二是法律效力有限。国际法的效力来源于参与国的认可，如果某个国家不认可该法律，那么该法律对该国没有强制性。同时，法律的制裁是法律效力的重要保障，在国际法层面由于缺少一个凌驾于各个国家之上的强力机构，所以法律的制裁不存在，法律实施的保障也就不存在。这种局限性为某些国家凭借自身实力超越国际法提供了可能。

三是国际法是国际政治的延伸，因此在制定过程中具有突出国家利益倾向，这也是为什么现有的某些国际法律体制使CDM的实施效果打折扣的原因。

四是国际法的制定是各个国家谈判妥协的结果，所以在形式上国际法为了保证一定的普适性，必然会在某些环节上与具体国家的国情不甚相符，这样在具体实施时必定会遭遇一定的阻力。

2. CDM对应的国内法存在局限性

CDM项目发起人所在国目前基本上制定了指导CDM项目的具体开发意见或办法，然而这些意见或办法在实际运行中仍然有许多问题需要解决。例如在CDM项目的开发中如何将其涉及的国际法问题进一步平稳纳入发展中国家的法律体系，如何争取参与制定相应的国际规则最大限度的保证国家利益，如何根据不断修改的国际政策调整相应的国家政策等，这些在CDM发展过程中都需要深入研究。特别在节能减排领域，CDM是全新的概念，缔约国虽然签署了协议，但协议中的各项规则、制度还没来得及在国内法中予以体现。因为国内法的修改与完善需要调查研究，也需要一定的时间运作，还需要履行一定的程序才能完成。因此，国内法中几乎没有处理CDM纠纷的规定。

3. 解决的思路

《京都议定书》本来是国际社会用国际法来调整各国的行为以解决气候变化问题的一个历史性突破，但必须承认，目前的国际法和国际环境法还不足避免《京都议定书》招致尴尬的局面。这也说明，为了战胜各种自然的、特别是人为的挑战，解决类似于气候变化这样的全球环境问题，进入一个可持续发展的良性循环，国际法和国际环境法仍需得到更大更快的发展，国际社会仍需付出更大的努力。②

在CDM与国际法的关系方面，当务之急是必须要制定一项让所有缔约国都

---

① 林灿铃. 国际环境法 [M], 人民出版社, 2004, pp78-88.
② 秦天宝. 美国拒绝批准《京都议定书》的国际法分析 [R]. 论文天下网. http://www.lunwentianxia.com/, 访问日期: 2009-4-16.

能接受的国际法原则。除此之外，还应该有一些切实可行的激励措施，只有这样才能保证缔约国参与的积极性和法律实施的有效性。

在 CDM 与国内法的关系方面：《京都议定书》与国内法都是国家意志的体现，从逻辑上推论，两者是不会、也不应该发生抵触的。但是，在千差万别的国际实践中，抵触却在所难免。如果《京都议定书》与国内法发生抵触，而缔约国国内法院仍根据国内法作出裁判，致使缔约国违背依《京都议定书》所承担的义务时，则必然会产生国际法上的"国家责任"。尽管在国内体制上，国家机关及其法院，除宪法或法律另有规定外，可能有责任不顾《京都议定书》规定而适用国内法，但在国际关系上，该国作为缔约国，应对其所属法院的这一司法行为承担违反《京都议定书》的一切国际责任。所以，这就要求各缔约国立法界应对《京都议定书》的国内执行问题予以足够的重视，尽快制定相关的法律、法规，创造一个良好的法律环境，只有这样才能更好地融入国际社会中，也只有这样才能更好地促进经济的腾飞。

三、结论

综上，CDM 项目中值得注意的法律问题很多，而且十分复杂，需要综合考虑所涉主体和相关过程。由于 CDM 仍在不断发展，研究难度也在不断增加。不过，对于 CDM 项目交易的法律问题还是应当针对不同的环节分别进行深入研究，只有这样，才能更加准确地把握 CDM 项目交易的法律问题。

我国是 CDM 的受益国。自 2005 年正式加入 CDM 市场以来，凭借国内巨大的温室气体减排市场及政府的正确引导与支持，目前 CDM 项目数量已稳居世界第一。我国 CDM 项目的预期年减排量（1.3 亿吨 CO_2 当量）已占全球总额的 54%，获得 EB 签发的 82 个项目的 CERs（0.96 亿吨 CO_2 当量）已占全球签发总量的 41%，已获签发的 CDM 项目能为我国企业带来近 7 亿美元的直接收益。① 根据《京都议定书》的规定，CDM 在 2008~2012 年的"第一减排承诺期"内有效，2012 年之后，《京都议定书》就面临新一轮的调整。在新一轮的谈判中，发达国家要求发展中国家参与温室气体减排或限排承诺的压力与日俱增。② 因此，我们应该把握时机，尽可能多地开发 CDM 项目，同时要注重研究 CDM 项目交易的法律问题，拿出一些切实可行的法律举措来保护 CDM 项目发起人及我国的利益。

---

① 孟祥明. 我国 CDM 市场全面领先 [N]. 中国财经报，2009-2-27 (1).
② 李静云，别涛. 清洁发展机制及其在中国实施的法律保障 [J]. 中国地质大学学报（社科版），2008 (1).

构建中国大陆自愿减排
交易机制的政策法律思考[①]

引 言

2011年12月11日落幕的德班会议虽然保住了《京都议定书》第二承诺期，使得清洁发展机制（Clean Development Mechanism，以下简称 CDM）等碳减排交易机制得以继续发挥作用，这对于全球碳排放权交易市场（以下简称"碳市场"）来说是一个利好消息。但会后加拿大宣布正式退出《京都议定书》，日本和俄罗斯也很可能不加入第二承诺期，又给全球碳市场蒙上了一层阴影。目前，中国主要是通过 CDM 项目参与全球碳交易，德班会议对中国的碳市场带来较大的影响。依据国际能源署预测，中国人均 CO_2 排放会在2015年超过欧洲，历史 CO_2 排放将在2035年超过欧洲，并接近美国的水平，人均排放与历史排放这两个中国气候谈判的主要武器正慢慢失去效用。[②] 可以断定，中国作为当前世界最大的碳排放国，在2020年后很可能被要求与其他发达国家一起承担强制性的碳减排义务。由于碳排放权交易（以下简称"碳交易"）是一种具有成本优势的市场减排措施，届时，中国有可能开启全国性的强制减排市场。现在离2020年还有些时间，这段时间内应当快速推动 CDM 项目进场交易，循序渐进地发展中国自愿减排市场，引导企业从国际碳市场价值链低端位置中走出来。值得庆幸的是，国务院在2010年10月公布的《关于加快培育和发展战略性新兴产业的决定》和2011年12月公布的《"十二五"控制温室气体排放工作方案》中明确提出，建立自愿减排交易机制。为配合国家快速建立自愿减排交易机制，进一步发展和完善中国的碳市场，本文拟从中国自愿减排交易现状入手，指出其问题，分析其成因，在借鉴国外自愿减排交易机制成功经验的基

[①] 本文刊载于中国台湾地区元照出版社出版的《法学新论》（2012年第38期）。
[②] 林宇威，李慧明. 德班会议后中国碳市场展望. 国内碳市场进入启动时期 [N]，中国社会科学报，2011（250）.

础上，尝试性地提出构建中国自愿减排交易机制的建议，为中国日后顺利进入全球碳市场尽绵薄之力。

一、中国自愿减排交易的现状及问题

自愿减排（Voluntary Emission Reduction，简称 VER）作为一种自愿参与减少 CO_2 排放的形式，一直是全球碳市场的有效补充，同时也是中国开展碳交易的市场准备和必要途径。

（一）中国自愿减排交易的现状

1. 自愿减排

自愿减排是指个人或企业在没有受到外部压力的情况下，为中和自己生活或生产经营过程中产生的碳排放而主动从自愿减排市场购买碳减排指标的行为。[1] 随着《京都议定书》中 CDM 机制的发展，自愿减排市场相伴形成。直到 2002 年，由于人类活动导致全球变暖现象引起越来越多的企业和个人的关注，自愿减排市场才开始进入快速发展阶段。自愿减排的需求方和认购方是在没有强制性减排指标的约束下，完全出于企业的社会责任所采取的减排行动。自愿减排市场不属京都体制，却与 CDM 市场平行存在。

2. 中国自愿减排交易的现状

中国已有不少的交易机构、企业、甚至个人在国内开始了自愿减排交易，并且交易量呈逐年上升的趋势。截至 2011 年 4 月底，上海环交所自愿减排交易平台的开户数已达 20.2361 万户。上海正逐渐成为中国活跃的自愿减排交易市场之一。

目前，中国的自愿减排交易主要有五种形式：

一是成交比较大的交易往往是以大型活动、项目为基础或背景。大型活动具有一定影响力，通过自愿减排交易抵消活动产生的碳排放，以树立低碳绿色的社会形象，如北京奥运会期间，中国国际民间组织合作促进会和美国环保协会等机构发起的"绿色出行"行动，总计减排 8895.06 吨 CO_2 当量。2009 年 8 月 5 日，这些减排量全部由上海天平汽车保险股份有限公司购买，并在北京环境交易所正式达成交易，用于抵消该公司自 2004 年成立以来至 2008 年底公司运营过程中产生的碳排放。这是我国大陆地区第一宗自愿碳减排交易。

二是金融机构与环境交易所合作，开发对接性金融产品。如兴业银行与北京环境交易所、上海环境能源交易所合作，构建碳减排个人购买平台，为个人

---

[1] 丁丁. 开展国内自愿减排交易的理论与实践研究 [J]，中国大陆能源，2011 (2).

购买自愿减排指针提供了银行交易的渠道。持卡人可以通过这张低碳信用卡主动在环境交易所的网站购买自愿减排指标，以此中和或抵消个人产生的碳排放。

三是金融机构与企业合作，提供从项目融资到减排额二级市场交易的全流程金融服务。如国家开发银行依托贷款客户开展碳排放权交易业务，积极开发包括风电、生物质发电等在内的碳排放权交易项目，并于2009年11月率先完成国内商业银行第一笔碳排放交易咨询服务，累计促成383.3万吨CO_2交易当量。

四是大型企业与环境交易所结合，企业从社会责任的角度出发购买一定自愿减排指标。据东方早报2009年10月29日报道：中国石油天然气集团公司、摩托罗拉（中国）电子有限公司、远大空调有限公司、劲量（中国）有限公司等28家企业向天津排放权交易所递交了意向函，要求加入"企业自愿减排联合行动"。

五是公民主动参与碳减排、实现个人的碳中和。2010年4月27日，上海杨浦区区委常委、副区长庄少勤成为世博自愿减排网络平台首位购买自愿减排指标的个人。

2011年6月26日，北京环境交易所发起并联合众多专业机构共同发布了中国企业自愿减排2010年度排行榜。共有41家机构入选中国企业自愿减排排行榜。这些机构通过购买自愿减排指标的方式来抵消自身在运营企业或者组织活动过程中所产生的温室气体排放，共计减少温室气体排放量约21万吨。其中，中国光大银行作为中国首家碳中和银行，在2010年度以最大规模的碳抵消行动排名榜单之首。除了光大银行之外，中国国际航空公司推出国内首个绿色航班；兴业银行发行了国内首张低碳主题认同信用卡——中国低碳信用卡；百度成为国内互联网行业首次试水购买碳减排量来抵消碳排放的行业领袖。

从整体上看，中国企业的自愿减排行动仍然只占少数，特别是来自高耗能行业的企业仍不多见。随着国家自愿减排市场的不断完善，碳市场各方的积极努力，相信不远的将来，会有越来越多的企业参与自愿减排，通过科学的碳排放管理，实现可持续发展之路。

（二）中国自愿减排交易存在的主要问题

从上述自愿减排现状来看，中国目前尚无对CO_2排放源和气体的统计监测，参与交易的碳排放指针缺乏相应的核证标准，考核与惩罚机制尚未建立，因此，中国自愿减排交易市场的发展存在较大的不确定性。此外，自愿减排交易的排放指针在金融市场进行交易时，如何有效规避和防范风险，也是中国自愿减排交易面临的重要问题。概括地说，主要问题有：

1. 减排无限制，供需难平衡

自愿减排市场的交易主体由企业、公司、非政府组织和个人组成，这些主体进行的交易不受法律的约束或强制性的减排义务所限制。自愿减排的需求方和认购方都没有强制性的减排指标，而是完全出于义务和对气候变化减缓的积极响应，这些都影响了自愿减排交易的动态供需平衡。

2. 市场较松散，价格相差大

中国自愿减排市场比较松散，分布于北京、天津、上海等地，不同地区在相关制度上存在较大差异。如自愿减排指标的价格相差较大。一般来说，自愿减排指标根据项目类型、所处区域、签发时间、认证标准的不同，价格都有所区别。上海环境能源交易所的自愿减排指标价格为20元人民币/吨，北京环境交易所的自愿减排指标价格为35元人民币/吨。

3. 交易欠透明，信用基础弱

CDM是个透明的系统，自愿减排交易则不同。碳减排信用的形成绝大多数需要通过可靠的标准体系的开发和第三方的标准认证。形成可信的碳减排信用是进行自愿减排交易的基础和关键。国内碳减排信用核证机构缺乏资质认定，核证标准不统一。一个项目可根据多个认证标准多次申请碳减排信用，碳减排信用产生后转给谁第三方不知道，一个项目有可能卖给多家。另外，自愿减排指标登记也缺乏专门机构监督管理，碳减排信用产生后交换给谁的中间过程，没有任何登记系统可以很清楚地显示出来，难免会有作假的碳信用额掺入其中。

4. 监管不得力，标准欠统一

中国多个自愿减排市场并行存在，没有一个统一的监管机构，负责制定和执行统一的有关"确认减排量"开发和交易的质量标准。而且，在自愿减排交易中，什么项目有资格产生减排量、按照什么标准核查减排量，国内缺乏统一的标准。

5. 交易平台多，配置不合理

由于自愿减排交易的生产、核证、注册、定价和交易等主要环节中都存在风险，所以作为推动市场健康有序发展的中介机构交易平台的作用凸显。国内的交易所"遍地开花"，数量正在以惊人的速度增长。如果碳交易试点为了探索不同技术路径、交易模式，在当地建立碳交所，这是合理的。但20多个地方搞碳交所，显然是过热了。众所周知，省市级交易所难以形成一定规模的交易量，难以提高交易效率，也不利于碳交易产品的国际对接。

6. 法律保障差，有序运行难

"从法律层面来说，交易平台的创设绝不能毫无制度和秩序，而应有一个明确的条件和程序,以确定一个合理的市场准入制度。面对各地地方政府或投资者的申请,发改委应当不能暗箱操作、随意决策"。中国没有一套详尽规定碳减排交易的法律或法规,《清洁发展机制项目运行管理办法》仅规定了对在国内开展清洁发展机制合作项目机构的管理和项目审批等方面的内容。中国要建立碳交易机制,必须要有完善的法律法规作为基础保障。只有这样,才能促进碳市场的良好运行。否则,任何一个碳市场都不可能健康有序地运行。

(三) 中国自愿减排市场问题成因的分析

导致上述问题的成因主要有:

1. 自愿减排市场非国际主流碳市场

自愿减排交易在全球碳市场这块大蛋糕中仅占微小的一块(2010 年全球自愿减排交易量达 1.31 亿吨,约占全球碳交易量的 1% 左右),与强制碳市场相比是微不足道的。但相对前几年,全球自愿减排交易发展迅速。目前,中国还处于自愿减排交易的探索阶段,关于碳交易的业务还不是很多。但中国仍在积极开拓自愿减排交易的发展空间。据天津滨海时报 2011 年 11 月 29 日报道,天津气候交易所自成立以来,至 2011 年 9 月交易所组织进行的自愿碳交易达 517506 吨 CO_2 当量。

2. 中国不具备参与全球碳市场竞争的基础条件

一是缺乏原动力。自《议定书》生效以来,中国一直秉持发展中国家在《京都议定书》第一、二承诺期不需要承担强制性的减排义务的观念,没有积极参与国际碳市场竞争的意识和紧迫感。二是缺乏内生力。国内没有形成一套可以对 CO_2 排放源和气体的统计监测、报告和核证的碳排放交易体系和规则,其他国家的企业无法对此进行有效地分析评估,因而不敢在中国进行碳交易。三是缺乏推动力。碳排放的激励与惩罚机制尚未建立,不能有效地推动自愿减排交易的开展。

3. 企业自愿减排的动力不足

中国在哥本哈根会议之前宣布了到 2020 年要在 2005 年的基础上单位 GDP 的 CO_2 排放降低 40% ~ 45%,非化石能源占一次能源比重要达到 15% 左右,增加 4000 万公顷的森林面积和 13 亿立方米森林蓄积量的目标。因这一行动目标是相对量减排的目标,也就是单位 GDP 强度减排目标,所以,中国政府给企业下达的目标也是类似单位 GDP 下降强度的目标,或者说单位产品能耗的指标。由于没有对企业下达 CO_2 总量控制的目标,无论是市场需求还是企业自愿减排的动力都不足。

4. 企业与公众的低碳环保意识仍然不高

虽然中国成立了许多碳交易所,也进行了一些自愿减排交易,但总体来说,国内大多数的企业还未深入认识具体的气候变化及国际上相关规则的变化会给企业带来的风险。大多数企业对减排的认识还仅仅停留在负面影响上（会增加企业成本）。现实中，多数企业仅仅把低碳这个概念当作一种环保牟利的宣传手段，并没有真正从节能减排上下功夫。另外，公众在低碳的认知上也停留在肤浅的知识层面，生活方式依然粗放，这些都是造成自愿减排交易所几乎都陷入进退两难困境的主要原因。

5. 国内减排与国际气候变化谈判基调相一致

中国属发展中国家，目前在议定书第一、二减排承诺期内不承担任何强制性的碳减排义务。同时，在UNFCCC的历次缔约方大会上，均坚持《京都议定书》规定的"共同但有区别"原则，要求发达国家尊重人均排放与历史排放，充分保障发展中国家的发展权。在这样的背景下，政府部门相关机构担心在国内实施CO_2总量控制目标会成为发达国家要求中国履行义务的借口，为了不给国际气候变化谈判增加负担，中国不想对国内企业下达CO_2总量控制的目标，只在特定区域或行业内探索性地试行碳排放强度考核制度，探索控制温室气体排放的体制机制。在这样的心态作用下，有关碳减排交易的具体制度就无从谈起，更不用说一拖再拖的自愿减排交易办法了。

二、国外自愿减排交易机制

近年来，全球自愿减排交易项目逐渐形成了完整规范的交易流程和标准协议，相关机构陆续设立，全球自愿减排交易市场逐渐形成。

（一）英国温室气体排放权交易计划

英国是控制全球温室气体排放的积极倡导者和先行者之一，其在《京都议定书》的第一减排承诺期的目标是12.5%，国内目标是在2010年减少20%的温室气体排放。为实现此目标，英国于2000年就制定了气候变化计划，其中，2002年4月正式启动的英国温室气体排放权交易计划（以下简称UK ETS）是世界上最早关于温室气体排放权交易的计划。该计划将所有志愿参加的企业作为一个整体，拟定一个减少温室气体排放的总目标，然后规定每个企业的排放配额。如果一个企业采取有效措施把温室气体排放量降低到限定的最高排放量以下，那么它可以把未用完的排放配额出售给参与这一机制的其他企业，也可以将剩余的配额储存起来备用。

（二）美国芝加哥气候交易所

2003年成立的芝加哥气候交易所（以下简称CCX）是全球第一个自愿减排交易的市场平台，也是北美唯一一个包括议定书中确定的六种温室气体的排放权交易体系。该体系于 2003 年 12 月开始进行温室气体排放许可和抵消项目的电子交易。它的突出特点是，企业自愿加入一个由第三方认证减排信用的强制减排系统，并签订具有法律约束力的减排目标协议，形成独特的自愿性质的总量限制交易体系。① 该体系实行会员制，所有自愿加入 CCX 的会员在全世界的排放温室气体的设施和符合要求的所有抵消项目都在 CCX 体系覆盖的范围之内。CCX 建立了以注册平台、交易平台、清算结算平台三者有机整合的交易系统，还设立了 CCX 管理机构等。

（三）日本自愿温室气体减排体系

1997 年 6 月，日本经济团体联合会（Nippon Keidanren）推出了世界较早的、影响范围较广的企业界自愿碳减排行动计划（KVAP）。② 该行动计划完全自愿，每个行业自行判断是否参与，不受任何政府或管制机构的强制性要求。它的覆盖面广泛，包括制造业、能源业、采矿业和建筑业等工业。而且每个年度均要进行评估，评估结果向公众公布，该计划的目标也与政府的规划紧密相连。③ 通过实施自愿协议使得企业以关爱环境的态度吸引消费者，政府也给企业优惠的税收和财政支持，从而帮助企业维持与政府和公众的良好关系。2005 年 5 月，日本环境省确立了日本自愿减排交易体系（以下简称 JVETS）。该体系允许环境省给予其选择的参与者一定数额的补贴或公开招标的方式，支持参与者安装碳减排设备，吸引和鼓励参与者设定减量目标，不断采取措施努力削减温室气体排放量，承诺承担一定量的碳减排责任。④

三、国外自愿减排交易机制的比较

一个有效、健康、规范的自愿减排交易市场的形成，需要有一套健全的交易体系和法律制度来支撑，尤其是加强参与者、碳排放配额分配、注册登记和核证监管等具体制度的整合。

（一）交易参与者不拘一格

UK ETS 的参与者主要包括四类：（1）自愿承诺绝对减排目标的企业。政府对此类企业提供奖金予以激励。（2）相对目标参与者（参加了气候变化协议

---

① 王毅刚，葛兴安等著，碳排放交易制度的中国道路——国际实践与中国应用 [M]，经济管理出版社，2011，p262.
② 同上注，p207。
③ [日] 大塚直．围绕地球温暖化的法政策 [M]，昭和堂，2004，pp101 - 102.
④ 日本环境省．环境省自主参加型国内排出量取引制度（JVETS）概要，http://www.jvets.jp/jvets/files/jvets_ outline_ 2010. pdf，访问日期：2012 - 1 - 18.

并且设定了相对减排目标的企业）。政府对完成相对目标的企业减免 80% 的气候变化税。(3) 项目参与者，上述两种情况之外的企业投资某项目能够产生与基准线相比的额外减排量，经核实后，管理机构向这些企业分配减排指标，可以在英国碳交易市场上出售。(4) 没有减排目标和减排项目的个人和组织，主要是中介机构、非政府组织和投机者，可以为碳交易提供服务并增强流动性。

CCX 实行会员制，以自愿加入为原则，所有在 CCX 体系参与交易的实体或个体都必须注册成为 CCX 的会员，会员覆盖全球范围。主要类型有：(1) 基本会员系温室气体的直接排放源，如钢铁、化工、交通运输企业，与交易所签订具有法律约束力的协议，承诺承担减排时间表上的义务，并需接受核证机构的年度确认。(2) 协作会员系温室气体的间接排放源，如政府、协会、金融机构等。(3) 交易参与商是进行专项排放交易的参与者。(4) 参与会员是指供货商、投资交易商和减排项目集成商。

JVETS 则对参与国内自愿减排交易体系者公开邀请，然后根据被邀请的企业所提交的较低成本减排的建议书选择参与者。2006 年至 2010 年，共有 303 个公司参与了自愿减排交易体系，其中，大多数参与者是中小企业。[①]

（二）碳配额分配灵活多样

UK ETS 对直接参与者和相对参与者规定了不同的排放配额分配方法。对于直接参与者，企业每年的排放配额等于基准线减去企业每年自愿承诺的减排量；相对参与者不需要分配减排配额，其目标是降低排放强度或能耗强度。如果其超额完成了能耗强度或排放强度目标，就可以通过申请，把超额完成的部分转换成排放配额并予以交易。CCX 根据排放会员的排放基准线与交易所分配的减排目标而发放给排放会员。JVETS 则是依溯往原则并采取无偿分配方式分配排放权配额，以承诺减排目标的参加者过去 3 年间排放量的平均值作为基准年度排放量，即 2002 年、2003 年、2004 年三年的平均排放值。所有参与者的基准年排放都由环境省核证认可的核证实体进行核证，环境省按照基准年排放核证的结果分配配额，每个参与者的配额等于基准年的平均排放值减去该年承诺减排的额度。[②]

（三）登记注册便利透明

UK ETS 拥有高效的交易和管理平台，建立了一套电子注册系统，任何持有

---

① 王毅刚，葛兴安等．碳排放交易制度的中国道路——国际实践与中国应用 [M]，经济管理出版社，2011，p217．

② 冷罗生．日本温室气体排放权交易制度及启示 [J]，法学杂志，2011 (1)．

或买卖碳排放配额的参与者都必须在该电子注册系统至少注册一个账户，主要负责记录参与者的信息、配额的持有、转移和供求信息等。CCX 的一大特色就是其完备的电子化交易系统，其中登记注册系统是来记录和确定碳金融工具交易和会员减排量的统计电子数据库。每一个在芝加哥气候交易所交易的会员都有独立的登记账户，主要用来审查会员状态、获取会员专享信息、管理温室气体排放清单、管理碳金融工具和寻找交易方。① 通过这样一个网络化的平台，大大降低了企业的信息搜索成本、交易成本以及政府的管理成本，具有一定的透明度。

（四）核证监管严格到位

准确可靠的排放数据是进行碳减排交易的基础。如果对排放和减排的监测只是依赖各个交易双方的自我监测和报告难以避免会出现隐瞒、欺骗等道德风险，因此最可靠的办法是通过独立的第三方核证机构从事碳减排活动的核查和证实。

根据 UK ETS 的规定，所有有减排目标的参与者在进入碳交易市场前，必须要计算和报告温室气体的减排情况，然后经过有认证资格的独立的第三方核证机构的核证，在核证后向英国碳减排交易计划管理机构报告每年的排放数据。JVETS 规定，在每年结束时，参与者在下一年的 4 月至 6 月底计算上一年的实际排放，并提交给第三方进行核证，由日本环境省负责核证的费用。CCX 所进行的碳交易必须根据交易所自己制定的、独立的碳减排和交易的核证制度进行核证。交易所将其确定的、具有相应资质的核证主体制作成名录并予以公布，会员可以从该名录中自行选择核证机构。通过国际标准化的独立第三方核证核查体系，保障了核证的透明性、精确性和完整性。

（五）评价与展望

1. 评价——市场机制下的有益尝试

UK ETS 被称为一个非同寻常的"政策实验"，开创了以自愿减排交易机制替代税收的先河，通过对排放者进行补贴的方式建立了自愿减排交易机制，以便更好地履行其在《京都议定书》中的承诺。② 该计划以获取温室气体排放权交易和核证的经验为目的，并且还影响了欧盟政策和政策工具的发展。

CCX 自 2003 年推出企业"自愿加入，强制减排"的减排与交易模式，通

---

① 韩良. 国际温室气体排放权交易法律问题研究 [M]，法制出版社，2009，pp75 - 76.
② Peter J. G. Pearson. The UK Emissions Trading Scheme：Paying the Polluter. A Policy Experiment. International Review for Environmental Strategies，2004，Vol. 5.

过价格透明、减排量独立核证的交易平台,鼓励企业自愿开展温室气体减排活动,为温室气体减排提供了一个基于市场的、灵活的、成本有效的机制手段。这是运用市场机制减排温室气体的一次有益尝试。

JVETS 这种不是采取"命令控制模式"而是以"自主参加"和"补贴"为主,鼓励企业参加的日本国内自愿减排交易制度,有效地降低了减排温室气体所需的管制成本,同时也让日本国内的企业积累了碳交易的相关知识和经验。自 2008 年开始,JVETS 成为日本国内碳减排综合交易市场的一部分。①

2. 展望——市场前景光明

美国一家调查公司生态系统的公司今年 3 月初发布的一份报告说,越来越多的国家和地方政府希望能够利用自愿碳减排额度来完成规定的减排指标。虽然一些公司、绿色环保组织、决策者和消费者仍对碳减排信用额度是否能有效减少碳排放提出质疑,但这份报告显示,已有大约 20 个国家或地方政府参与了自愿减排交易。该报告的调查对象涉及 13 个国家和地方政府,其中美国(加州、俄勒冈州等)、哥斯达黎加、韩国和南非开始运用非强制碳补偿方式。同时,南非表示正在考虑将自愿碳减排的补偿额包括在该国准备开征的碳排放税中。

不过,欧洲的决策者们十分谨慎地对待碳补偿的方式,如在欧盟的碳交易体系中就禁止植树造林这种碳补偿方式。

生态系统市场公司报告称,2011 年全球经济虽处疲态,但自愿减排交易市场的份额依然在增长。联合国也给全球各种自愿和合规的碳市场的成长予以肯定。联合国表示,2012 年它将会审查世界最大的合规碳市场——清洁发展机制的情况,将其纳入统一管理以避免市场的分化。②

四、构建中国自愿减排交易机制的建言

中国的自愿减排虽然与英、美、日等发达国家存在较大的差距,但发展的势头可喜:一是自愿减排交易已经实现了"由点到面"的发展之路,由"单笔交易"的萌芽阶段进入"系统性、整体性、规模化"的发展阶段;二是在自愿减排交易机制的设计上有了突破。"市场的培育和发展,机制的设计是关键"。③笔者拟在先行研究的基础上,结合中国国情,就中国自愿减排交易机制的构建

---

① 冷罗生. 日本温室气体排放权交易制度及启示 [J],法学杂志,2011 (1).
② 马晓舫. 多国政府积极参与自愿碳减排交易市场,人民网. http://www.people.com.cn/,访问日期:2012 - 3 - 15.
③ 李荣. 上海自愿碳减排交易平台开户数突破 20 万户,新华网. http://news.xinhuanet.com/politics/2011 - 05/04/c_ 121378706. htm,访问日期:2012 - 2 - 16.

从政策、法律层面提出如下建言。

（一）内容方面

1. 交易商品

自愿减排量 VERs 可从以下五类项目中产生：一是在未批准《京都议定书》的国家或不具有支持清洁机制项目开发基础设施的国家进行的项目；二是尚未在清洁发展机制下登记注册的项目；三是清洁发展机制范围以外的项目；四是规模太小，无力承担清洁发展机制项目批准所需费用的项目；或未达到 EB 签发经认证的 CERs 标准，考虑通过自愿减排市场进行碳交易的项目；五是专门为自愿减排市场开发的项目。主要指森林碳汇项目。不过，一个减排项目是否成为可交易的 VERs，必须通过相应标准的认定。只有通过了第三方审核机构审核认证后的自愿减排指标，才能成为可交易的商品。

2. 交易参与者

交易参与者必须多元化，因为碳市场不仅仅是企业的事情，银行、私募基金、对冲基金、中间商、服务商、交易所等都应该参与进来。就中国现状而言宜以企业为主，允许少量的环保非营利组织及个人参与。此外，为加大碳减排交易市场的流通性和规模化，也要鼓励一些投资者和中介机构加入进来，如专门进行碳减排交易的碳基金，专门从事碳排放额交易的投资代理机构等。

3. 碳配额分配

碳减排交易推行时期，建议根据核算区域总量和各交易参与企业以往和当前的碳排放状况，无偿分配相应的碳排放权配额。但是，无偿分配存在公平性、减排激励和分配成本上的不足，而且，采取无偿分配模式可能会使企业有"现在减排多，以后所分配到的碳排放权就少"的顾虑，中国在分配模式上还需要向有偿拍卖的方式转变。结合国情，渐进式对碳排放量大的行业优先降低相应的无偿分配的比例，建议 50% 以上的碳排放权配额应当采用拍卖方式进行分配。[①] 并从拍卖所得中拿出部分建立碳基金，用于减排补贴推广到其他产业，最后形成以拍卖为主要分配形式的公平高效的市场化的碳排放权分配制度。

4. 柔性的总量控制

柔性的总量控制是中国自身碳排放交易制度的一个特点。它将管制排放量分为两个部分：已有的排放设施的排放量为存量；未来新增投资或设施的排放量为增量。对于存量部分根据其历史排放量和减排目标，以配额形式分配碳排

---

① 于定勇. 构建中国碳排放交易体制的若干法律问题探讨 [J]，经济研究导刊，2011（1）.

放额度，并允许进行交易。对于增量部分以技术标准设置碳排放基准线，经过一定年限后可以计入存量。这样保障了试点区域行业①的发展权，也不会抑制新投资、新生产能力的进入，同时刺激低碳技术研发和相关产业的发展，促进经济低碳化转型。

5. 确立自愿减排标准

为使中国积极参与国际交易规则的制定，减少配额之间较大的价格差异，需要确立中国自主的统一减排标准，实现中国碳减排交易市场的稳定并逐步走向规模化。② 回顾中国碳减排交易的研究和实践，2009 年 12 月中国发布了自愿减排标准——"熊猫标准"，③ 在探索建立自身碳减排交易市场上迈出了重要的一步。2010 年 10 月中国参照国际规则自主研发的首个完整的自愿碳减排标准体系《中国自愿碳减排标准》在上海世博会联合国馆正式发布，经过该标准审定和核查的碳减排量将具有国际权威性，得到国内外市场的认可，为建立统一标准的中国自愿减排交易市场打下了良好的基础。在标准的实施过程中还需不断分析、修正标准基准，以期通过明确的交易标准保障碳减排交易的透明性、公平性和规范性，使中国自愿减排交易市场获得健康有序的发展。

（二）法律监管方面

1. 界定碳排放权的法律属性

界定碳排放权的产权属性，就是以法定形式明确某种有形或无形资源的所有权，以使该资源稀缺化。这也是根据科斯产权理论实现以相对较低的社会成本影响对资源的配置。但是，运用科斯产权理论的前提是该资源的权利属性必须要有相应的法律制度作保障。因此，构建碳减排交易制度，必须从法律制度

---

① 广东碳强度下降指标分解采取了量化的方法，先选取能反映碳强度下降能力的若干因素，然后用一个量化指标反映每个因素的实际情况。再将广东 21 个市每个因素对应指标按权重合理计分并得出总分，最后按照总分排序，判断广东 21 个市"十二五"碳强度下降应承担的责任，相应地确定碳强度下降指标。在广东的分解方法中，六个方面指标被列入能反映碳强度下降能力的若干因素：能源结构、产业结构、新上重点项目、电力跨区域调度、经济发展水平、总体发展定位（前四个指标权重为 20%，后两个指标权重为 10%）。参见广东首试碳排放总量控制碳强度下降指标分解至 21 市，载于 21 世纪网．访问日期：2012 - 3 - 14．

② 羊志洪，鞠美庭．清洁发展机制与中国碳排放权交易市场的构建 [J]．中国人口•资源与环境，2011 (8)．

③ 熊猫标准是北京环境交易所联合 BlueNext 交易所发起建立的中国大陆地区第一个自愿碳减排标准。其旨在为即将迅速壮大的中国大陆碳市场提供透明而可靠的碳信用额，并通过鼓励对农村经济的投资来达到中国大陆政府消除贫困的目标。熊猫标准将为中国大陆地区降低单位 GDP 碳强度的努力提供帮助，为自愿碳减排市场提供能力建设并促进具有显著扶贫效果的农林行业减排项目的开发。

上明确界定碳排放权的权利属性。参考当今的学说,① 可以将"碳排放权"界定为:"法律实体所具有的受法律保护的,在大气所承载的能力范围内,向大气排放一定碳当量的权利。如果个体所排放的气体超出本身权利边界,必须要进入碳减排交易市场购买相应的权利份额。"② 以此界定它的稀缺性、排他性和可交易性,才能使中国的碳减排交易制度有法律上的权利保障。

2. 尽早出台规范全国碳交易市场的法律或政策

目前,中国还没出台一个全国性的明确的法律或政策来支持碳交易市场,许多省市政府的相关部门或民间都在试水碳排放交易。众所周知,碳交易和碳市场建立的首要条件之一,就是要有坚强的法律体系作为依据和支柱。碳市场与金融、股票和证券市场一样,每时每刻都有大量的交易产生,也随之会发生各种商业纠纷,需要有力的法律为依据,进行裁决与惩罚。若没有全国统一的法律支持,地方各自谨慎为之,整个国家的碳交易和碳市场的活跃度就上不来。毕竟许多的碳交易行为还需要有中央政策的指引和法律的规范。碳交易所知道怎么做,才能有一个明确的方向和行为,如果没有法律支持,可能会有一个碳交易所之名,却无真正的交易之实。

3. 整合现有的碳交易市场

全球的碳交易所累计不过十几个而已,而中国的碳交易所遍地开花,已经超过了 20 个,估计未来还会更多。碳交易市场本身有一定的交易规模限制,如果无序且不合理的配置,势必会造成资源的无端浪费,而且也难收到实效。特别是规模不大的碳交易所,将来在整个经营上就没法提供其应有的服务和功能,或是提升服务效率。③ 因此,建议在中央明确政策之前,地方之间应该合作,将现有的碳市场整合成 2~3 个大的碳交易所,这样效率才会更高,才能获得更多的资源。

4. 建立规范的交易核证制度

自愿减排交易项目实施的最终结果就是获得可交易的自愿碳减排信用,即 VER。而 VER 的获得,需经由联合国指定的第三方认证机构的核准。④ 因此,在中国自愿减排交易的法律制度中,要明确规定交易核证的具体内容。国内的

---

① 邓海峰. 环境容量的准物权化及其权利构成 [J],中国法学,2005 (4);王明远. 论碳排放权的准物权和发展权属性 [J],中国法学,2010 (6);韩良. 国际温室气体排放权交易法律问题研究 [M],法制出版社,2009 等论著。

② 于杨曜,潘高翔. 中国开展碳交易亟须解决的基本问题 [J],东方法学,2009 (6).

③ 任玉明. 中国碳交易所未来或将出现合并大潮 [N],第一财经日报,2011-8-10 (1).

④ 丁浩,张朋程,霍国辉. 自愿减排对构建国内碳排放权交易市场的作用和对策 [J],科技进步与对策,2010 (22).

温室气体的核证应由有一定资质和条件的独立的第三方来担任，在核证程序上可以参照清洁发展机制的核证来进行。具体要明确规定交易核证机构的申请条件和资格、委任核证机构的程序以及作为核证机构的职责。以期培育和规范国内各个专业领域第三方核证机构，使自愿减排交易的程序简单化和明确化，从而降低自愿减排交易的成本，提高各个领域自愿减排项目开发的成功率，减少项目开发的风险。

5. 建立有效的交易激励机制

可借鉴英国、日本对参与者的奖励制度和补贴方法，构筑一套完善的市场化的政策激励体系，调动企业和个人的积极性。具体而言，就是在国家发改委领导下，各财政、税务、工业、环保等部门统一协调，为碳减排交易参与者提供可行的政策支持，制定出可行的方案。如给参与者优先安排节能方面的技术改造支出、加大项目贷款贴息、所得税优惠、进口节能设备关税优惠、排污收费的减免或返还、总量控制和许可制度中的优惠待遇、标志和认证制度宣传、国债贴息贷款和投资补贴[①]等方式来鼓励企业和投资者。同时，还可通过奖励、媒体宣传，或是授予节能减排标识等方式来提高公众对参与企业产品或节能减排管理的认可度。

（三）交易监管方面

虽然碳减排交易制度是以市场机制为主导的环境经济制度，但是碳减排交易市场中存在一定的盲目性和局限性，尤其是在中国碳市场的初期培育阶段，确立政府及相关机构的有效监督体制是必不可少的。

1. 健全信息公开披露制度

"使用注册系统可以降低多次出售同一个自愿减排额度的可能性，因为建立注册平台，所有项目的注册信息都可以通过这个注册系统公开查询，参与者可清晰地看到哪些项目的哪些自愿减排额已经出售，自己所购买的是不是由新项目产生的唯一的减排信用额"。[②] 借鉴国外交易注册登记平台的做法，健全碳排放权信息公开披露制度，以保证信息的准确性、透明性、公开性，从而使购买者对碳信用有更大的信心，促进碳交易量的上升，维护中国自愿减排交易市场的健康发展。

2. 三位一体的监督管理制度

为保障自愿减排交易的有效运行，建立由环保部门、行业协会和环境交易

[①] 范英主编. 温室气体减排的成本、路径与政策研究 [M], 科学出版社，2011，p264.
[②] 曾少军. 碳减排. 中国经验——基于清洁发展机制的考察 [M], 社会科学文献出版社，2010，p127.

所三方共同协调的三位一体的监督管理制度。环保部门负责碳交易的总量控制以及碳排放权的监测标准和操作办法的制定，指导监督核证机构的工作。行业协会作为行业的自律组织，可以建议各地成立碳交易协会，来规范和指导企业的减排行为，并通过培训专业人才负责监测和调查，指导企业形成自我监测、自我约束和自我公开的模式，积极参与碳交易市场。碳交易所制定交易环节、结算环节和违约处理方面的交易制度，监控企业的碳排放权减排额的登记和交易，反映给主管环保部门。此外，碳交易所还应起到灵敏的市场价格监测、交易操作监控等职能。通过以上三类主体的协调合作，逐步建立起稳固的配套制度，解决碳排放权监测管控的难题，为中国健康有序地开展自愿减排交易保驾护航。

结　语

全球碳市场99%是强制碳市场，约1%是自愿减排市场。中国的碳交易之所以发展相对乏力，就在于中国目前还不承担国际温室气体强制减排责任，因而国内就不存在强制减排义务的法律规定，企业或者其他机构没有必要购买碳排放指标，碳交易仍停留在自愿减排阶段，规模极小。反观发达国家，由于对国内温室气体排放总量有严格控制，企业和机构对碳排放权都有很大需求。在后京都时代，国际社会要求中国承担强制碳减排责任的压力越来越大，因此，中国应当积极采取行动，争取主动，未雨绸缪，着手建立符合中国国情的碳减排交易机制，[①] 推进作为碳减排有效手段的碳交易顺利实施。这样做一方面是展现中国作为负责任的大国参与减排的态度和决心，成为积极参与国际温室气体减排谈判的有力筹码；另一方面，更是实现中国环保政策体系的需要，推动中国经济社会可持续发展的内在要求。国家应尽快出台《中国温室气体自愿减排交易活动管理办法》，明确其基本内容、确立其管理框架、制定其交易流程、设置其监管措施，建立交易登记注册系统和信息发布制度，推进自愿减排交易活动，增强中国在国际碳市场中的竞争力，促进中国低碳经济目标的实现。

---

① 笔者认为：符合中国大陆地区的碳减排交易机制发展可能是先自愿市场后强制市场，先补偿机制后配额机制，先现货市场后期货市场，先商品市场后金融市场，先国内市场后国际市场。

构建中国碳排放权
交易机制的法律政策思考[①]

《京都议定书》建立了3种基于市场机制、旨在成功有效地实现减排目标的国际合作减排机制,即国际排放贸易(IET,International Emission Trade)、联合履行机制(Jointly Implemented,JI)、清洁发展机制(Clean Development Mechanism,CDM)。这三种灵活机制都涉及不同国家之间的碳排放权交易,它们是实现减缓气候变化国际合作的重要机制,它可以给予各国在投资费用上的灵活性,从而实现全球气候变化问题上费用的有效性分配。[②]

欧盟于2005年推出了全球第一个买卖CO_2排放权的排放交易体系(The EU Emissions Trading Scheme,EU ETS)。这一体系是欧盟为应对气候变化实现《京都议定书》目标而采取的关键措施,而且被认为是比税收更为友好的促使企业减少排放温室气体的办法。[③] 此后,《京都议定书》的一些缔约国纷纷效尤。特别值得一提的是,没有加入《京都议定书》的美国,也在本国建立了相关的碳排放权交易机制,以自愿的方式进行碳排放权交易。[④]

虽然《京都议定书》对发展中国家在2012年前没有设定碳减排的义务,但由于发展中国家温室气体排放数量的快速增长,美国等发达国家要求发展中国家参与温室气体减排或限排承诺的压力与日俱增。加之目前全球金融危机等不稳定因素的影响,2013年后温室气体减排的走势也因此变得扑朔迷离,有利于发展中国家的CDM机制极有可能为全球的"碳排放权交易"机制所替代。

[①] 本文发表于《中国地质大学学报》2010年第2期;2010年7月《人大复印报刊资料经济法学、劳动法学》全文转载。

[②] 蔡守秋. 欧盟环境政策法律研究[M],武汉大学出版社,2002,p193.

[③] Robert Dornau. The Emission Trading Scheme of the European Union, in Legal Aspects of Implementing The KYOTO Protocol Mechanisms: Making KYOTO Work 417 - 418 (David Freestone, Charlotte Streck eds. 2005).

[④] [日] 大塚直. 排出枠取引制度の設計にあたっての法政策的論点[J],季刊環境研究,NO.146,2007 (4).

为了避免中国国家利益在机制交替的过程中受到损害，中国除了在国际谈判中要争取主动之外，还应从法律和政策方面积极应对，快速构建中国"碳排放权交易"机制的法律体系。本文拟从欧盟成员国内部目前开展的"碳排放权交易"机制入手，简介"碳排放权交易"机制及其基本原理，阐述中国构建碳排放权交易机制的紧迫性和可行性。

一、碳排放权交易的基本原理及欧盟碳排放权交易机制（EU ETS）

（一）碳排放权交易的基本原理

碳排放权交易（Carbon Emission Permits Trade）又称温室气体排放权交易，它是指碳减排购买合同或协议（ERPAs）。其基本原理是由环境部门根据环境容量制定逐年下降的碳排放总量控制目标，然后将碳排放总量目标通过一定的方式分解为若干碳排放配额，分配给各区域，碳排放配额被允许像商品那样在市场上进行买卖，调剂余缺。企业或某一区域通过发明、运用减排技术，节余碳排放配额，并通过出让节余的碳排放配额赚取收益；多排放的企业或区域要花钱来购买碳排放配额，增加了扩大排放的成本。市场定价机制将使多排放代价等于减排或治理污染的边际成本，碳排放配额交易就可能使交易双方都受益。同时，通过加强碳排放指标的度量及市场监督和核查，完善激励约束机制，这种市场化的配额交易制度将有利于调动企业和区域的内在积极性，使它们主动地、持续地减少污染物排放，比政府"一刀切"的行政手段更具生命力。

（二）欧盟碳排放权交易机制

为了应对全球气候变化，实现《京都议定书》所规定的目标，欧洲委员会[1]于2003年批准了Directive2003/87/EC，建立了世界上第一个具有公法拘束力的温室气体总量控制的排放权交易机制[2]。2005年1月这一被认为是比税收更为友好、能促使企业减少温室气体排放的机制正式启动。这一机制涵盖了欧盟25个成员国，列入1.2万家欧洲公司，每一家都被分配了一定数量的排放配额，每一个配额代表着可以排放1t温室气体。并计划在2005～2007年的第一阶段减排期内实现约占2010年欧盟CO_2总排放量45%的减排任务。超额排放部分按照不同的标准被处以罚款。2008年1月23日，欧盟宣布欧盟碳排放权交

---

[1] 蔡守秋. 欧盟环境政策法律研究 [M]，武汉大学出版社，2002，p2.

[2] Robert Dornau. The Emission Trading Scheme of the European Union, in Legal Aspects of Implementing The KYOTO Protocol Mechanisms: Making KYOTO Work 417 – 418（David Freestone, Charlotte Streck eds. 2005），pp417 – 418.

易（ETS）进入第三阶段，即在 2020 年前，欧盟能源和制造部门将面临更加严格的碳减排目标。欧盟首次将制铝工业和化工行业列入了碳排放交易机制中，如此一来，欧盟超过半数的碳排放都进入了 ETS 机制①。这一次，欧盟希望能够使用市场手段将温室气体排放控制在地球可以承受的范围内，在 2020 年前，让碳排放在 1990 年的标准上减少 20%。欧盟正在逐步尝试为碳信用积分制定更为合理的价格。从 2013 年起，欧盟将尝试让部分企业通过拍卖的方式购买和转让碳排放权②。

二、构建碳排放权交易机制的前提条件

排放权交易机制旨在创建一个让污染者可以进行排放权交易的市场，允许污染者自行选择最适当的污染控制方法，进而降低整体的污染减量成本③。碳排放权交易机制是排放权交易机制中的一种特殊类型，它以市场导向的模式来实现降低污染的目的。一般而言，市场导向模式是以市场机制中的供需平衡原则，来达成最效的资源使用状态。虽然有学者认为构建碳排放权交易机制必须具备六个前提条件（一是要达成了碳排放总量目标的共识；二是要对各个排放源头的排放量事先有一个长期的规定，这一规定要与排放削减投资规模相对应；三是排放量的监测；四是排放权的保护、转移的记录；五是充分的处罚措施；六是不要让其成为热点关注（hot spot）的问题)④。但笔者认为，碳排放权交易机制是一套整体的措施，在碳排放权进行交易之前，首先要选择其交易管理模式，其次是达成其控制总量目标，再次是确立碳排放权的分配方针和分配原则，最后要明确碳排放权接受对象。

（一）选择碳排放权交易的管理模式

一般来说，排放权交易的管理模式主要有绝对控制与相对控制两种。绝对控制一般被称为总量控制与交易（cap-and-trade）模式；相对控制则被称为基线与信用额（baseline-and-credit）模式。绝对控制模式首先需要由政府管理者设定一个国家或地区温室气体的排放总量，该排放总量是碳排放权交易机制调

---

① ［日］大塚直．排出枠取引制度の設計にあたっての法政策の論点［J］，季刊環境研究，NO.146，2007（4）．

② ［日］大塚直．国内排出権取引に関する法的法政策の課題［J］，ジュリスト，NO.1357，2008（3）．

③ Steve Sorrell & Jim Skea. Pollution for Sale-emission trading and joint implementation［M］，Edward Elgar Publishing Ltd，1999，p293．

④ ［日］新澤秀則．温室効果ガス削減とサステイナブルな発展を実現する手段としての排放権取引の現状と課題［J］，環境と公害，2006（3）．

控范围内所有企业在规定期间内最大的排放限值。相对控制是在清洁发展机制的"基线与额度"系统下,鼓励发展中国家增加资本、采用先进环保技术,开发一些高新技术项目以减少温室气体排放,因未规定发展中国家的排放上限,若每个减少温室气体排放的项目存在"额外"被核证后,就可得到出售。目前,包括欧盟在内的碳排放权交易机制采取了绝对控制的管理模式,因此,中国在构建碳排放权交易机制时,可借鉴欧盟的经验,宜采用绝对控制的管理模式。

(二) 达成碳排放总量目标

不管怎样规定碳排放权交易机制,都必须要设定一个明确的目标,而且这一目标要符合缔约国条约或协定的要求,而且要在国内达成共识。像 EU ETS 和利伯曼·华纳(Lieberman Warner)法案一样,设定明确的目标和实施路径才是事业成功的前提。明确的目标有如引导社会长期投资的一个风向标,它对企业的技术创新有刺激作用。如 EU ETS 明确规定 2005~2007 年为第一阶段减排期,这一时期要实现约占 2010 年欧盟 CO_2 总排放量 45% 的减排任务。特别是 2008 年 1 月 23 日欧盟宣布 ETS 进入第三阶段,即在 2020 年前,让碳排放在 1990 年的标准上减少 20%。日本则采取不同于欧盟的政策,企业可自愿制定减排目标,但减排目标必须向政府申请,由政府审查是否妥当。"这也就可以确保目标不会轻松达成。"日本在自愿而非限制的基础上展开工作,目的是希望尽可能多的企业参与进来,不过,最终的目标还是建成总量控制的交易机制[1]。从德国 GFAVO 的计划经验得知:阶段性的减量目标有助于制度的顺利运行,太过严苛的减量目标并不会让碳排放权交易机制发挥足够好的效益。因此,笔者认为:中国在设计 CO_2 总排放量减排目标时,可分阶段进行,而且每一阶段的时间不宜规定太长,减排总量也宜与国际公约或协定的要求相当。

(三) 碳排放配额分配的方针

虽然《京都议定书》第一承诺期内没有规定中国的减排义务,但以后难以继续维持这一现状,因此,从现在开始中国必须确立碳排放配额分配的方针:充分考虑温室气体减排技术的潜力;以各企业产品排放的平均值为基础;若欧盟通过增加 CO_2 排放的法规,则必须考虑此因素;对于不同厂商或企业之间,配额计划不得有歧视行为;必须对新加入企业有相应的规定,必须考虑"提前行动"企业所作的减排贡献,"排放标杆"必须依照可行的最佳技术来制定,

---

[1] [日] 小松潔. 排出量取引の世界的な动向 [J],生活と環境,2008 (4).

因此可保障提早行动企业的权益；必须充分考虑节省能源效率高的科技；制定配额计划前，必须让公众表达意见；必须列出所有参与配额的企业名单以及各企业所分到的排放配额；必须有竞争力变化的内容分析。

（四）碳排放总量的分配

确定适当的碳排放权数量，并将这些排放权数量按照一定的原则予以分配是碳排放权交易机制的核心，也是构建碳排放权交易机制最关键的第一步，而这一步必须由国家环境主管部门来完成①。因不同的碳排放权分配原则将产生显著差异的利益分配和公司的市场价值，所以，国家环保部应根据环境容量、经济发展情况和减排目标来确定。将排放总量（比如碳排放可折算为国际碳交易市场通行的 CO_2 当量）进行分配。环保部门可通过拍卖、招标、无偿分配以及回购和收回等方式②进行总量指标分配和调整。

初始配额将分配给各省、自治区和直辖市，由地方政府主管部门再分配给排放污染的企业（污染源）。分配初始配额应考虑地区特征、历史排放、预测排放和部门排放标准等因素。环保部门还应该动态地对排放配额重新审核认定，以便根据环保总量目标的落实情况和市场情况及时调整每年的配额数量。用来交易的碳排放配额必须是排放污染的企业或某一区域通过技术进步而在初始分配范围内节余的富余指标，同时，该企业或区域还应向环保部门提交详细报告论证有持续削减的真实可靠的技术力量。

（五）碳排放权接受对象

依据上述分配方针与原则，并非所有的企业都能得到碳排放权分配，那么，哪些企业是适当的碳排放权接受者呢？目前，学者与各国的立法对此有不同的见解，大体上有三种：上游分配、下游分配和混合式分配③。上游分配是指排放权分配对象为制造、贩卖、输入化石燃料的供应者，要求必须拥有排放权的企业才可制造、贩卖、输入化石燃料；下游分配是指排放权分配对象为大气污染物的直接排放源；混合式分配是指依据规模的大小决定采用上游分配与下游分配。一般来说，对大规模的排放源采取下游分配，对民生、交通等小规模排放源则采取上游分配。上游企业数量不多，可以大幅降低行政成本，不过，因其数量不多，或多或少地限制了市场的繁荣，可能被某些特定的企业垄断；下游分配虽然有助市场繁荣，但行政成本高昂，特别是排放权的分配成本、监测、

---

① T. H. Tietenberg, Supra note 5, p30.
② 李坚明. 国际排放权交易制度的发展与比较［J］，环保月刊，2001（6）.
③ 吴明陵. 温室气体排放权交易制度之研究［J］，载黄宗乐教授六秩祝贺—公法学篇（二），学林文化事业有限公司，2002, p309.

核查成本①。从实施成效考虑，笔者认为：碳排放权接受对象宜采用混合式分配，并尽可能地扩大至所有节能减排的企业。理由是：上游分配并非直接要求削减排放量，而是使燃料价格上升，间接促使污染源削减排放量，其环境有效性较低，而下游分配则因直接面对实际排放污染物的企业与工厂，具有削减排放的直接诱因，成效相对良好。混合式分配正好利用上下游分配之优势，找出可以较少的行政成本，来建立有效率的碳排放权交易市场，又可达到一定程度的环境有效性②。另外，如允许大规模节能减排的变压器制造厂等企业进入分配，一则会繁荣交易市场；二则会刺激利用化石燃料以外的企业改进技术和设备，节能减排；三则能节省能源，提高环境有效性，改善环境。

三、构建中国碳排放权交易机制的紧迫性

随着"后京都时代"的日益临近，《京都议定书》的减排履约机制必然会成为"哥本哈根"会谈的重点，由于发达国家与发展中国家在温室气体减排或限排承诺方面存在着不同的意见，因此，中国将再一次不可避免地参与到这场事关中国发展的全球利益博弈之中。

（一）《京都议定书》实质是对发展中国家粗放式经济的制约

众所周知，《京都议定书》基于"共同但有区别的责任"原则，明确规定发展中国家在 2012 年前不承担碳减排义务，发达国家要按比例削减碳等污染物的排放量，其实质就是促使各国特别是发展中国家不断提高科学技术水平，不断调整产业结构和能源结构，从而达到制约发展中国家粗放式经济增长速度的目的。而且，由于发展中国家温室气体排放数量的快速增长，发达国家要求发展中国家参与温室气体减排或限排承诺的压力与日俱增。如果中国长期不承担温室气体控制义务，中国在参与《联合国气候变化框架公约》活动中遭受的压力将会越来越大，如处置不当，有可能影响中国的国际形象和地位。而且，美国等发达国家也一直强调发展中国家要承担相应的义务。因此，作为发展中国家的中国不提高制造业的科技水平、不实现经济增长方式的转变、不建设"两型社会"（资源节约型和环境友好型社会），中国将来很有可能要从其他国家购买碳排放权指标。这势必会影响到中国部分产业的发展，影响中国产品在国际

---

① U. S. EPA, Office of Air and Radiation, Tools of the Trade: A Guide to Designing and Operating a Cap and Trade Pollution Control, 2003, pp3－7.

② 吴明陵. 温室气体排放权交易制度之研究 [J]，载黄宗乐教授六秩祝贺—公法学篇（二），学林文化事业有限公司, 2002, p313.

市场上的竞争力。①

(二) 后《京都议定书》谈判举步维艰

《京都议定书》于 2012 年到期,2009 年之前达成新的国际气候协定至关重要。然而 2007 年 12 月在巴厘岛举行的缔约方会议,由于美国一直拒绝《京都议定书》中"共同但有区别的责任"原则,并以退出谈判框架或"另起炉灶"为要挟,坚持发展中国家也要进行类似规模的减排。所以,"巴厘岛路线图"的正文之中始终未能写入一个明确的减排目标。在曼谷会议上,各国代表直到会议最后一刻才就制定气候保护新协议的时间计划表达成共识:新协议约定从时间上必须续上 2012 年到期的《京都议定书》,并应于 2009 年年底在哥本哈根签署。G8 领导人峰会也没有为在哥本哈根举行的联合国国际会谈起到实质性的推动作用。

(三) CDM 项目的机遇期稍纵即逝

根据《京都议定书》的规定,CDM 在 2008 年至 2012 年的"第一减排承诺期"内有效,2012 年之后将面临新一轮的调整。目前,新的谈判虽已启动,但举步维艰。美国等发达国家拒绝批准《京都议定书》的借口之一,就是议定书中没有规定中国、印度、巴西等主要发展中国家承担温室气体的减排义务。②目前的国际形势表明,中国作为碳排放量最大国家之一,目前只享受着减排权利,不承担减排义务的局面迟早会被改变,CDM 机制为步被全球的"碳排放权交易"机制所替代是不可避免的发展趋势。

(四) 国际气候变化谈判压力困扰着中国

防止全球变暖关系到国际社会的整体利益。近来国外有些机构和学者认为,中国现在的温室气体排放已超过美国,成为世界上最大的温室气体排放国。③据此,发达国家不会再根据"历史责任"继续完全免除发展中国家应承担的减排义务。而且,发展中国家在是否应该承担条约的减排义务问题上也并非意见一致。在京都会议期间,发展中国家的阿根廷就已站在了发达国家一边,呼应发展中国家"自愿承诺"减排目标。不难看出,《京都议定书》等国际气候变化谈判已给中国造成了极大的国际压力。在"金融危机"席卷全球的情况下,限制碳排放正成为发达国家新的"绿色壁垒",成为"中国威胁论"的新内容。目前,如果中国仍继续执行不加约束的高碳经济政策,就会加速国际矛盾的发

---

① [日] 小松潔. 排出量取引の世界的な動向 [J],生活と環境,2008 (4).
② T. H. Tietenberg, Supra note 5.
③ 李坚明. 国际排放权交易制度的发展与比较 [J],环保月刊,2001 (6).

展，导致国际遏制的提前到来。①

（五）气候变化问题已成为未来中美战略合作关系的基础

奥巴马就任美国总统时，有迹象表明美国政府在气候变化方面的政策正发生着变化。奥巴马决策层中的一些中国问题专家正在努力推动把在气候变化问题上的合作当作未来中美之间建立新的战略合作关系的基础。当时的美国国务卿希拉里访问中国的议题除了迫在眉睫的金融危机外，还包括了应对气候变化、清洁能源等诸多方面，把布什政府一度忽视的环境保护问题提到了一个重要的位置。

（六）可持续发展的战略要求中国节能减排

目前，中国能源贫乏，能源结构不太合理，能源技术和设备落后，能源利用效率不高，这一现状制约了中国在国际市场上的竞争力。为了减少能源安全隐患，中国必须提高能源利用的技术水平，为在石油供应日益紧张条件下的新一轮国际产业竞争做好准备。因此，即使哥本哈根谈判取得胜利，中国仍没有减排义务要求的情况下，调整能源结构，提高能源效率，制止能源浪费，发展节能技术等有助于温室气体减排的措施也是当今中国经济发展中的重要命题。只有这样，才会减轻中国在环境外交上的压力，保证中国的可持续发展。

四、构建中国碳排放权交易机制的可行性

从目前的形势来看，若CDM机制还能延期执行，则当然是中国求之不得的机遇；若要缔约国一律实施"碳排放权交易"机制，也一定难不倒中国。中国建立碳排放权交易机制不仅可能而且可行。

（一）中国政府高度重视气候变化问题，态度积极、务实

中国是最早签署《联合国气候变化框架公约》的国家之一，并于2002年宣布加入《京都议定书》。2005年国家发展和改革委员会、科学技术部、外交部、财政部联合制定并颁布了《清洁发展机制项目运行管理办法》，促进了CDM项目在中国健康有序发展。2007年中国政府颁布了第一部应对气候变化的政策性文件《中国应对气候变化国家方案》，明确了到2010年中国应对气候变化的具体目标、基本原则、重点领域及其政策措施。2008年国务院新闻办公室发表了《中国应对气候变化的政策与行动》白皮书，首次写明了中国政府在气候变化问题上的措施和立场。2009年政府工作报告中明确政府有实施应对气候

---

① 吴明陵．温室气体排放权交易制度之研究［J］，黄宗乐教授六秩祝贺—公法学篇（二），学林文化事业有限公司，2002，p304.

变化国家方案，提高应对气候变化能力等六大任务。①

(二) 节能减排工作格局基本形成

2007年，中国成立了以温家宝为组长的国务院节能减排工作领导小组，采取了强化责任考核，加快结构调整，完善政策机制，突出重点领域，加大资金投入，推进法制建设，搞好宣传教育，加强综合协调措施，努力推进节能减排工作，基本上形成了以政府为主导、企业为主体、全社会共同推进的节能减排工作格局。

(三) 碳排放权交易市场潜力巨大

中国自2005年正式加入CDM市场以来，凭借国内巨大的温室气体减排市场及政府的正确引导与支持，目前CDM项目已稳居世界第一。中国CDM项目的预期年减排量（1.3亿吨CO_2当量）已占全球总额的54%，获得EB签发的82个项目的CERs（0.96亿吨CO_2当量）已占全球签发总量的41%，已获签发的CDM项目能为中国企业带来近7亿美元的直接收益。②

(四) 构建碳排放权交易机制的基础已经夯实

目前在中国的环境法律体系中已经确立了清洁生产、限期治理、排污收费、总量控制等基本制度。确定了目标总量控制具体方案、总量统计制度、具体污染行业总量控制目标、总量分布机制，建立了总量控制追踪机制。

(五) 拥有排污权交易制度的实践经验

1991年，自美国EPA排污权交易经验被正式介绍到中国以来，中国排污权交易进展大致经历了基础阶段、尝试阶段、正式试点阶段。2001年，国家环保总局和美国环境保护协会合作，共同在江苏南通和辽宁本溪进行了SO_2排污权交易的试点。2002年以后，又相继在山东、山西等七省市开展"推动中国SO_2排放总量控制及排污权交易政策实施的研究项目"，拉开了排污权交易在全国试点的序幕。

(六) 已成立了与碳排放权相关的交易所

一直以来，虽然中国是碳排放的交易大国，但由于没有自身的交易机构，定价权多为发达国家掌握。2009年，北京环境交易所和上海环境能源交易所同时成立，不久，天津排放权交易所也在天津滨海新区挂牌。与北京、上海不同

---

① U. S. EPA, Office of Air and Radiation, Tools of the Trade: A Guide to Designing and Operating a Cap and Trade Pollution Control, 2003.

② [日] 大塚直编. 地球温暖化をめぐる法政策 [M]，昭和堂，2004，p271.

的是，天津排放权交易所是国内第一家全国性的综合性排放权交易机构。目前，包括中石油集团、天津经济技术开发区、工商银行、建设银行、渤海银行、泰达集团、水利部综合事业局等14家单位已成为创始会员。交易所的成立，也有利于提高中国碳排放权交易量。

五、碳排放权交易机制的内容

（一）对象气体

虽然《京都议定书》规定了6种温室气体（CO_2、CH_4、N_2O、SF_6、PFC_5、HFC_5）可以交易，但碳排放权交易机制的交易对象气体是否全都包含这6种温室气体？抑或是其中1种（CO_2）或3种物质（CH_4、N_2O、HFC_5）？关于交易对象气体，目前国际上有两种做法：一是欧盟从监测设置的精确度来考虑，第一阶段限定的交易对象气体为CO_2；第二阶段可根据缔约国的要求而追加交易对象气体；在第三阶段已确定将N_2O和PFC_5为追加交易对象。二是利伯曼·华纳（Lieberman Warner）法案所明确的交易品种为6种温室气体（CO_2、CH_4、N_2O、SF_6、PFC_5、HFC_5）[1]。虽然部分学者要求尽可能多地扩大碳排放权交易机制的交易对象，但大多数学者强调一定要根据监测设置的精确度以及掌握的排放量来决定。笔者认为：中国的碳排放交易对象可按欧盟模式操作，第一阶段限定的交易对象气体为CO_2；第二阶段可根据缔约国的要求而追加交易对象气体；在第三阶段扩大至6种受控温室气体。

（二）交易主体

一般来说，依法取得碳排放配额并且有富余的企业才能成为卖方，而买方是那些用完自身的碳排放配额且不得不继续碳排放的企业，或者因其他目的而参与买卖的组织和个人。从国际碳交易市场来看，碳排放权交易的买方可以确定为以下五类：（1）碳排放超标的企业，主要是一些大型能源、电力企业，如国内外的一些火力发电公司等；（2）政府参与的采购基金和托管基金，如荷兰政府设立的专项碳基金，世界银行托管的各类碳基金等；（3）商业化运作的碳基金，由各方资本汇集且以盈利为目的专项从事减排额开发、采购、交易、经纪业务的投资代理机构，此类买方目前在国内CDM市场更为活跃；（4）银行类买方，为其旗下的一些中小型企业提供一种创新金融服务产品，以扩大银行的服务能力和竞争力；（5）其他类买方，包括个人、基金会等以缓和全球气候变暖为目的的非商业性组织。

---

[1] ［日］大塚直编．地球温暖化をめぐる法政策［M］，昭和堂，2004，p272．

（三）交易客体

《京都议定书》开创性地建立了一系列旨在有利于削减温室气体排放并降低成本的"合作机制"，从而形成了六种受控温室气体以 CO_2 为标准当量计算的"排放配额单位""减排单位""经核证的减排量"这三种碳排放权，进而"衍生"了碳排放权交易[1]。通常，有以下一些碳排放权交易客体：一是买方在"总量控制与交易"模式下购买由管理者制定、分配（或拍卖）的减排配额，如《京都议定书》下的配额（AAU），或者欧盟排放交易体系（EU ETS）下的欧盟配额（EUAs）。二是买主向可证实减低温室气体排放的项目购买减排额。最典型的此类交易为 CDM 以及联合履行机制下分别产生核证减排量和减排单位（ERUs）。基于中国的国情，笔者认为：中国碳排放权的交易客体为"总量控制与交易"模式下的减排配额和目前 CDM 以及联合履行机制下分别产生核证减排量和减排单位（ERUs）。

（四）定价机制

碳排放权交易中的"排放配额单位"是排放贸易机制设计下的碳排放权，其价格由贸易双方的供需关系决定。"减排单位"是联合发展机制运行下的碳排放权，其减排成本决定价格，并逐步形成国际交易价格。"经核证的减排量"交易的源头是 CDM 项目的合作，其价格由项目业主与国外合作伙伴基于能够产生真实的、可测量的、额外的碳排放量的成本协议确定。基于此，政府不宜公布一定的碳交易价格，一切取决于企业之间的谈判或市场定价。不过，在 CDM 项目中国家为了保证项目业主以及国家的利益，可以设定一个接近国际标准的最低碳交易价格，低于最低碳交易价格，则国家主管部门对交易当事人双方已签名的转让证明书不予记录，交易就不会发生效力。

（五）交易期间

由于总量控制目标需要依据缔约国之间的协定或者政府所确定的环境容量的变化适时作出调整，政府允许交易的配额也应有一定的时间段，碳排放权交易只能在规定的有效期内进行，超出碳排放交易期的交易行为，应属无效交易行为。参照目前《京都议定书》和 EU 法令方案的规定，碳排放配额的交易期间应与国际条约或协定所规定的承诺期相当才较为适宜。如《京都议定书》第一承诺期是 2008～2012 年。如果气候变化框架缔约国成员大会在协定中有新的规定，则按新的规定执行。

---

[1] 沈立群. 现行碳排放交易价格的剖析 [J]，上海国资，2008 (9).

六、碳排放权的监督管理

(一) 履行取得申报

中国可采用德国的模式,在申报过程中,如果企业属于省管辖,则要先向省环保局申报并审核,由省环保局再向国家环保部申请;如果是中央企业,则直接向环保部申请。只有国家环保部门才是唯一受理并分配碳排放权的部门。

具体步骤是:第一步,由生产企业按网上统一格式填报碳排放权申请书,并通过网络传到环保部认定的碳排放权咨询机构;第二步,由咨询机构将审核建议通过电子邮件反馈给报送企业;第三步,生产企业按照反馈的初审意见将拟申请的排放数额交环保部碳排放权交易管理部门;第四步,国家环保部碳排放权交易部门审核申请并计算碳排放权额度;第五步,国家环保部碳排放权管理部门将核定的碳排放权通知下达给生产企业。核定、分配过程必须透明,且考虑了其最近的实际排放情况。

(二) 缴纳碳排放权取得、交易费

借鉴德国的做法①,中国实施了碳排放权交易的企业除了依照财政部、国家税务局2009年3月23日颁布的财税 [2009] 30号通知交纳企业所得税之外,在碳排放权取得和交易环节,还应向国家交纳开户费、登记管理费和交易费。开户费按每个企业每年2000元收取;登记管理费则分为固定费用和浮动费用两部分,其中固定费用根据设备排放 CO_2 的多少分档收费,排放量在150万吨以下为30 000元,151万~300万吨之间为60 000元,301万吨以上100 000元。浮动费用对某些特殊设备,根据碳排放量和行业性质,采取超额累进的方式,每吨在0.15和0.35元之间浮动;在交易完成后缴纳交易费用:一般采取超额累进方式征收,对于交易量在1万吨至2.5万吨之间的,在12.5万~20万元之间浮动。

(三) 开征碳排放配额储存税

与其他国家一样,中国对碳排放配额富余的保有者提供两种碳排放配额的处理方式,让其自由选择,即保有者(各企业)对富余的碳排放配额可储存和可转让交易的方式。所谓储存,即碳排放配额富余的保有者可以将国家年度分配的没有使用完的碳排放配额储存起来,以备将来使用。所谓转让交易,即容许碳排放配额富余的保有者与其他企业之间,可以自由地转让碳排放配额,但

---

① 刘建. 通过排放权管理做到经济环境双赢——德国碳排放权交易及其启示 [N], 中国环境报, 2006-8-11 (2).

碳排放配额的转让,必须经国家主管部门对交易当事人双方已签名的转让证明书进行记录后,才发生效力。为了繁荣碳排放权交易市场,抑制配额保有者囤积居奇,建议国家对于存储于交易银行超过一定期限的碳排放权配额按照累进税率课税。

(四) 超标碳排放处罚

为了落实碳排放权交易机制的运行实效,建议环保部组建专门的管理机构,对实施了碳排放权交易的企业及其机器设备进行全面调查、研究,建立与排放权交易相关的规章制度,采取对其排放检测、交易申报与追踪、排放权查核等管理措施,一旦发现没有按已核定的碳排放权配额排放、超过核定量后又不再次购买碳排放权的企业,环保部门应认定其违法,并对其予以行政制裁。制裁方式以罚款为主,通常以碳排放权交易价格为基准,课以数倍乃至数十倍的罚款(也有逐年累进制罚款的方式,即第一年每吨罚款 400 元、第二年每吨 1000 元、第三年每吨 2000 元的标准处罚)。此外,对于违规企业,还可课以在未来一定年限内丧失与违规数量相等的碳排放配额。

(五) 设置碳排放权交易所

目前,中国 CDM 项目的碳排放权交易价格明显低于国际价格。究其原因首先是现有碳排放交易是买方主导的交易。中国拥有庞大的碳排放市场,却没有"定价权",交易价格往往是别人说了算,一直处于低价位状态。买方拥有资金实力或技术优势,按成本最低化原则筛选和开发 CDM 项目,具有实际的定价权。其次,项目信息与需求信息不对称。国内 CDM 项目业主信息闭塞,且受到启动、实施时间的制约。国外投资者则在专业性机构的支撑下运作,占据了询价、决策的主动性,同时还有碳基金机构的介入,中国 CDM 项目的投资收益差价自然落入其囊中。再次,期货与现货的价格差。CDM 项目确立后有一个实施过程,还存在着不能预期实现的风险,只有获得联合国 CDM 执行理事会签发的"经核证排放量",才能"落袋为安"。值得指出的是,CDM 项目申报时双方商定的是期货价格,当然低于欧洲碳市场现行的交易价格。因此,必须鼓励国内企业、银行、保险、证券公司等机构参与碳排放权交易所的设立。只有当中国有了公开、透明的碳排放权交易市场平台,才可能让供求关系去决定市场价格,才可能有效地保证碳交易的定价权,加快推动中国环境权益交易的市场化进程,与国际大市场接轨。

七、结语

《京都议定书》各缔约国对后京都议定书的谈判分歧严重,不同利益集团相互观望，并不断根据国际和国内政治形势来调整各自的立场和谈判策略。从发展趋势来看，发展中国家只享受权利不尽义务的《京都议定书》可能会发生改变，中国最终会加入强制减排国家行列。如果我们不提高企业的科技水平，不实现经济增长方式的转变，不建设资源节约型和环境友好型社会，中国很有可能将来要从其他国家购买碳排放量指标，则必然影响到中国部分企业的发展，影响中国产品在国际市场上的竞争力。

纵观中国对大气污染防治的现行法律法规，现在基本上都是针对SO_2等对环境和人体有害气体而制定的。因此，从现在起，中国不仅要高度重视对人体和环境有害气体的污染源的控制，要着手做好摸清家底工作，即CO_2排放许可及交易的先决条件是准确了解所有排放单位或设备的排放情况，而且还要加紧制定控制CO_2排放的各项法律法规，应包括温室气体排放许可、分配、收费、交易、管理等内容。同时应尽快着手开展CO_2排放管理机构的建设，包括组织管理机构、许可证发放机构，特别是碳排放权交易机构的建立及其运作。

日本温室气体排放权交易制度及其启示[①]

气候变化问题已成为全球性的热点、难点和必须解决的重点问题。各国已意识到其严重性、复杂性、顽固性和长期性，并从拯救地球和人类的战略、道义高度来应对。今后，谁能走在前头，谁就能占领国际道德制高点，进而引领世界新的产业革命。日本为了应对全球气候变化和《京都议定书》所带来的减量压力，积极制定法律。1998 年 10 月 9 日通过了第一部专门应对全球气候变暖问题的法律——《地球变暖对策推进法》。[②] 2005 年 4 月 1 日起开始在国内小规模试行自主参加型温室气体排放权交易制度，至 2009 年 9 月，本制度拟实施的第一至三阶段已经结束。2008 年 10 月，又开始在企业间较大规模试行温室气体排放权交易制度。2010 年 3 月 12 日，日本内阁会议通过了《地球变暖对策基本法案》，[③] 该法案包括了日本中长期温室气体减排目标、创建排放量交易制度等全球变暖对策的具体政策。当前，我国经济发展已驶入快车道，但温室

[①] 本文刊载于《法学杂志》(2011 年第 1 期)。

[②] 日本国会于 1998 年以第 117 号法令颁行。该法共分 6 章 33 条。第一章总则 (1－7 条)；第二章京都议定书目标达成计划 (8－9 条)；第三章全球变暖对策推进本部 (10－19 条)；第四章抑制温室气体排放的政策 (20－27 条)；第五章森林等吸收作用的保护 (28 条)；第六章杂项 (29－33 条)。该法的要点是：1. 立法目的在于改正自由排放温室气体的行为，明确国家、地方公共团体、企业及全体国民的主体作用。为今后达到 6% 削减目标的对策奠定基础；2. 采取广泛对策，特别要采取专业性 (如产品开发等) 措施，减少 6 种温室气体的排放；3. 促进国家、地方及排放量大的企业公布排放削减计划以及实施情况。促进有计划处理的广度，并向国民开放透明；4. 不仅限于全国性对策，地方要有具体的推进对策。并发挥地方公共团体在地球问题有关责任范围内的作用；5. 法律还规定成立国家、都道府县级的全球变暖防止活动推进中心 (主要任务是启发、广泛宣传、座谈、培训推进员、调研及产品信息提供等)，并要求设立全球变暖防止活动推进员 (面对面地向居民进行启发、咨询及提供信息)。本法已经历两次修改。第一次是 2000 年，考虑到国际应对气候变化的情况发生了很大变化，很多国家都上升到举国体制和国家首脑决策层次，日本第一次修改了《地球温暖化对策推进法》，明确规定推进本部由内阁总理大臣牵头。2006 年 6 月 7 日，为配合京都机制的实施，日本再次对部分条文进行了修正与增补。

[③] 《地球变暖对策基本法案》共分 5 章 41 条。第一章总则 (1－8 条)、第二章中长期目标 (9－10 条)、第三章基本规划等 (11－13 条)、第四章国家与地方的措施与策略 (14－31 条)、第五章地球温暖化对策本部 (32－41 条)、最后为附则。

气体（二氧化碳）排放量已经提前达到世界第一。① 近年来，我国政府虽然在减少温室气体排放方面采取了一系列措施，取得了一定的成果，但温室气体排放的问题依然严峻。作为负责任的大国，我国不但要正视现实，而且还要积极行动起来，学习与借鉴国外的先进经验，努力减少温室气体排放。本文拟从日本温室气体排放权交易制度入手，简要阐述其确立的经纬和主要内容，并从其实施成效予以评析以期对我国构建国内温室气体排放权制度有所启迪。

一、日本自主参加型温室气体排放权交易制度的确立与完善

（一）温室气体排放权交易制度的确立

日本十分重视全球气候变化问题，1989 年召开了"地球环境保护内阁会议"。1990 年制定了《防止地球环境温暖化行动计划》，计划 2000 年后的温室气体排放量稳定在 1990 年的水平。1997 年京都会议后，成立了日本政府地球温暖化对策推进本部（以下简称"推进本部"）。1998 年 6 月 19 日推进本部制定了《地球温暖化对策推进计划》，对《京都议定书》所确定日本 6% 的削减目标进行了细分。② 为应对全球气候变化，日本国会积极制定法律，1998 年 10 月 9 日通过了第一部专门应对全球温暖化问题的法律——《地球温暖化对策推进法》，1999 年 4 月 8 日得以实施。2002 年 3 月，为方便国会顺利通过《京都议定书》，日本除了修订《地球温暖化对策推进计划》外，还修订了为落实《京都议定书》目标而制定的《地球温暖化对策推进法》。建立和完善一系列制度后，日本于同年 6 月正式签署了《京都议定书》。2004 年 1 月，为应对《京都议定书》第二阶段的国际气候变化框架谈判，推进本部下设了"气候变化问题国际战略专门委员会"，开始收集、整理材料，提出《气候变化今后国际应对基本思路》的草案，并于 2004 年 4 月开始审议，同年 9 月正式提出《气候变化问题的国际战略》报告。该报告是日本目前气候变化国际交涉的科学和政策取向的主要依据。2005 年 2 月，《京都议定书》生效后，日本于同年 4 月 28 日正式制定了《实现〈京都议定书〉目标的计划》。③ 为使国内企业积累温室气体排放权交易的相关知识与经验，日本政府提供补贴，④ 鼓励企业自愿参与

---

① 刘宝莱. 中国面临的五大机遇与三大挑战 [J], 红旗文稿, 2010 (9).
② 1998 年 6 月日本"地球温暖化对策推进本部"制定了《地球温暖化对策推进大纲》，将京都议定书所削减日本 6% 削减目标细分为：1. 二氧化碳、甲烷、氧化亚氮的排放抑制，-2.5%；2. 氢氟碳化物、全氟碳化与六氟化硫，+2.0%；3，汇之吸收，-3.7%；4. 京都 机制的利用. -1.8%。
③ 日本地球温暖化对策推进本部资料.《京都议定书目标达成计划》, 第 5 页. 该计划于 2005 年 4 月 28 日制定，2006 年 7 月 11 日部分修改，2008 年 3 月 28 日全面修订，并获内阁会议通过。
④ 参见《补助金等に系る预算の执行の适正化に关する法律》（1993 年法 89 号）第 5-8 条。

"日本自主参加型国内温室气体排放权交易制度"。

(二) 温室气体排放权交易制度的完善

自 2005 年 4 月 1 日起，日本分五个阶段实施自主参加型国内温室气体排放权交易制度。第一阶段 (2005 年度~2007 年度)、第二阶段 (2006 年度~2008 年度)、第三阶段 (2007 年度~2009 年度) 已分别于 2007 年 9 月、2008 年 9 月、2009 年 9 月结束。① 通过公开招标与提供补贴的方式，吸引与鼓励企业设定减量目标，不断采取措施努力削减温室气体排放量。②

2008 年 7 月 29 日，前首相福田康夫在内阁通过《建设低碳社会的行动计划》后表明："尽可能让越来越多的行业和公司开始进入国内温室气体排放权交易市场。"在考虑具体实施方案时强调："内阁各部门应抽调专人组成实施团队，在 2008 年 9 月中旬反思实施计划，10 月开始实施。"③

2008 年 10 月 21 日，前首相麻生太郎主持推进本部会议，通过了《关于试行实施温室气体排放权交易国内统一市场的决定》(以下简称《决定》)。《决定》从 2008 年 10 月起开始在企业间试行温室气体排放交易制度。该交易制度以能源领域的二氧化碳为对象 (不包括其他来源的二氧化碳和其他温室气体)，企业可自主参加，原则上不允许行业团体以行业为单位参加。参加交易制度的企业自行确定 2008 年度以后 (含 2008 年度) 的减排目标，该目标须经政府核准。经过努力实现超额减排的企业可将超额部分通过交易市场出售，未完成目标的企业可以从市场购买以抵充自身减排目标。日本政府还成立了市场运营管理事务局负责交易市场的运营管理。

2010 年 3 月 12 日，日本内阁会议批准了《全球变暖对策基本法案》，该法案承诺日本到 2020 年将在 1990 年水平上减少温室气体排放 25%；计划在 2011 年 4 月开始实施碳税；拟扩大核能发电和提高纳税率。④ 日本政府还计划在《全球变暖对策基本法案》生效实施后 1 年内制定相关温室气体排放权交易法案。排放量与产量挂钩的法案虽然遭到了日本国内环保组织的强烈反对，但鸠山由纪夫首相表示："将减排 25% 写入法案是最为重要的，与国民分享这一理

---

① 日本政府地球温暖化対策推進本部資料. 京都議定書目標達成計画, 2008-3-28, 59.
② 環境省. 環境省自主参加型国内排出量取引制度第 3 期実施ルール, 2007-2-26, 2. 日本自主参加型国内排出量取引制度評価委員会. 平成 19 年度自主参加型国内排出量取引制度 (第 3 期) 評価報告書 [R], 2010, p1.
③ 国内排出量取引制度の法的課題に関する検討会. 国内排出量取引制度の法的課題について (第二次中間報告) [R], 2010, p6.
④ 環境省. 地球温暖化対策基本法案の閣議決定について (お知らせ), 2010-3-12。网址: http://www.env.go.jp/press/, 访问日期: 2010-5-20.

念更是重中之重。"① 后来，日本众议院审议通过了《全球变暖对策基本法案》。最后，该法案已报送参议院。鸠山政府和执政党期待该法案能在本届国会上获得通过。②

二、日本温室气体排放权交易制度的主要内容

（一）参与主体与参与方式

希望参加日本温室气体排放权交易制度的企业，在日本环境省公布的招标期内，依下列四种方式申请可成为该制度的参与主体。③

1. 承诺减排目标 A 型参加者④

承诺减排目标 A 型参加者是指参与主体承诺削减一定数量的二氧碳化温室气体排放后，才能获得安装抑制设备的补贴与温室气体排放权。此参与主体首先应参与日本环境省所举行的"温室气体自主削减目标设定相关设备补助事业"（以下称"设备补贴"）的申请，并获批准。单位补贴削减量较多的申请者则能被优先批准。

此类型参加者不仅可获得设备建设、安装与查验费用的补助，而且，当排放削减量超过减量目标时，可出售多余的温室气体排放权而获得利益。不过，此类型的参加者，第一阶段限为 31 家公司，第二阶段限为 58 家公司，第三阶段限为 55 家公司，第四阶段限为 69 家公司，第五阶段限为 63 家公司。⑤

2. 承诺减排目标 B 型参加者

承诺减排目标 B 型参加者为未领取设备补贴而承诺至少削减基准年度排放量 1% 的参加者。此类型参加者可获得查验费用补助，当排放削减量超过减量目标时，可出售多余的温室气体排放权而获得利益。此类型自第三阶段开始接受申请，参加者有 3 家公司，第四阶段限为 12 家公司，第五阶段限为 6 家公司。

3. 承诺减排目标 C 型参加者

承诺减排目标 C 型参加者为未领取设备补贴而承诺在 2007 年度至少削减基准年度排放量 1%，在 2008 年度至少削减 2% 温室气体排放的参加者。此类型

---

① ［日］町田徹. 鸠山政権は地球温暖化対策基本法の成立を急ぐな国連の枠組みでは温暖化は防げない［N］，現代ビジネス，2010 - 5 - 18（2）.
② 朝日新聞. 温暖化対策基本法案が衆院通過［N］，2010 - 5 - 19（1）.
③ 国内排出量取引制度の法的課題に関する検討会. 国内排出量取引制度の法的課題について（第二次中間報告）［R］，2010，p4 - 5.
④ 環境省. 環境省自主参加型国内排出量取引制度第 3 期実施ルール［R］，2007，p3.
⑤ 日本自主参加型国内排出量取引制度評価委員会. 平成 19 年度自主参加型国内排出量取引制度（第 3 期）評価報告書［R］，2010，p2.

参加者也可获得查验费用补贴，当排放削减量超过减量目标时，可出售多余的温室气体排放权而获得利益。此类型限于第二、三阶段申请，参加者有3家公司。①

4. 交易参加者

交易参加者是指在登记簿开设账户并以与承诺了减排目标的参加者或其他交易参加者进行温室气体排放权交易为目的的参加者。② 它无权领取设备补助，也不能获得温室气体排放权指标。交易参加者在第一阶段为7家公司，第二阶段为12家公司，第三阶段为25家公司，第四阶段和第五阶段还未对外招标。③

（二）设定减排目标与温室气体排放权分配

1. 设定减排目标

日本温室气体排放权交易制度采取承诺了减排目标的参加者自行设定有关排放削减目标。如承诺减排目标A型参加者设定的排放削减目标，完全是其在申请设备补贴时，向环境省承诺（登记）的排放削减预测量。因设定的这一排放削减目标涉及设备补贴金额，故设定后不得任意变更。④ 又如承诺减排目标B型参加者，其设定的排放削减目标：在排放削减实施年度，削减至少不低于基准年度排放量的1%。⑤

2. 配额的分配

日本依溯往原则并采取无偿分配方式分配温室气体排放权配额。日本温室气体排放权交易制度是以承诺减排目标的参加者过去3年间排放量的平均值作为基准年度排放量，⑥ 以此扣除削减对策实施年度的排放削减目标数值，作为初期分配量（Japan Allowance，JPA）。⑦ 温室气体排放权则由日本环境省分配至承诺了

---

① 第二阶段登记公司的3家公司延至第三阶段。
② 日本排放权的发行、保有、移转、回收等，均依电子登记簿记录。登记簿设有以下3种账户：1. 保有账户；2. 回收账户（为回收排放权以履行排放权提出义务之账户）；3. 取消账户（借由自愿取消等而取消排放权之账户）。環境省．自主参加型国内排出量取引制度の取引ルール［R］，2005，p1.
③ 日本自主参加型国内排出量取引制度评价委员会．平成19年度自主参加型国内排出量取引制度（第3期）评价报告书［R］，2010，p2.
④ 環境省．環境省自主参加型国内排出量取引制度第3期実施ルール［R］，2007，p13.
⑤ 同上注。
⑥ 第一阶段以2002年至2004年度3年间排放量的平均值，第二阶段以2003年4月1日至2006年3月31日3年间排放量的平均值，第三阶段以2004年4月1日至2007年3月31日3年间排放量的平均值作为基准年度排放量。環境省．環境省自主参加型国内排出量取引制度第3期実施ルール［R］，2007，p12.
⑦ 日本自主参加型国内排出量取引制度评价委员会．平成19年度自主参加型国内排出量取引制度（3）评价报告书［R］，2010，p5.

减排目标的参加者在登记簿上开设的账户中。当 A 型参加者排放削减量超过减量目标时，可出售多余的温室气体排放权。B、C 型参加者不需要初期分配量，他们的目标仅是降低排放削减目标数值。但是，如果他们超额完成了排放削减目标数值，就可以通过申请，把超额完成的部分转换成排放权配额并可以交易。①

3. 承诺保留的限制

承诺减排目标参加者与交易参加者可自由交易温室气体排放权配额。设立交易制度的目的是期望承诺减排目标参加者确实削减 CO_2 的排放，因此，对承诺减排目标参加者出售温室气体排放权配额，设有"承诺保留"限制，承诺减排目标参加者须在自己的保有账户中，经常保有一定数量的温室气体排放权配额。② 以第三阶段为例，承诺减排目标参加者于 2008 年 4 月接受温室气体排放权配额后，在回收期限前，必须在其保有账户中经常保有"初期分配量—2008年度的排放削减预测量"的温室气体排放权，须待回收程序结束，环境省确认削减目标完成后，承诺减排目标参加者才不受承诺保留的限制，可将温室气体排放权移转给其他参加者。③

4. 交易方式、注册与转移

交易方式为相对交易，买方与卖方可直接进行接洽磋商，或由居间人（掮客、经纪人）居间中介。为方便温室气体排放权交易的参加者，环境省事务局建立了一套电子注册系统（GHG-Trade.com），无偿提供给交易者使用。任何持有或买卖排放权配额的参与者都必须在该电子注册系统至少注册一个账户，该账户记录有承诺了减排目标的参加者的信息、配额的持有、转移、供求信息等。配额在注册系统中仅以电子形式存在，每一个配额只有唯一的序号。注册后的买方与卖方可在此系统上进行电子交易。

温室气体排放权交易的当事人订立契约后，卖方应在买方所约定的期间内，在登记簿上移转温室气体排放权配额，不过，承诺减排目标参加者须在回收期限前移转温室气体排放权指标。以第三阶段为例，承诺减排目标参加者温室气体排放权的回收期限为 2009 年 8 月 31 日 18 时，此前可自由为之。④

5. 配额的储存与借用

回收期限后，若承诺减排目标参加者与交易参加者仍有剩余温室气体排放

---

① 日本自主参加型国内排出量取引制度评价委员会．平成 19 年度自主参加型国内排出量取引制度（3）评价报告书 [R]，2010，p5.
② 自主参加型国内排出量取引制度评价委员会．平成 17 年度自主参加型国内排出量取引制度（1）评价报告书 [R]，2007，p11.
③ 環境省．自主参加型国内排出量取引制度第 3 期取引ルール [R]，2007，p4.
④ 同上注，pp3 - 4.

权指标时,可将剩余的温室气体排放权指标储存至下期,可持续进行交易、移转和回收。日本温室气体排放权交易制度认可储存,① 但未见承认借用的规定。

6. 遵守确认

在削减对策实施期间结束后,还设有四个月的调整期。如在第二阶段,削减对策实施期间为 2007 年 4 月 1 日至 2008 年 3 月 31 日,其调整期间为 2008 年 4 月 1 日至 2008 年 8 月 31 日。② 承诺减排目标参加者在回收期限前应持有与其排放量相当的温室气体排放权配额,若不足,应在调整期间内通过温室气体排放权交易制度予以补足,调整期结束时,其保有账户中应有与其排放量相当的温室气体排放权配额可供移转至回收账户。

7. 补贴返还与公布企业名单

承诺减排目标参加者在回收期限前,登记簿上的回收账户内必须保有经第三者查验的与削减对策实施年度排放量相同数量的温室气体排放权,未能尽到温室气体排放权回收义务时,须按未达成量占排放削减预测量的比例返还补贴,同时对外公布企业名称。具体为:

第一,A 型参加者回收的温室气体排放权数量低于经查验机关查验的排放数量时,应按其不足比例返还其所领取的设备补贴,其公式为:返还数额 = 领取的设备补助金额 ×(温室气体排放权回收时的不足数量/年度排放削减预测量)。

若基准年度排放量或削减对策实施年度的排放量经查验机关查验而未能确定其结果,如查验结果是不正确或不表示意见,则 A 型参加者应返还设备补贴,其返还额度原则上为设备补助金额的 10%。

第二,B 型参加者如有上述未能履行温室气体排放权回收义务等的情形,日本环境省可公布该企业名称。③

三、日本温室气体排放权交易制度的实施效果与评价

(一) 实施效果

日本温室气体排放权交易制度合计已实施了三个阶段,第四、五阶段正在实施之中。第一阶段承诺减排目标参加者有 31 家公司,交易参加者有 7 家公司;第二阶段承诺减排目标参加者有 58 家公司,交易参加者有 12 家公司;第 3

---

① 自主参加型国内排出量取引制度评价委员会. 平成 17 年度自主参加型国内排出量取引制度(第 1 期)评价报告书 [R], 2007, p14.
② 環境省. 自主参加型国内排出量取引制度第 2 期取引ルール [R], 2006, p4.
③ 同上注, pp17 - 18.

阶段承诺减排目标参加者有 61 家公司，交易参加者有 25 家公司。其中第一阶段承诺减排目标参加者有 31 家公司在削减对策实施年度的排放量为 1 288 543tCO_2，自基准年度 CO_2 的排放量削减 377 056tCO_2，较基准年度削减 29%，大幅超越了排放削减预测量 273 076tCO_2，（较基准年度削减 21%），温室气体排放权交易为 24 件，合计 82 624tCO_2，其中通过交易中介系统交易的平均价格为 1212 日元/tCO_2。在第一阶段削减对策实施年度排放量超过初期分配量的公司有 13 家，超过排放量合计 16 896tCO_2，这些全都是依赖温室气体排放权交易而实现的目标，因此，所有承诺了减排目标的参加者均实现了第一阶段的减量目标。第二阶段承诺减排目标参加者有 61 家公司，在削减对策实施年度的排放量为 842 401tCO_2，自基准年度 CO_2 的排放量削减 280 192tCO_2，较基准年度削减 25%，大幅度超越了排放削减预测量 217 167t CO_2（较基准年度削减 19%）。温室气体排放权交易为 51 件，合计 54 643t CO_2，其中通过交易中介系统交易的平均价格为 1250 日元/ tCO_2。[1] 第三阶段因受美国次贷危机的影响，企业经营状况低迷，承诺减排目标参加者削减温室气体的业绩普遍下滑。从已经核查的年度总排放量来看，超过 5000tCO_2 不足 10 000 tCO_2 有 10 件，超过 10 000tCO_2 不足 50 000 tCO_2 有 29 件，中等规模的承诺减排目标参加者超过了半数。从排放量削减实绩来看，不足 3000 tCO_2 的企业最多，有 36 家。其次是超过 10 000tCO_2 不足 50 000tCO_2 的企业有 12 家，增加了排放量削减数的企业仅 1 家。较基准年度削减不足 3 000 tCO_2 的企业最多，有 43 家，超过 5 000tCO_2 不足 10 000tCO_2 的企业有 7 家。[2] 温室气体排放权交易为 23 件，合计 34 227tCO_2，通过交易中介系统交易的平均价格为 800 日元/tCO_2。[3]

（二）对日本温室气体排放权交易制度的评析

日本是制定专门法律应对气候变化的国家。其"自主参加型"温室气体排放权交易制度与其他国家相比较，确实有较大的差异。采用此模式的主要原因与日本习惯于使用不具有拘束力的"行政指导"相关。[4] 客观地说，日本以"自主参加"和"补贴"为主的温室气体排放权交易制度仍然是以"许可交易制度"为架构的。该制度特征是：不采取"命令控制模式"（command-and-

---

[1] 自主参加型国内排出量取引制度评价委员会. 平成 18 年度自主参加型国内排出量取引制度（第 2 期）评价报告书 [R]，2009，p5.

[2] 自主参加型国内排出量取引制度评价委员会. 平成 19 年度自主参加型国内排出量取引制度（第 3 期）评价报告书 [R]，2010，p23.

[3] 同上注，p30.

[4] 叶俊荣. 温室效应国际公约的规范及管制法规制定，国家政策基金研究会，http://www.npf.org.tw/e-newsletter/report/891209-L-3.htm，访问日期：2010-5-10.

control），也不采取"经济诱因模式"（economic incentives）的管制机制，而是以划分权责与推广国民教育为其规范核心。从现状来看，它与英国的温室气体排放权交易制度同样是一个非同寻常的"政策试验"，① 它实施的真正目的不是为了获取一定数量的温室气体减排量，而是为了获取温室气体排放权交易和核证的经验，影响日本的减排政策和政策工具的发展，以便构建更符合日本国情的温室气体排放权交易制度，从而实现《全球变暖对策基本法案》中设定的中长期温室气体减排目标。

概括地说，日本自主参加型温室气体排放交易制度与欧盟的交易制度相比，显得十分宽松，不具有任何强制性，对于未实现减排目标的企业也无任何处罚措施。该交易制度的优点有：法律保证、举国体制、高层决策、政府主导、统一计划、综合资源、群众参与。② 不过，该制度也有一些不尽人意的方面：

第一，不利于减排技术的提升与发展。日本现阶段仅将能源使用过程中产生的二氧化碳纳入交易对象，而未涵盖六种温室气体，此种做法在当今虽有一定的合理性，但随着减排时间的推移和减排力度的加大，必将涵盖六种温室气体。因温室气体间减量成本有相当大的差异性，若涵盖六种温室气体，由于二氧化碳的减量成本高于其他温室气体，部分参加者可能选择减量成本较低的温室气体作为减量对象，而不削减二氧化碳的排放量，导致不公平，同时不利于减排技术的提升与发展。

第二，无法形成有效的运作市场。日本是小规模自主参加型温室气体排放权交易制度，该制度规模远非欧盟温室气体排放权交易制度可比，也逊于同类的英国温室气体排放权交易制度。英国温室气体排放权交易制度的参加者为数甚多，交易件数在 2002 年度即有 2001 件。因此，日本温室气体排放权交易制度规模甚小，尚不能形成有效运作市场，仅仅是积累温室气体排放权交易经验与知识罢了，若欲形成有效市场，需大幅增加参加者。

第三，制度效果因试行期间过短而受到影响。欧盟温室气体排放权交易制度第一阶段为期 3 年，第二阶段为 5 年，第三阶段以后均为 5 年；英国温室气体排放权交易制度为期 5 年。而日本每期均为 3 年，并细分为 3 阶段，第 1 年为设施整备期间，第 2 年为对策实施期间，第 3 年为排放量算定、查验、调整期间与温室气体排放权回收期间，承诺减排目标参加者须于每期参与招标并经

---

① Peter J. G. pearson. The UK Emissions Trading Scheme: Paying the Polluter—A policy Experiment. International Review for Environmental Strategies. 2004. vol. 5. No. 1, pp241 – 256.

② 吴明陵. 温室气体排放权交易制度之研究 [J], 载黄宗乐教授六秩祝贺—公法学篇 (二). 2002, p233.

选定才能参与。由于制度试行期间太短，以及参与制度的不确定性，参加者无法对削减排放量作长期性的规划，制度的环境有效性与经济效率性受到影响。

第四，分配方法欠科学性和合理性。日本温室气体排放权的分配与其他国际温室气体排放权交易制度相同，大多采取溯及继往原则，即自承诺了减排目标的参加者过去3年间排放量的平均值，扣除其所承诺的排放量后，将之无偿分配给承诺减排目标参加者。此种分配方式使疏于削减排放量的承诺减排目标参加者，反而能分配到较多的排放权配额，因此，这样的分配方法并非科学、合理。

第五，设备补贴的弹性力度不够大。为提高承诺减排目标参加者（排放源）自愿减排的积极性，日本对承诺减排目标参加者提供设备补贴，而英国则对达成了减量目标的直接参加者支付奖励金，虽然两者都是对参加者提供补贴，但后者并未要求参加者必须安装减量设备，削减温室气体排放量，参加者可视其减量成本，自行减量或购入排放权配额以达成其所承诺的减量目标；前者则要求参加者必须购置减量设备，才提供设备补贴。因此，两者相较，英国温室气体排放权交易制度赋予参加者极大的弹性，能够以最小成本达成减量目标，具有成本有效性，日本温室气体排放权交易制度则着眼于确实的减量，削弱其成本有效性。

除此之外，该交易制度的公平性和透明度也是一个亟待解决的课题。特别是温室气体排放权的公平分配明显存在着供求不平衡，当有热空气产生时，计划的温室气体排放权价格就会下降，价格可能对交易制度本身的有效性造成影响。

四、可资借鉴的经验与启示

在减缓气候变化、改善环境的全球共识下，我国机遇与挑战并存。虽然日本自主参加型温室气体排放权交易制度存在上述制度硬伤，但瑕不掩瑜，而且，日本温室气体排放权交易制度非常适合东方国家的国情和政治体制的基本特性。我国构建温室气体排放权交易制度时应参考和借鉴日本的先进经验，以推动我国应对气候变化工作和节能减排事业的顺利发展，实现经济、社会的可持续发展。

（一）组建统一协调的国家级高级决策机构

温室气体排放与国家的经济、政治密切相关，各国都从国家战略的高度来重视它。我国虽然成立了以总理为主任的国家应对气候变化协调小组，但该小组成员比较松散，很难统一协调。建议将我国现有的气候变化协调小组设定为常设机构，参考日本的经验，提升该机构的地位，加强该机构的职能（尤其是政策、预算的制定），同时理顺政府各相关部门间的关系，扩大现有的气候变化专家委员会的人数，广泛吸收多领域（法律、经济）权威专家的参与，组建类似于日本那样的"气候变化问题国际战略专门委员会"，为决策层拟订气候变化国际应对基本思路，使我国应对全球气候变化的战略和政策具有高科学水平和权威性。

（二）制定应对温室气体排放的专门法律

在温室气体减排的问题上，未来涉及的各方利益将是十分复杂的。目前，我国大气污染防治的现行法律法规基本都是针对环境和人体有害气体制定的，而对温室气体排放标准及约束大多从政策角度进行管理。因此，我国应该借鉴日本的做法，在温室气体减排问题上多考虑立法。在听取各方意见的前提下，把实践过程中达成的减排共识上升为法律。加紧制定控制温室气体排放的各项法律法规，包括温室气体排放许可、分配、收费、交易、管理等内容。同时，要着手开展温室气体排放管理机构的建设，包括组织管理机构、许可证发放机构、排放权交易机构等及其运作，还要准确监测所有排放单位或设备的排放情况，完善温室气体排放权交易初始分配的先决条件，尽量避免单纯依靠政府行政行为可能带来的问题和冲突。另外，应建立相关的法律体系，以保证温室气体排放权交易有法可依，有章可循。同时，通过各项规章制度的制定，有利于创造相对公平透明的交易环境，防止不正当竞争，保证温室气体排放权交易市场的有效运行。

（三）突显政府在温室气体排放方面的政策导向作用

政府应该在总量控制的条件下，对企业 CO_2 初始排放量进行合理的分配，充分保证率先采用先进技术减少 CO_2 排放量企业的利益。可借鉴日本溯及继往原则并采取无偿分配方式分配温室气体排放权配额，即只要是现有的排放者，皆可免费分到排放权，对新加入的企业，应该依据企业的生产技术及条件给予适当的有偿分配激励政策。如果企业在承诺期内做得好就可以获得一定的补贴收入，并可通过在温室气体排放交易市场中出售多余的温室气体排放权交易来赚取收益。这样 CO_2 排放权价值才能真正得到体现，环境成本才能作为企业的内在成本被重视，才能激励企业改进技术与管理，降低排污成本，最终减少排放量，保证温室气体排放市场机制在有效率的竞争中逐步完善。这样才能有效地平衡率先减少 CO_2 排放量的企业和后进入企业的利益，从而完善交易市场竞争机制。同时，政府应该建立起积极有效的配额许可制度，并且对温室气体排放量进行有效的监督与管理。

(四) 鼓励企业创新控制温室气体排放的技术

日本自主参加型温室气体排放权交易制度可以说是由政府主导科学研究和推动技术创新，鼓励企业自愿减排。政府机构的工作重点是开展基础研究，弄清科学问题，积极发展新技术，鼓励减排。无论其出发点是否是保护企业利益、还是减轻政府的减排责任，但这种以科学为重要决策基础的形式是值得我国借鉴的。我国政府应该重视气候变化的科技问题，企业应积极借鉴和引进国外先进技术，加强国际合作，减少温室气体排放量，这样才会在提高生产力的条件下有多余温室气体排放权在市场出售，同时也会激励生产落后的企业积极引进技术，减少排放，降低成本，增加经济效益。这样才能进一步完善我国温室气体排放交易市场体系，应对全球气候变化，实现我国节能减排和可持续发展的目标。

(五) 尝试温室气体排放权交易的试点工作

从现在着手，加强国际温室气体排放的研究工作，加快温室气体排放权交易机制的可行性研究，并建立温室气体排放权交易的试点工作，获取温室气体排放权交易的经验，以应对中国未来可能承担的《京都议定书》的义务。笔者建议整合现有的北京、上海、天津、武汉等地环境交易所的人、财、物，分两步[①]建设我国温室气体排放权交易制度：第一步借鉴日本的经验，建立国内自主参加型温室气体排放权现货交易市场。这一阶段的主要工作是：国家的环境管理部门对我国的年温室气体排放总量的确定与分配进行论证，对推行温室气体排放权交易必须具备的条件，包括完善的温室气体排放总量控制制度、科学合理的分配排放权、政府对排污权市场交易维持和管理等进行充分研究。在具备温室气体排放权交易所需条件后，我国政府可以建立初步的温室气体排放权交易，在此阶段以现货交易为主。第二步可借鉴欧洲气候交易所和芝加哥气候交易所的经验，建立温室气体排放权期货交易市场。主要面向国外购买商交易，开发和提供与芝加哥气候交易所、欧洲排放交易体系等成熟交易所相同的产品，并进行交易。

---

① 张晓涛，李雪. 国际碳交易市场的特征及我国碳交易市场建设 [J]，中国经贸导刊，2010(3).

加拿大《气候变化责任法案》
及其对我国的启示[①]

近年来,虽然国际气候变化谈判进展缓慢,但这并没有减缓许多国家应对气候变化的信心。加拿大继英国、菲律宾、韩国、日本等国之后,历经众议院一年多的博弈,于2010年5月5日通过了加拿大《气候变化责任法案》。尽管该法案最终未获参议院通过,但加拿大众议院顺应时代发展,竭力制定减少温室气体排放等专门性法律的决心,一定程度上增强了该国重视环保工作的形象。

我国一直以来积极参与并推动"后京都时代"的国际气候变化谈判工作,但至今未制定一部气候变化应对法来引导和规范我国的气候变化工作。我国正在积极寻求与加拿大在内的发达国家在气候变化问题上的国际合作,因此,有必要分析与研究加拿大《气候变化责任法案》,探明加拿大在气候变化方面的立法背景及其该法案未获通过的原因,正确评价该法案的优劣,这样做不仅能给我国应对气候变化立法以启迪,而且还有利于提高我国在"后京都时代"应对气候变化国际新秩序的谈判能力,还能为中加两国在气候变化问题上的国际合作寻找新的契合点。

一、加拿大《气候变化责任法案》的由来

(一)法案出台的经过

2006年10月,加拿大反对党之一的新民主党领导人林顿(Jack Laycon)首次向众议院提交了一份《气候变化责任法》(the Climate Change Accountability Act)议案,得到了自由党、魁北克集团和新民主党的支持,该法案于2008年6月在众议院获得通过。在该法案尚未提交至参议院审议时,2008年8月保守党政府领导人哈珀(Stephen Harper)以议会失去对政府的信任为由要求提前举行

---

① 本文刊载于《山东科技大学学报》(社科版)2012年第2期。另一作者为时芸芸。

大选，同时解散议会，导致了该法案未经参议院审议随即流产的结果。

保守党连任后，反对党仍积极推动气候变化立法。2009年2月，新民主党国会议员海尔（Bruce Hyer）将林顿的《气候变化责任法案》作为议员私人条例草案再次向加拿大第四十届国会提交，该议案经过议员们长达一年的辩论，于2010年4月14日、5月5日分别通过众议院的二读和三读，进入了参议院的审议程序。在参议院审议该法案时，加拿大20个民间社会组织联名制作了"支持《气候变化责任法案》的公开信"，寄给所有参议院议员，并敦促参议院尽快通过该法案。同年11月16日，该法案在参议院经过5次辩论后，最终未获通过。

（二）法案出台的背景

加拿大《气候变化责任法案》能够两次提交国会审议，这不仅源于反对党和绿色组织的抗争，也是加拿大本国的政治、经济、环境等因素共同作用的结果。

1. 政治背景

过去，加拿大的环保友好姿态有目共睹：1989年在蒙特利尔签订了针对氟氯碳化物排放的协议。这是早期解决臭氧层破坏问题的一个重要尝试。《京都议定书》正式生效的2005年，加拿大主动承办了具有历史意义的COP11气候会议，并曾努力推进"蒙特利尔路线图"。直到2006年年初，保守党执政的哈珀政府漠视国际社会积极回应新的气候变化协定谈判，追随美国政府的消极抵制，放弃了前自由党政府对《京都议定书》的承诺，给国际气候变化谈判的顺利进行增添了不少阻力和障碍。

哈珀政府如此迅速的变脸，招致了国际社会的强烈不满。2009年世界自然基金会的报告指出，加拿大是在二氧化碳排放量统计表上依然在增长的少数国家之一。在哥本哈根气候大会期间，国际气候行动网络（CAN）颁以加拿大具有讽刺意义的"庞大化石"（Colossal Fossil）奖，认为其在削减温室气体的行动中，是工业国家中表现最差的国家之一。

对于保守党政府在应对气候变化方面的不作为行为，加拿大反对党（自由党、新民主党及绿党等）表示强烈不满。特别是林顿的《气候变化责任法案》因哈珀政府要求提前选举而被毙掉后，更加激发了反对党制定气候变化责任法的决心。在国际与国内双重政治压力下，众议院最终三读通过了海尔提交的《气候变化责任法案》。

2. 经济背景

2002年，油砂被《油气》杂志列入世界石油储量统计以来，加拿大石油业的战略地位不断得到提升,① 由此带来巨大的经济利润也使油砂石油业成为加拿大能源行业的核心支柱。然而,按照国际能源署的统计,金融危机爆发后,全球由此被取消或搁浅的能源开发计划中有85%是加拿大的油砂项目,② 这给加拿大经济带来了巨大冲击。但经过全球金融危机的短暂低迷,全球油价又持续上涨,加之开采成本下降,加拿大政府立即抓住机会吸引投资,大力支持油砂石油的开发生产计划,令油砂石油业迅速发展壮大。众所周知,油砂石油的问题在于其提炼不同于传统石油,其开发过程依赖于大量的水和天然气,也就比传统石油的开采释放更多的温室气体,并严重污染了石油开发地的地表、水和空气,使石油开采地环境急剧恶化,引发当地居民与媒体的强烈抗议。

加拿大能源研究所(CERI)指出,加拿大作为京都议定书的签署国,必须合理解决油砂项目将对气候造成的影响问题。③ 然而加拿大政府一方面参与气候变化的国际谈判,一方面却仍千方百计地保护其石油业。在经济和气候的两难格局中,哈珀政府最终选择了经济利益。随着油砂石油开采工程的实施,加拿大的环境状况进一步恶化,反对党们感到保护环境的责任愈发重大,迫切需要制定一部专门性的法律来加以保护。

3. 环境背景

由于加拿大政府保护油砂石油业,且对温室气体排放采取宽松政策,故加拿大的温室气体排放量与日俱增。数据表明,2004年主要工业发达国家的温室气体排放量在1990年的基础上减少了3.3%。④ 虽然加拿大于2002年批准了《京都议定书》,并承诺到2012年把温室气体的排放量在1990年的水平上削减6%,但1990年至2004年,加拿大的温室气体排放总量增加了26.6%,⑤ 比美国上升比例高出10.8个百分点,并成为世界人均温室气体排放量最高的国家之一。根据世界自然基金会(WWF)的统计,截至2007年加拿大的温室气体排放量已经超出《京都议定书》目标的32.2%;而在加拿大环境部2009年提交给《联合国气候变化框架公约》的报告中显示,2007年其温室气体排放量高出2006年4.0%。

2009年,WWF发布了"八国集团气候记分卡"(G8 Climate score cards),

---

① 高杰,李文. 加拿大油砂资源开发现状及前景 [J],中外资源,2006 (4).
② [加] 希拉里·布雷豪斯. 加拿大·油砂之痛何时休 [N]. 于欢编译. 中国能源报,2010-10-8 (8).
③ 高杰,李文. 加拿大油砂资源开发现状及前景 [J]. 中外资源,2006 (4).
④ 李静云. 走向气候文明. 后京都时代气候保护国际法律新秩序的构建 [M],中国环境科学出版社,2010,p137.
⑤ 联合国环境规划署. 全球环境展望年鉴2007 [M],中国环境科学出版社. 2007,p479.

该记分卡显示，加拿大在以美国、英国、日本等发达国家组成的"八国集团"中温室气体减排指数排名第八、倒数第一。加拿大有增无减的温室气体排放量在国际范围内激起一阵热议，国际社会质疑声四起，加拿大政府因此也招致了来自国际和国内双重舆论的压力。

2008年加拿大阿尔伯达省发生的油砂泄漏事故，导致国内各方矛盾进一步加剧，包括自由党在内的许多环境保护者纷纷走上街头举行抗议活动。这些抗议活动无疑是加拿大讨论《气候责任法案》的又一推动力。

4. 法制基础

1992年达成的《联合国气候变化框架公约》成为缔约国国内立法的基础。1997年《京都议定书》依据"共同但有区别的原则"，首次制定了各发达国家的减排指标，开创了三种灵活履约机制，并原则性地规定了发达国家向发展中国家提供资金和技术援助的相关内容。继"巴厘岛路线图"和《哥本哈根协议》后，2010年的《坎昆协议》达成，其将《哥本哈根协议》中提交的减缓目标列入参考文件，并要求发达国家进一步提高减排目标。[①] 为了实现这一减排目标，许多国家制定了专门性的法律来应对气候变化。1998年10月9日日本国会通过了第一个专门应对全球温暖化问题的法律——《地球温暖化对策推进法》，并于1999年4月8日得以实施。[②] 尽管美国游离在《京都议定书》之外，但2009年6月和9月，美国国会两院都提出了各自的能源法案，围绕着控制和限制温室气体的排放总量、重视能源效率与节约、碳捕获和碳封存及预见和尽量减少气候变化的不利影响[③]四个方面进行减排。英国于2008年就正式颁布了《气候变化法》，为实现英国的减排目标和发展低碳经济提供了法律框架，并因此成为世界上首个将温室气体减排目标写进法律的国家。[④]

加拿大国内的环境法制基础十分坚实：1988年颁布的《加拿大环境保护法》有效地减少了机动车船对含铅汽油的使用；1999年《加拿大环境保护法》修正案是"一部有关预防污染、保护环境和保护人类健康"[⑤]的法律，目的是实现可持续发展。2005年，加拿大政府制定了一项耗资100亿加元的环保计划，为在国内外市场购买温室气体减排量提供资金，鼓励可再生能源和提高能

---

① 郑爽. 气候变化坎昆会议结果及分析 [J], 中国能源, 2011 (2).
② 冷罗生. 日本温室气体排放权交易制度及其启示 [J], 法学杂志, 2011 (1).
③ 兰花. 简析2009年美国气候变化法案——兼论对中国的挑战和借鉴 [J], 武大国际法评论, 2010 (2).
④ 王慧. 英国〈气候变化法〉述评 [J], 世界环境, 2010 (2).
⑤ 汪劲. 环境法治的中国路径——反思与探索 [M], 中国环境科学出版社, 2011, p324.

源效率，并对高污染行业设定强制性排放上限。① 2006年加拿大众议院提出《清洁空气法令》，以确定温室气体减排目标，并从2011年开始强制温室气体排放，争取到2050年将加拿大温室气体排放量在2006年的排放水平基础上削减50%。②

加拿大部分地方政府也采取积极措施，竭力减少温室气体排放。不列颠哥伦比亚省和魁北克省开始征收石油产品税；新斯科舍省通过立法制定了可再生能源目标；艾伯塔省规定在2008年底工业废气的排放强度要下降12%；马尼拖巴省则规定达到京都议定书的目标水平；不列颠哥伦比亚省建立了总量控制和交易系统；安大略省将逐步淘汰燃煤电厂。

（三）法案未获通过的主要原因

加拿大《气候变化责任法案》未获通过的原因主要有：

1. 政治决定走到了科学研究的前面

加拿大前自由党政府在减排方面持比较积极的立场，在签订《京都议定书》时对达到减排目标的可行性缺乏科学认识。其实《京都议定书》的目标在加拿大很难达到，在《京都议定书》送达加拿大议会审议时，议员们对达成目标的困难已经有了较清醒的认识，但当时迫于舆论和公众的压力，议会还是通过了《京都议定书》。《京都议定书》通过后，前自由党政府担心减排会影响加拿大经济的发展，并没有投入充足的资金和采取相应的配套措施认真履行减排承诺。③

2. 哈珀政府效仿美国的做法

2001年3月，美国小布什政府以"落实《京都议定书》规定的减排目标对美国经济带来负面影响""气候变化的科学不确定性"以及"中国、印度等温室气体排放大国未承诺量化减排对其他国家而言不公平"为由，断然宣布退出《京都议定书》。加拿大保守党执政后积极追随美国的减排政策，放弃前自由党政府对《京都议定书》的承诺。哈珀总理在2010年2月奥巴马短暂访问加拿大前曾向媒体暗示，造成加拿大政府无法制定积极的减排政策的主要原因就是布什政府对待减排的态度消极。

3. 受选票的牵制

加拿大执政党——保守党发迹于加拿大西部省份，这些省份的经济以能源

---

① 世界银行. 国际贸易与气候变化——经济、法律和制度分析 [M], 廖玫等译, 高等教育出版社, 2010, p102.
② 刘莉, 崔志强, 许琛. 加拿大温室气体减排策略及启示 [J], 环境保护, 2007 (12).
③ 杜华斌. 气候变化专家陈镜明谈加拿大减排政策 [N], 科技日报, 2009-4-16 (3).

资源开采见长。在开发油砂等能源时，会产生大量的温室气体排放。如果对排放进行严厉的限制，必定会影响西部省份的经济发展。因此，保守党政府在制定减排政策时，势必受到西部省份选票的牵制。①

4. 行业的阻扰

加拿大化石燃料行业不遗余力地游说政界，竭力阻挠政府制定气候变化应对方面的相关政策。

5. 领导的决心

解决气候变化问题需要政府领导人拿出勇气与魄力，冒一连串的风险，比如经济上的、社会上的等等。② 另外，加拿大政府制定长远目标的实际意义有限，毕竟每一届政府的执政时间有限，到期能否达成目标，与目标制定者本身的切身利益关系不大。

二、加拿大气候变化责任法案主要内容

加拿大《气候变化责任法案》虽然只有 13 个条文，但其立法宗旨十分突出，内容也较为明确。该法主要包括三个方面的内容：一是加拿大中长期目标计划的确定；二是环境部长、总督、国家环境与经济圆桌会议等政府部门的职责；三是相关的罪行与罚则。需要说明的是：该法案就如何贯彻执行减排目标中未设专条加以明确规定，这就决定了该法案仅是原则性、宣示性立法，政治意义大于实际意义。

（一）中长期目标计划

该法案承诺加拿大"到 2050 年达到低于 1990 年 80% 的水平"（即为加拿大的长期目标），并以"2020 年达到低于 1990 年 25% 的水平"作为具有优先效力的中期目标。同时法案允许总督或任何州、地区、市制定更加严格的温室气体减排目标计划或实施配套措施减排。

该法案的第六部分具体规定了加拿大联邦政府确定中期目标计划的方法。即法案生效后六个月内，环境部长会同国会两院自 2015 年起、每隔 5 年要制定一份加拿大的温室气体减排临时目标，并明确要求制定目标要依据科学，经济和技术条件（包括来自政府间委员会的最新气候变化的报道和其他国家政府通过的最严格的温室气体排放指标），以保证与《京都议定书》的承诺相一致。

总体来看，如何制定并履行加拿大的中期临时目标几乎贯穿于该法案始终，

---

① 杜华斌. 气候变化专家陈镜明谈加拿大减排政策 [N]，科技日报，2009 - 4 - 16 (3).
② [加] 大卫·铃木. 气候变化. 加拿大不应回避的问题 [N]，中国能源报，2010 - 07 - 12 (10).

在其专门机构职责的规定上更有明显体现。

(二) 专门机构职责

加拿大《气候变化责任法》中将专门机构界定为环境部长、总督和国家环境与经济圆桌会议。不过这些专门机构的职责规定分散，且交叉较多。首先，环境部长的主要职责是审查上述临时目标计划，并可按职权予以修改；声明为达到目标需采取的措施及相应的预期减少排放量；所有与目标计划相关的建议、文件等必须及时以适当的方式发布，在加拿大宪报刊登公告，列明这些文件将如何公布及民众如何得到文件副本。其次，总督在加拿大作为君主的代表，需确保加拿大在国际气候谈判和其他相关谈判中的地位以及加拿大的政策与本国的目标计划相符；并在规定的期限内制定、修改或废止相关气候变化法规、规章以实现政府减排承诺，在加拿大公报予以公布，允许任何人向部长提交意见。最后，国家环境与经济圆桌会议以及环境专员的主要工作则是分别对目标计划和计划的执行进程进行专业分析，提供建议或发布报告。

从上述规定不难发现，专门部门的职责规定多围绕于行政程序，真正对各部门产生强制性约束力的条款几乎不存在；而对于中期目标的制定程序冗长，而真正执行上仅是环境部长的一项声明，没有更多措施进行配套。因此，这部法案的可行性尚有欠缺。

(三) 罪责与刑罚

在罪与刑方面，该法案用了6条的篇幅加以规定。首先规定了个人犯罪，该法案规定违反法令者应通过公诉程序或简易程序进行审判，并根据法律规定处以罚金或监禁；再犯者罚金数额可以是法规规定数额的两倍，继续犯罪超过一天者，其每日的罪行应独立定罪。另外，如果一个人被定罪而且法庭认为货币利益应归责于此人，法庭可以要求该罪犯支付相当于法庭估计的货币利益额外的罚金，该额外罚金可能会超过任何可能原来按规定罚金的最高数额——这一"另处罚款"(Additional fine)的规定能在更大程度上约束为经济利益而超量排放者。其次规定了公司犯罪，法案第12条第5款规定，公司中任何高管、董事、代理人或者受托管理人指示、授权、同意、默许或参与犯罪，则其也属犯罪一方并应对其所犯罪行负责，而不论该公司是否受到检控或定罪。如被指控被告的雇员、代理人或受托管理人的犯罪成立，则不论该雇员、代理人或受托管理人是否被指控，就可对其定罪量刑。

虽然法案设定了罪责与刑罚方面的条款，但遗憾的是该条款规定略显简陋，其不仅未明确对个人犯罪与公司犯罪加以区分，在量刑上也存在太多的自由裁量。

（四）减排措施

该法案在总督的职责中对减排措施略有规定。概述如下：一是化整为零，各个击破，总督除了要规定整个国家可能释放到环境中的温室气体含量，还需分别限制各州的温室气体可排放量，要求每个州通过申请，根据加拿大临时温室气体减排目标而作出排放承诺。二是限制各行业排放量，总督要制定不同的业绩标准，来限制不同行业的温室气体排放量；同时该规定需符合（respect）相关设备、技术、燃料、手段或工序的使用和生产，以科学使用为前提，以限制温室气体排放。三是排放许可及排放交易，总督制定的规章需尊重温室气体排放的许可或批准以及在温室气体减排、清除、许可、信贷，或其他单位的交易；对于监测、检查、调查、报告、执行，惩罚或其他事项该规章也必须遵守，不得随意更改。四是刑事处罚，总督在规章中要指定一个人或一类人违反一个或一类条款的行为为犯罪，通过公诉程序或简易程序定罪量刑，同时指定这个人或这类人的罚款的金额和监禁的罪行。

该法案未设单独章节详细规定减排措施，在总督职责中所列的减排措施也并不全面，要实现真正的减排还需进一步的设计制度。

三、对加拿大《气候变化责任法案》的评价

与其他发达国家一样，该法案作为加拿大应对气候变化而起草的专门性法律，最终虽未获参议院通过，但其为加拿大日后的减排立法奠定了良好的基础。而且，该法案的提出和两度通过，本身就表明了加拿大众议院积极应对气候变化的决心和信心，同时也以实际行动向加拿大国民及国际社会发出了绿色信号。

（一）特点

1. 充分考虑了气候变化的时间性和持续性

从其确立的中期减排目标可以看出，加拿大致力于制定一个长效的、可持续的气候变化应对计划。从2015年起，每5年制定一次中期计划，同时每年部长还须配合制定当年的温室气体排放水平，保证其制定的计划和指标能够契合实际。

2. 有明确的减排目标

减排目标是该法案的重中之重。部长、国家环境与经济圆桌会议、专员等职责几乎都是围绕这一工作展开的。加拿大从实际出发，将减排目标分为长期目标和中期目标，通过不同的部门来共同完成这一国家的减排目标。在国家减排目标的基础上，依据各州的申请，酌情分配温室气体的排放量指标，最终确定各州的减排目标。

从专门机构的工作程序到最后各州申请确定各自的减排目标，法案的绝大部分条款都在对如何确定中期目标进行规定，将确定减排目标置于法案的核心地位。

3. 强化政府的职责

该法案明确规定了政府相关部门的职责，从减排目标、相关法规的制定、发布、修订，到犯罪处罚都是由政府机关合作完成，详细规定了部长、专员和国家环境与经济发展圆桌会议的职责和工作流程，并有明确的时限要求。这些规定强化了政府部门在应对气候变化问题上的责任。

4. 强调公众参与

保证公众参与是加拿大环境立法的传统特点，从《加拿大环境保护法》开始，加拿大就非常注重公众在环境治理方面的知情权与建议权，这一点在《气候变化责任法案》中也有深刻的体现。如"规章"中的部分条款就赋予了国民参与气候变化决策的渠道，极大程度地保证信息公开和公众参与。

(二) 缺陷

上述特点多集中于法案的原则上，体现了该法案整体上的进步意义，但在内容与结构上该法案仍然存在着较多的混乱性与不彻底性，我国立法时需要避免。

1. 用语模糊笼统

该法案在措辞上延续了《联合国气候变化框架公约》的一些用语。如其在目的的阐述上，与《公约》的目标如出一辙，将"防止受到危险的人为干扰"作为考量的依据，但何为"危险"的程度，该法案并没有给出明确的确定方法和指标；同时该法仍以"1990年的水平"作为基准，却没有在法案或其他文件中给出该水平的具体量化结果。这些涉及减排核心问题的用语比较模糊，为其将来逃避责任留下了较大的法律空间。另外，操作程序方面的用语也较模糊，给某些机构的运作留下余地。

2. 内容简单，欠缺操作性

加拿大《气候变化责任法案》共13条，并未分章节，内容较为简单，多是原则性阐述，实际约束意义有待加强。结构上，法案并没有像美国或英国的专门立法一样进行章节上的划分，仅是法条的罗列。该责任法案结构略显混乱，各部门的职责和权限在不同条款的规定中相互穿插阐述，有重复规定的情形；法案缺乏对各主要部门统一的编排和梳理，不便于实际操作；"罪行及罚则"的规定模糊，未明确区分个人犯罪和公司犯罪的界限，其规范力度和可操作性大大削弱，不利于贯彻落实。

3. 配套措施不具体

该法的立法目的在于稳定温室气体含量及减少排放量,并在法案开始就对减排目标做了相对具体的规定,然而在该目标后续的实施中,该法案却缺少明确的减排措施以配合促进该目标的达成。该法案仅有 5 条提到了诸如排放交易制度的相关措施,且这 5 条涵盖在总督某一权限的描述下,用语简单概括,寥寥数语就完成了一个庞大减排措施的规定,某种程度上显示了加拿大政府纯属应付减排的态度。

4. 欠缺约束政府的机制

该法案通篇规定了政府部门的职责和权限,强调解决气候变化问题是政府责任,但法案中并没有对政府设立相关的约束机制。另外,环境部长、总督及国家环境与经济圆桌会议等政府部门若不能积极履行相应职责将会面临何种处罚及补救措施,法案并未规定。

5. 未考虑发动和利用社会力量(如非营利组织)

虽然该法案强化了政府责任,但这种"全政府"式的应对方式未充分利用加拿大发达的民间力量——如非营利组织——在环境保护方面强大的行动力与感染力,以促进该法的普及与落实,从侧面来看其实也增加了政府负担。另外在《京都议定书》中确立的清洁生产机制和对发展中国家的资金、项目援助计划也未在该法案中予以体现。

四、对我国立法的启示

在应对气候变化的立法过程中,我们既要考虑本国的国情,同时还要本着务实态度,继续推动国际合作与交流,学习发达国家的先进的立法经验。纵观加拿大《气候变化责任法案》,值得我国学习和借鉴的内容如下:

(一) 明确立法目的与基本原则

加拿大《气候变化责任法案》在制定过程中对环境和经济的关系有所考虑,但协调不够。法案中并未考虑本国未来经济的发展方向,也未创设保护环境和经济发展的监管措施,这些内容的缺失主要是加拿大政府在环境与经济间的摇摆不定所造成的。因此,我国在立法时一定要明确其立法目的和基本原则。

1. 立法目的

首先,政府必须坚定通过法律最大限度地减缓气候变化的决心,不可因不利于某些高能耗产业的发展而摇摆不定,影响法律的实施,而导致法律一文不值;其次,坚持环境适当优先的理念。由于我国目前经济结构不合理、能源利用效率低下,既要解决气候变化问题,同时又要保证目前的经济发展速度几乎是不可能完成的任务,而我国正积极进行产业结构转型升级,努力向低碳经济转变,因此我国气候变化立法应抓住这一时机,以减缓温室气体排放使其不致危害人类的生存为立法目的,不给高污染、高能耗产业留下一根救命稻草。这样做也并不意味着要一味地牺牲经济保环境,而是要使法律符合国家当前的经济形势,将经济发展、改善民生、技术创新与保护环境有机结合,促进经济转型,实现碳排量的科学稳步下降,从而为我国经济的可持续发展服务。①

2. 基本原则

我国的气候变化立法应努力契合《京都议定书》及其他国际法律公约,并在立法的基本原则上有所体现。其中最重要的是"共同但有区别"的原则,这是我国在国际谈判中始终应坚持的原则。我国作为发展中国家,尽管碳排放已高居世界首位,但我国的经济实力还仍有待加强。尤其在我国政府宣布了相应的减排目标后,我们更应正确认识自身能力和当前的工作重心。虽然在应对气候变化时需要牺牲一定的经济利益,但我们应当在力所能及的范围内采用适当的手段,承担区别于发达国家的减排责任。

(二) 确立减排目标的原则

减排目标的确定是加拿大法案的核心,因为其结果关系着法律的严肃性及各项减排措施的实施力度,因此,我国立法时也应当重视减排目标的确定。

1. 减排目标宜以原则性为主

2009 年哥本哈根会议召开之前,国务院明确提出了"2020 年单位 GDP 碳排放指标同比 2005 年降低 40% ~45%",这一指标已经超出《京都议定书》对发展中国家的要求,这是我国对于解决气候变化问题的态度和决心,显示了中国作为负责任大国的姿态以及为人类应对气候变化所做的重大贡献。但从法律角度而言,我国目前不承担国际法意义上的强制减排责任,因此,我国的温室气体减排目标应以原则性和引导性规定为主,主要通过激励性政策鼓励企业和个人自愿减排。②

2. 确定减排目标时应注重科学性

环境的发展变化有其自身的客观规律,立法时必须要尊重这一规律,否则会适得其反。科学性在减排目标确定中的另一含义即为合理性。缓解气候变化既是环境问题更是经济问题,更多的时候我们是以对经济方式的限制和转变来实现环境的改善。尤其对于发展中国家而言,制定减排目标必须考虑现实国情

---

① 高翔. 主要发达国家能源与应对气候变化立法动向及其启示 [J],中国能源,2010 (7).
② 李艳芳. 各国应对气候变化立法比较及其对中国的启示 [J],中国人民大学学报,2010 (4).

和经济可承受度，权衡利弊，寻求环境和经济的最佳契合点。因此，在减排目标的确定上必须经过多个相关部门及研究机构的共同研究后确认一个科学的数值，最后由特定部门统一公布。

3. 减排目标应有一定的灵活性

环境随着时间和社会的发展不断变化着，且气候问题是关乎全球的国际性问题，国际法律、贸易等机制的变化也有可能影响本国减排目标的实现。因此，在确定我国的减排目标时应注意灵活机制的运用，根据时局进行调整，用事实指导行动。当然，减排目标的灵活性就决定了所采取的减排措施必须能够根据目标的调整而做出相应的改变。

(三) 落实专门机构的职责

1. 政府责任

由于政府掌握着国家绝大多数的信息及经济资源，也掌控着国家经济的发展方向，在缓解气候变化问题上有着不可替代的执行力。因此在制定法律时可以像加拿大《气候变化责任法案》那样强调政府的作用，明确各部门的职责，详细规定每项工作的内容和时间期限。同时需注重不同部门间的合作与沟通，实现各部门的信息共享，以便部门间各司其职，协调运作。同时，还应落实相应的权力监管机制，通过群众监督、司法监督、内部监督等形式保证政府合理使用权力，切实履行其职责。

2. 民间组织

在加拿大的立法过程中不难发现，国内的绿色组织发挥了积极作用。而我国的非营利组织相对西方国家而言尚不发达，在目前的情况下调动和利用民间组织并不现实。但是，民间组织的发展是必然趋势，因此，可以考虑先由官办组织带动和号召，并可协助政府进行环境治理，促进该法的落实。同时，通过民间组织可以进行有效地宣传和教育，加强群众的环保意识和法律意识。

(四) 建立减排制度

目前，许多国家都规定了不同的减排措施，结合加拿大《气候变化责任法案》的相关内容，我国可作如下制度安排：

1. 碳排放权交易机制

碳排放权交易机制是排放权交易机制中的一种特殊类型，它是以市场导向的模式来实现降低污染的目的。一般而言，市场导向模式是以市场机制中的供需平衡原则，来达成最有效的资源使用状态。尽管我国作为发展中国家至2012年不承担碳减排的义务，但我国应未雨绸缪。除了在国际谈判中争取主动之外，还应从法律和政策方面积极应对。现阶段应参考、借鉴国外先进的碳排放权交易机制,从法律和政策的角度深入研究中国"碳排放权交易"机制的设立目的、碳减排目标、交易的对象、交易的配额、机制运行时间、交易所的设置等问题,为我国日后顺利进入"全球碳排放权交易市场"做好充分的法律政策准备。①

2. 融资和创新技术机制

我国应抓住机遇,在制定专门法律时体现国际合作的积极态度。将接受国际援助资金和技术纳入法律调控范围内,为将来的合作项目奠定基础,并体现在国际合作中中方的诚意,积极吸引资金和先进技术。另外,我们不可能完全倚仗于发达国家,根本出路仍在于自身资金建设和自主技术创新。因此,在立法中可以规定气候变化基金建设和鼓励技术创新的条款,促进我国自有力量解决气候变化问题。

3. 公众参与制度

美国著名法学家卡多佐说:"法律作为一种行为指南,如果不为人知而且也无法为人所知,那么就会成为一纸空话。"② 这就表明国家所做出的任何规定、决策都只有广为人所知,才能被有效执行。因此无论是制定的法律还是根据法律所确立的目标、手段都应当进行广泛的宣传,加深全民对气候变化问题的认识,提高全社会的"环境意识"和"节能意识",保证法律执行有着良好的群众基础,才能事半功倍。除此之外,法律制度本身还应该给予公众进行建议的空间,加强公众在环境问题上的责任意识和参与程度,使法律本身更加切合实际,切合民意。

(五) 确定罪责与刑罚

尽管加拿大确定总督负责罪行和刑罚的模式并不适用于我国,但我国在立法中应当有处罚的规定。

1. 违法类型

明确违法和犯罪的界限,对于不同程度的违法行为处以不同的处罚。对于情节严重应当追究刑事责任的,刑法中应有体现,其处罚也应在刑法中予以规定。对于一般违法行为,应在专门性法律中加以规定,包括行为、数量、时间连续性等方面,并区分个人违法和公司违法,处以不同级别的惩罚。

---

① 冷罗生. 构建中国碳排放权交易机制的法律思考 [J], 中国地质大学学报(社会科学版), 2010 (2).

② [美] 博登海默. 法理学——法律哲学与法律方法 [M], 邓正来译, 中国政法大学出版社, 1999, p326.

2. 处罚方式

明确经济罚和人身罚的适用性及行为主体,并尽量实现处罚与违法行为相适应。经济罚可包括罚款、没收违法财物、收取滞纳金等方式,人身罚则主要是行政拘留。

同时还要提供相对人的救济路径,包括行政复议和诉讼,保证相对人的合法权益。

只有在法律中明确区分不同的违法类型及相应的惩罚措施,才能在实施过程中发挥其应有的威慑与惩戒效果。

韩国《绿色增长基本法》及其对我国的启示[①]

前 言

近年来,气候变化严重影响着人类的生存和发展,并逐渐演变为最大的环境问题。[②] 为了应对气候变化,世界各国不断加强国际合作。1992年以来,国际社会先后达成了《联合国气候变化框架公约》和《京都议定书》,奠定了国际合作的基础,初步确立了应对气候变化问题的法律制度。不过,无论是《联合国气候变化框架公约》提供的应对气候变化的国际合作基本法律框架和原则,还是《京都议定书》具体规定的温室气体量化减排义务,都仅仅停留在国际法域的应对机制上,许多缔约国国内法还没有建立与之对应的法律体系,公约和议定书难以落到实处。

和欧盟、日本、英国等发达国家和地区一样,韩国也充分重视气候变化,不仅积极加入国际合作序列,还率先在国内立法,把国际社会应对气候变化问题的先进法律制度导入本国的法律中。2010年,韩国政府颁布了《绿色增长基本法》,构筑了韩国应对气候变化的法律框架,为韩国发展低碳绿色经济提供了法律保障。

中国作为负责任的大国,虽然目前不承担减排义务,但中国政府在哥本哈根会议前提出了自主减排的目标。要实现这一目标,必须从法律方面加强保障。在气候变化问题上,中国正在积极寻求与韩国的国际合作。[③] 韩国《绿色增长

[①] 本文刊载于2012年4月出版的《京师法律评论》(第六卷)。另一作者为毛亚红。
[②] 魏鸣,范英.关于我国碳排放问题的若干对策和建议[J].科学新闻,2006(2).
[③] 2010年10月10日,中国商务部部长陈德铭与韩国外交通商部通商交涉本部长金宗埙在京签署《中韩经贸合作中长期发展规划报告》。此次签署的新规划共涵盖二十三个具体合作领域,新增气候变化、能源、金融、造船、劳动就业以及区域、多边合作与协调等一些双方关注且合作意愿较强的领域,重点合作领域还包括创造良好经济贸易环境、产业、技术等。规划将对促进中韩经贸关系稳步发展方面发挥积极指导作用。

基本法》虽然存在着一些缺陷,但能给我国的未来气候变化立法以启迪和借鉴。本文拟从《绿色增长基本法》入手,分析该法的立法背景,归纳其基本内容,并对其予以评价,以期对中国的气候变化立法有所裨益。

一、韩国《绿色增长基本法》的制定背景

韩国注重绿色增长法的制定,不仅源于李明博政府的积极倡导,而且韩国原有的环境保护法律体系也为该法案的制定提供了有力的法制基础。可以说,2010年《绿色增长基本法》的出台既考量了本国的政治、经济、能源安全政策等因素,也是国际组织、相关气候变化会议推动的必然结果。

(一) 韩国《绿色增长基本法》制定的国际背景

1992年的《联合国气候变化框架公约》确立了"共同但有区别的原则",强调"要尊重历史,实现可持续发展,广泛开展国际合作,特别是发展中国家和发达国家的合作,为各国制定应对气候变化法律制度和开展国际合作提供法律基础"。① 1997年的《京都议定书》根据"共同但有区别的原则"首次制定了各发达国家的减排指标,开创了三种灵活履约机制②为国内法提供减排措施选择,并原则性地规定了发达国家向发展中国家提供资金和技术援助的相关内容。继"巴厘岛路线图"和《哥本哈根协议》后,2010年的《坎昆协议》达成,其将《哥本哈根协议》中发达国家和发展中国家提交的减缓目标分别列入参考文件,并要求发达国家进一步提高减排目标、发展中国家得到支持的减缓行动要达到2020年排放偏离基线。③

除了通过国际谈判所达成的各项协议外,其他国家现行制定的专门性法律也促使了韩国绿色增长法案的制定。以美国为例,尽管其游离在《京都议定书外》之,④ 但2009年6月和9月,美国国会两院都提出了各自的能源法案,围绕着控制和限制温室气体的排放总量、重视能源效率与节约、碳捕获和碳封存及预见和尽量减少气候变化的不利影响四个方面进行减排。欧盟成员英国更是早在2008年就正式颁布了《气候变化法》,为英国的减排目标实现和低碳经济发展提供了可持续的法律框架,并因此成为世界上首个将温室气体减排目标写

---

① 郭冬梅. 应对气候变化法律制度研究 [M],法律出版社,2010,p13.
② 即联合履约机制、清洁发展机制和排放贸易机制。
③ 2001年3月,布什政府宣布退出《京都议定书》,其白官发言人更明确表示将不会执行《议定书》,理由是给美国经济带来过重的负担。上海环境网. http://www.sepb.gov.cn/news.jsp?intKeyValue=9270,访问日期: 2011-4-5.
④ 兰花. 简析2009年美国气候变化法案—简论对中国的挑战和借鉴 [J],武大国际法评论,2010 (2).

进法律的国家。① 发展中国家菲律宾也在 2009 年颁布了《2009 气候变化法》（Climate Change Ace of 2009），原则性地规定了建立应对气候变化的高层次决策机构和国家应对气候变化战略与计划的制定，② 并因此成为首个制定了气候变化法的发展中国家。

（二）韩国《绿色增长基本法》制定的国内背景

在国际协定和其他国家颁布的气候变化法案为韩国立法提供了依据和借鉴的同时，韩国国内政治、经济、能源安全等因素促进了绿色增长法案的出台，原有的环境保护法律体系以及一系列绿色增长战略政策则为该法案的制定提供了有力的立法实践基础。

1. 在政治方面，总统积极倡导与引导

韩国总统李明博本身就具有很深的"环保情结"，他在担任首尔市长时，成功恢复首尔的"清溪川"这一巨大的环保工程，是他最耀眼的政坛业绩，接着他在 2007 年总统选举期间主打环保牌，并依靠环保牌成功就任韩国总统。③ 然而，在李明博担任总统三年多的时间内，他提出的促进韩国经济增长的"747 计划"（即在任期内经济年增长 7%、人均 GDP 4 万美元、韩国成为世界第七位的经济强国）和"大运河计划"（连接首尔与釜山长达 400 多公里的运河）先后遇到严重挫折，被反对党批评和嘲笑，④ 国民支持率持续下跌，在国民心中的形象也受到严重损害，因而，他迫切需要成功来证明自己，而绿色增长计划则为他提供了一个很好的契机。而且，韩国尽管现在并不在《京都议定书》规定的负有强制减排义务的国家之列，但伴随着《京都议定书》第一承诺期于 2012 年到期，届时韩国极有可能从 2013 年被列为强制减排国家。面对这一形势，李明博政府为了保持国际竞争力，化被动为主动，率先提出了低碳绿色增长目标，设定中期减排目标——在 2020 年以前，把温室气体排放量减少到"温室气体排放预计量（BAU）"的 30%。⑤ 在这样的情形下，韩国政府亟须出台绿色增长法案为其提供立法保障。

---

① 王慧. 英国《气候变化法》述评 [J]，世界环境，2010（2）.
② 李艳芳. 各国应对气候变化立法比较及其对中国的启示 [J]，中国人民大学学报，2010（4）.
③ 令地球人敬仰的环保总统，侨报网社区门户，网址. http：//club. usqiaoba，访问日期：2011 - 9 - 15.
④ 吴可亮. 简析韩国"低碳绿色增长"经济振兴战略及其启示 [J]，经济视角（下），2010（12）.
⑤ 袁利平. 韩国的低碳绿色发展战略经验介绍 [J]，中国科技投资，2011（7）.

2. 在经济上,韩国"低就业率的经济增长"给李明博政府提供了更加充足的立法动机

在金大中和卢武铉总统时期,韩国成了IT强国,经济也取得了不错的成绩,但没有创造出足够的就业岗位,韩国由此陷入了自"汉江奇迹"以来的"低就业率经济增长"的怪圈。而失业率居高不下也成了韩国政府最揪心的难题。① 再加上2008年的金融危机,给韩国经济带来了巨大的影响,经济下滑、就业率持续低迷、失业情况日趋严重。在此背景下,韩国政府迫切需要进行经济转型,探索促进经济可持续增长的新方法。此时,发达国家的先进经验为其指明了方向。美国、英国、日本等国家都将发展绿色经济作为一项重要举措,将环保产业作为新的经济增长点。如日本提出到2015年将其环保产业的市场规模扩大到100万亿日元(相当于760亿美元),并将该领域就业人员增至220万人。② 随后,李明博政府组织专人进行调研,调研发现:发展再生能源产业可以比制造业多创造两三倍的就业,尤其是发展太阳能产业、风力发电业,需要八倍于普通产业的就业人口。通过绿色增长可以增加就业人口,这样也有利于减少贫富差别,而且是项可持续性的增长。③ 综上,在"低就业率的经济增长"危机、发达国家的先进经验以及李明博政府论证确有可行性的三重作用下,韩国迅速出台了绿色增长战略,加速了《绿色增长基本法》的制定。

3. 在能源安全上,能源、资源严重贫乏的现状坚定了韩国政府的立法决心

韩国是一个能源和资源都极为贫乏的国家,对传统的能源,如煤炭和石油的依赖非常高(占97%),新能源和可再生能源的比重不到3%,在经合组织(OECD)成员国中一直处于最下游位置。韩国97%的能源依赖进口,世界第七大石油消费国和第四大石油进口国,人均石油消费量居世界第五,每年需要进口石油7.5亿桶。④ 2008年,世界原油价格一度飙升(国际油价最高达到了147美元/桶),使得韩国不得不重新审视其发展战略。⑤ 因而,在目前能源供应和能源安全受到各国大力重视的背景下,韩国想借《绿色增长基本法》的制定,促进新能源的开发和能源技术革新,有助于减少对外国能源的依赖,尤其是对石油的依赖,缓解韩国经济受能源价格涨跌影响的脆弱性,维护韩国的能源安全。

---

① 詹小洪. 韩国力拼"绿色增长"[J],瞭望东方周刊,2009 (5).
② 同上注。
③ 同上注。
④ 张东明. 浅析韩国的绿色增长战略[J],当代韩国,2010 (3).
⑤ 詹小洪. 韩国力拼"绿色增长"[J],瞭望东方周刊,2009 (5).

4. 坚实的法制基础

韩国《绿色增长基本法》能在短时间内获得韩国国会的通过，韩国本国的环境保护法律体系及一系列发展绿色增长战略的政策给《绿色增长基本法》的颁布奠定了基础。1990年，韩国公布了《环境政策基本法》（法律第4257号），并于1991年2月2日开始施行。[1] 在施行后，韩国政府又分别于1999年、2002年、2005年、2006年、2007年对该法进行修订，最终形成了符合可持续发展理念要求的，比较完善的环境基本法体系。

2008年8月15日，韩国政府在纪念韩国建国60周年大会上提出了"低碳绿色增长"的经济振兴战略，"指明要依靠发展绿色环保技术和新再生能源，以实现节能减排、增加就业、创造经济发展新动力三大目标"。[2] 为落实"低碳绿色增长"，韩国政府于2008年8月公布了《国家能源基本计划》，计划在2030年能源消费中化石原料的比重从83%降至61%，太阳能、风能、地热能等新再生能源的比重从2.4%提升至11%；[3] 2008年9月，公布了《绿色能源发展战略》，确立了韩国在2009年到2050年的低碳绿色增长总目标；2009年7月，韩国政府公布了《低碳绿色增长的国家战略》，明确指出要通过发展绿色产业、应对气候变化和能源自立等战略，使韩国在2020年跻身全球七大"绿色大国"、并在2050年成为全球五大"绿色强国"之一。[4] 2009年11月，韩国政府更提出了具体的减排目标，即在2020年以前，把温室气体排放量减少到"温室气体排放预计量（BAU）"的30%。[5]

综上，在国际、国内背景的综合作用下，韩国政府制定一部气候变化专门性法案有其现实必要性和急迫性，《绿色增长基本法》也就应运而生。

二、韩国《绿色增长基本法》的主要内容

2008年9月19日，韩国国务总理室首先提出制定《韩国应对气候变化基本法案》；随后，2009年1月，韩国政府在李明博总统主持的国务会议上决定制订《绿色增长基本法》并成立直属总统的绿色增长委员会；并在该会议后，韩国政府发布了《绿色增长基本法》的立法预告，以听取社会各界的意见。2009年2月公布了《2009年韩国气候变化对策基本法》，该基本法为《绿色增

---

[1] Sang-don Lee (South Korea), The basic law of environmental policy and the one-way law of environmental policy [J]. Judicial Administration, 1992 (3).
[2] 张东明. 浅析韩国的绿色增长战略 [J]，当代韩国，2010 (3).
[3] 郑婷. 低碳梦想之全球万花筒 [J]，绿色中国，2010 (6).
[4] 王克忠. 韩国的绿色增长模式 [N]，中国环境报，2011-06-30 (2).
[5] 谢晶莹. 低碳经济. 世界各国未来发展的战略重点 [J]，国际资料信息，2010 (1).

长基本法》的草案，其主要内容为制定应对气候变化的综合计划、成立气候变化委员会以及明确温室气体减排的具体措施，目的是"追求人类的永续发展"。在《2009年韩国气候变化对策基本法》的基础上，韩国政府于2010年1月制定并通过了《绿色增长基本法》，同年4月14日，公布了《绿色增长基本法》施行令，开始正式推行这一基本法。

韩国《绿色增长基本法》综合吸收了《能源基本法》《可持续发展基本法》和《气候变化对策基本法》等立法内容，共七章68条，其中仅从条文数量看，第四、五、六章占本法60%的条文，若加上"补则"，这三章条文可达全文的70%。可见，如何具体落实绿色增长战略是本法的主体内容。

(一) 明确立法目的

韩国《绿色增长基本法》明确了其"汇集全国力量"促进国家实现"低碳绿色""可持续"增长，"履行国际社会成员的责任，建设成熟的先进一流国家"的立法目的。

该目的与韩国1980年宪法第35条第1项"所有国民都享有在健康快适的环境中生活的权利，国家和国民应当为环境保全而努力"关于环境权的规定相一致，并将低碳绿色增长以及可持续发展的思想纳入了立法目的中，较好地融合了低碳转型的理念，体现了世界经济发展观的转变，顺应了世界经济发展的新趋向。

(二) 确立绿色增长的基本理念

基本法提出了要在"能源枯竭和气候变化条件下，摆脱以化石能源为依托的经济增长方式，实现经济发展方式由制造经济向服务转变，谋求国民生活安全"的新型理念，为韩国的经济增长指明了新的发展方向。

(三) 提出绿色增长遵循的基本原则

基本法第4条明确规定了韩国绿色增长应遵循的十大基本原则，其主要内容有六个方面：A. 提出了促进绿色增长是韩国发展的首要任务，要求韩国政府积极推进社会经济体制改革，发挥市场在调节经济增长方式方面的作用，促进民间主导的绿色增长；B. 提出绿色技术和产业是经济增长的核心动力，规定政府应加大绿色技术和产业投资扶持力度，以及提高社会经济活动中资源/能源的利用效率，减少环境污染和温室气体排放，提高国家竞争力；C. 确立污染者付费原则，规定环境污染和"碳排放"的外部费用要反映在货物、服务的市场价格中；D. 改善租税金融体制，有效分配资源，积极引导国民向亲善环境的消费和活方式转化；E. 强化对社会弱势群体的关心，通过完善制度，强化政策支持，缓和、消除地区性不均衡；F. 诚实履行作为国际社会成员的责任，努力提升国家形象。

(四) 明确国家、地方自治团体、企业和国民在绿色增长中应当承担的职责

该法第 5~8 条对于低碳绿色增长工作中国家、地方自治团体、企业、国民的职责做了规定,其中国家对内负有贯彻执行绿色增长的基本理念和原则、定期审查应对能源/资源危机和气候变化问题的对策、制定应对措施、鼓励支持地方自治团体的绿色增长措施以及向企业、国民和民间团体提供信息和租税支持的责任,对外负有积极参与应对气候变化和能源/资源协力等活动的责任;地方自治团体负有积极配合国家实现绿色增长的政策措施,并根据自身地域特征和条件,制定绿色增长对策,鼓励、宣传绿色增长的职责;企业者负有转变经营方式,放弃片面追求增长的经营方式,在经营活动中减少温室气体和污染物排放,扩大对绿色技术开发和绿色产业的投资,增加相关的劳动雇佣,定期公开绿色经营活动成果;国民则负有珍惜资源,减少浪费,积极参加绿色增长活动,以及监督企业伦理经营和绿色经营等职责。

(五) 明确绿色增长基本战略内容

"绿色增长基本战略"是韩国政府制定的《低碳绿色增长的国家战略》立法上的体现。在基本法中,专设"绿色增长战略"为一章,可见"绿色增长战略"的重要性。根据基本法规定,绿色增长基本战略就是以绿色经济牵头,发展绿色环境产业,制定相关产业的认证和实施计划,构筑韩国应对气候变化和能源危机的国家气候体系框架。

在该章中,除明确了绿色增长基本战略包含绿色经济、绿色产业和技术、能源事项、绿色生活、绿色文化等一系列内容外,还规定了实行绿色战略中央和地方政府的责任、战略重点以及财源保证等。

(六) 提出绿色增长基本战略实施的措施

基本法第四、五、六章分别从绿色经济的实现、低碳社会的建立以及绿色生活的促进等三个方面,规定了实现绿色增长基本战略的措施:

(1) 建立绿色经济制度。绿色经济制度是实现绿色增长战略的最核心的措施。基本法第 4 章提出了"绿色经济"的概念,即摆脱以化石燃料为中心的经济增长方式,统筹考虑经济与产业、科技、环境、国土、文化、雇用、福祉等部门的协调发展,创办绿色产业,并构建绿色技术和产业集群,从而实现经济的可持续发展,建立了绿色经济制度。在该制度中,明确了发展"绿色经济"不单是传统产业的绿色化转换,还包括绿色技术、绿色职业、绿色金融等新经

济要素的创造。①

（2）建立低碳社会。在基本法中，低碳社会的实现主要包含两方面内容：温室气体减排以及能源优化。因此，为了实现温室气体减排以及能源优化，该法除了明确政府应在应对气候变化基本原则以及能源政策基本原则的指导下，制定应对气候变化基本计划以及能源基本计划的责任外，还创设了一系列有益于实现上述两项目标的制度：A. 确立能耗量化管理制度，政府对排放温室气体、能耗量高的企业实行量化管理，并基于企业人力、技术、竞争力以及国家目标等因素设定企业减排目标，要求企业制作3年期能耗量和减排量明细表并依法公示，此外，在此制度中还对汽车、航空、海运等设置温室气体排放限制；B. 建立"总量限制碳排放交易制度"，发展示范企业。

（3）提倡绿色生活。基本法提出了"绿色生活""绿色文化"等概念，企图在政府的引导下，通过绿色文化和教育制度、绿色交通制度等，将"绿色文化深深地扎根在整个社会中"：A. 建立绿色文化和教育制度，强化绿色增长的学校教育、职业教育和终身教育，通过制作放映与低碳绿色增长相关的节目，促进全民绿色生活运动；B. 实施绿色交通制度，确立"亲善环境的绿色交通体制"，减少交通拥堵的社会费用；普及氢燃料汽车、混合动力电动汽车等高效汽车，促进绿色交通的实现。

（七）成立增长的专门机构——绿色增长委员会

为了保障促进绿色增长的顺利进行，韩国政府成立了绿色增长的专门机构——绿色增长委员会。该委员会隶属于总统，由当然（官方）委员和委任（民间）委员组成，实行国务总理和民间人士组成的共同委员长制。该委员会的主要职责为审议有关绿色增长的一切事项。

绿色增长委员会还有一系列的下设机构，比如气候变化对策委员会、能源委员会和可持续委员会等。

三、对韩国《绿色增长基本法》的评析

（一）韩国《绿色增长基本法》的特点

韩国《绿色增长基本法》是韩国政府在低碳绿色增长国家战略的基础上创设的，它为韩国的低碳建设描绘出了一个持续的法律框架。根据该法，韩国明晰了其绿色增长国家战略，就是以绿色经济牵头，发展绿色环境产业，制定相关产业的认证和实施计划，构筑韩国应对气候变化和能源危机的气候变化体系

---

① 宋彪.《韩国绿色增长基本法》述评［N］，国际商报，2010-2-3（3）.

框架。从其立法模式以及立法内容来看，作为应对气候变化立法的先行者，其立法拥有自己明显的特点：

1. 《绿色增长基本法》是一部综合性的立法

韩国《绿色增长基本法》与英国、日本等发达国家的专项应对气候变化立法不同，它采用的是综合立法模式。韩国《绿色增长基本法》共七章68条，主要介绍了韩国政府在绿色增长基本战略的指导下，绿色经济、气候变化的应对以及低碳社会的实现三者之间的相互促进、协调发展。

在该法中，韩国将气候变化、低碳社会、绿色经济三个范畴统一于其中，避免了分别立法可能带来的立法重叠与交叉问题。理顺了气候变化、低碳社会与绿色经济三者之间的关系，将气候变化的应对、低碳社会的建设作为其实现绿色增长的重要组成部分，即低碳社会的实现需要借助于温室气体的管制、能源计划的调整等，而绿色增长的实现则依赖于低碳社会的实现。这样将气候变化、低碳社会归入绿色经济麾下，从而提高了绿色经济的地位，把绿色经济作为韩国实现划时代经济转型的战略举措，以其国内经济的提升为立足点，意义远大于单纯的气候变化应对和低碳经济的发展，更容易获得国民的支持。

2. 《绿色增长基本法》是一部具有导向性的框架式立法

《绿色增长基本法》的导向性主要表现有三：（1）在与其他绿色法律的关系中，基本法明确了该法相对于其他绿色增长法律的优先适用性，规定了其他有关绿色增长的法律在制定完善过程中，应遵循该法的目的和基本理念。从这两方面内容中，我们可以发现基本法对其他绿色增长立法具有重要的导向作用；（2）从基本法中关于绿色增长的法条来看，我们发现该法对绿色增长仅作出了结构性、框架性安排，具体细则需要经总统令、地方立法乃至行政规划等进一步落实，是名副其实的具有导向性的"未来之法""规划之法"；（3）从基本法的具体内容上来看，强调了政府的引导作用——政府对绿色产业采取金融、税制等扶持优惠措施，来促进绿色产业的发展以及新能源技术的开发，以及最大限度地发挥市场机能，促进民间主导绿色增长。

3. 《绿色增长基本法》是一部全民参与的立法

全员性是促进绿色增长的基础保障。在该基本法中全员性主要体现在以下三个方面：（1）全民参与是该法的基本原则。基本法第4条"绿色增长促进的基本原则"中明确规定："全体国民参与，中央政府、地方自治团体、民间企业、使用者和劳动者，与经济团体、环境团体以及市民团体同心协力，实现生态民主主义"。（2）基本法第5、6、7、8条中分别对国家、地方自治团体、企业、国民等在绿色增长促进活动中所应承担的责任做出了具体规定。这些规定一方面明确了国家、地方自治团体、企业、国民之间的责任，另一方面也是全员性在基本法中的另一体现。(3) 在基本法第六章"绿色生活和可持续发展的实现"中,基本法专门提出了"绿色生活""绿色文化"等概念,要求国民珍惜每一滴水、每一张纸、每一度电,终生节能减排,积极开展绿色生活运动,"让绿色文化深深扎根在整个社会中"。

4. 《绿色增长基本法》是一部国际性立法

国际性是韩国促进绿色增长的重要参照和方向,从基本法内容中,我们不难发现,国际性同时也是基本法的一个重要特点:一方面,基本法要求政府立法和政策应把握国际动向,在全球视野中考察国内资源保有量、能耗量、技术水平、标准化、投资以及规范建设等问题,为此专设未来战略研究中心,提高国际化研究水平;另一方面,基本法强调与国际社会的合作,履行1992年联合国环境发展大会通过的《21世纪议程》、2002年世界可持续发展大会通过的《执行计划》(2002)等国际协议,向气候变化国际联合基本协议规定的成员国大会提交国家报告书。

5. 《绿色增长基本法》创设了一系列的特色制度

韩国政府为有效促进绿色增长,结合国际做法和韩国本土情况,在《绿色增长基本法》中创造性地设计了一系列的特色制度,例如绿色增长委员会制度、绿色经济制度、能耗量化管理制度、总量限制的排出权交易制度、绿色交通制度、绿色文化和教育制度、绿色增长基金制度等。

这些制度具有鲜明的韩国特色,其中一些在一定程度上对于我国发展低碳绿色经济也具有一定的指导与借鉴意义。例如绿色增长基金制度,绿色增长基金制度中的绿色增长专项基金吸收一般会计和特别会计的转出款项、各方面捐赠、公共资金等款项,用于绿色增长的产业、技术、人才培养、宣传教育、国际合作等事宜,并且该基金由国务总理负责运营管理,并在国务总理室设立基金运营审议会。

(二)《绿色增长基本法》的立法缺陷

《绿色增长基本法》是一部综合性立法,具有全民参与性、国际性、导向性等特点,是一部具有鲜明特色的立法。但是,该立法并不是十全十美的,它的特点在一定程度上来说也并不完全等同于优点,它仍存在不少的硬伤。

1. 《绿色增长基本法》的法条规定过于原则化,缺乏可操作性

从整体上看,《绿色增长基本法》采用的是综合性立法模式,立法内容涉及范畴广,包含与绿色经济、气候变化以及低碳生活相关的方方面面的内容。然而,该基本法法条总共只有68条,其法条数目相对于立法内容来说是远远不够的,而这也就导致了该基本法中许多条文规定过于原则化,只是空洞的规定,

没有具体的实施细则，缺乏可操作性。

具体来说，比如基本法第45条中关于"总量限制的排出权交易制度"的规定，在该条文中仅仅明确了政府"应当采取排出容量总量限制、排出量交易制度，即'总量限制的排出权交易制'"，指出为采取该项制度"应当确定必要的基本计划，尽快落实示范企业"，但并没有规定该制度实行的具体、确定的日期，示范企业的确立，以及该制度实施的具体措施，例如排出权容量分配方法、登记管理方法、交易所等。

而这样空洞原则化的条文规定，在实践中，则难免让执法者和守法者都无所适从，同时也会给不法分子留下钻法律空子的机会，从而很容易使一部法律成为"软法"而疏于执行和实施。

2. 《绿色增长基本法》对公约履行不够彻底

虽然韩国不是气候变化框架公约的附件国，不具有减排义务，但韩国政府还是作出了在2020年以前，把温室气体排放量减少到"温室气体排放预计量（BAU）"的30%的减排目标。这项做法受到了国际社会的赞誉，提升了韩国的国际形象，显示了韩国负责任的态度。但是，在韩国应对气候变化的立法——《绿色增长基本法》中，却并没有列明该目标，只是明定了2050年为温室气体管理的中期目标年。韩国的这种做法使其承诺显得不够诚意，并使承诺的履行缺乏法律保障。

3. 《绿色增长基本法》缺乏健全的责任机制

韩国《绿色增长基本法》中的第七章罚则中仅一条法律条文，即第68条"管理企业未制定温室气体排放量和能源使用量报告的、制作虚假报告者或者违反改善命令的，处以1000万韩元（约合人民币6万多元）以下的罚款"。在该罚则中，无论是责任承担主体、责任事项还是惩罚力度上都存在极其不完善之处，根本称不上是一套可与基本法相配套的完善的责任机制。

在上文中，我们可以发现基本法不仅规定了企业责任，还明确了政府、地方自治机关以及国民的职责，但在该罚则中并没有与政府、地方自治机关、国民相关的约束机制，这样其他主体的职责的履行以及履行的程度，则不具有强制性，无法得到法律的保障。

而且，该罚则中责任事项的范围过于狭窄，仅包含管理企业未制定温室气体排放量和能源使用量报告的、制作虚假报告者或者违反改善命令等事项，对于其他事项，比如，本法采用框架式立法，因而，许多法条规定过于空洞，需要总统令、地方立法或行政规划、政策来确定具体的实施细则，而如何保证上述细则不违反基本法中的原则性规定，罚则中并没有涉及该问题。

惩罚力度太小，在罚则中最高罚款才1000万韩元（约合人民币6万元），这对于一些企业来说九牛一毛，根本不值一提，起不到惩戒违反者，警示、教育其他人的作用，很大程度上将会导致该基本法成为无人在意的"软法"。

四、我国可资借鉴的经验

韩国《绿色增长基本法》是应对气候变化立法的先行者，虽然，该立法中也存在一系列的问题，但瑕不掩瑜，其中还是有很多值得我国立法借鉴的地方。并且，相较于其他西方发达国家的气候变化法，韩国《绿色增长基本法》更适合于东方国家的国情和政治体制。因此，我国应该参考和借鉴韩国绿色增长法立法模式和经验，积极筹备与我国国情相适应的气候变化法的立法工作，以推动我国应对气候变化工作和节能减排事业的顺利发展，实现经济、社会的可持续发展。

（一）尽快制定专门应对气候变化的法律

"中国是一个发展中的大国，但目前经济的发展严重依赖化石燃料，单位产出的能耗过高，能源消耗量大。可以预见，在经济快速发展的同时，中国温室气体的排放总量将不断增加且居高不下。现在，中国已经超过美国成为温室气体排放总量最大国。中国面临的来自国际和国内的减排压力也将持续不断地增强"。[①] 因此，在气候变化问题成为国际社会重要议题这一大背景下，中国必须制定明确的政策和相应立法，为政府协调经济发展与应对气候变化问题提供清晰的指引，为能源利用、投资和其他商业活动提供可预期性，以便实现中国政府2009年作出的关于控制碳排放强度的承诺。

（二）明确低碳经济、绿色增长等基本理念

低碳经济是英国政府2003年提出的一种"以保护全球气候为目标，以能源的高效利用与清洁能源开发为基础，以低耗能、低污染、低排放，实现较高的碳生产率，达到较高的经济社会发展水平，较高的生活水平和质量的一种新型经济发展模式"。[②] 在全球应对气候变化日益紧迫的形势下，低碳经济逐渐为各国所重视，发展低碳经济也成为世界新潮流。

另外，由于"发达国家与发展中国家所处发展阶段不同，应对气候变化地责任与义务也不同，发展低碳经济的目标、重点和难点也不同。发达国家发展低碳经济，主要目标是在维持和继续提高当前经济发展水平和社会生活质量下，

---

① 兰花.2008年英国《气候变化法》评介 [J]，山东科技大学学报（社会科学版），2010 (3).

② 熊焰. 低碳转型路线图 [M]，中国经济出版社，2011，p18.

通过技术创新和经济社会的转型，大幅度降低当前过高的碳排放水平，以实现全球稳定大气中温室气体浓度水平的目标。而发展中国家发展低碳经济的主要目标是减缓由于经济快速增长新增能源需求所引起的碳排放增长，以相对较低的碳排放水平，完成现代化建设"。①

韩国《绿色增长基本法》在正确理解该理念的前提下，根据自身实际情况，提出了"绿色增长"理念："最小化使用能源、资源，减少气候变化和环境污染，通过清洁能源、绿色技术开发以及绿色革新，确保增长动力，创造工作岗位，实现经济环境和谐相融的增长方式"，并将该理念贯穿于整个立法当中。

我国在进行气候变化立法时，应学习韩国的做法，在正确认识"低碳经济""绿色增长"等理念的基础上，结合自身情况，提出符合自身发展的新理念，并将该理念贯穿于应对气候变化立法的整个过程中。

（三）组建统一协调的高级决策机构

"温室气体排放已经成为国际社会共同面对的环境问题。它与国家的经济、政治密切相关，各国都从国家的战略高度来重视它。我国虽然成立了以国务院总理为主任的国家应对气候变化协调小组，但该小组成员比较松散，很难统一协调"②。因此，建议我国在现有气候变化协调小组的机制基础上，参考韩国的经验，提升该机构的地位，加强该机构的职能，并建立类似绿色增长发展委员会这样相对稳定的高级决策机构。同时理顺政府各相关部门间的关系，扩大现有的气候变化专家委员会的人数，广泛吸收多领域（含法律、经济）权威专家的参与，组建由各有关政府机构和科研、院校机构的权威科学家组成的相对稳定的高层决策咨询委员会，使我国应对全球气候变化的战略和政策具有高科学水平和权威性。

（四）明确政府责任，坚持政府主导与市场激励相结合

韩国《绿色增长基本法》将发展绿色经济、应对气候变化以及低碳生活的实现相结合，界定了政府在其中的角色和职能（比如，绿色增长基本战略的制定者与实施者，"绿色文化""绿色生活"等的提倡者、宣传者），明确了政府在促进绿色增长中的主导作用。这对我国未来应对气候变化的工作具有现实的借鉴意义。

此外，韩国《绿色增长基本法》授权政府立法构建总量限制的排出权交易

---

① 熊焰. 低碳转型路线图 [M]，中国经济出版社，2011，p18.
② 冷罗生. 日本温室气体排放权交易制度及启示 [J]，法学杂志，2011（1）.

制度，重视市场机制对减排的影响与激励，这对我国处理气候变化问题也有不可忽视的借鉴作用。

（五）绿色增长基金会制度

韩国《绿色增长基本法》中为促进绿色增长设立的专项基金会制度，对于我国气候变化立法也很有借鉴意义。我国还没有应对气候变化的专项基金，仅仅是依靠国家财政的支持，这样不仅加大了国家财政压力，同时也将加大应对气候变化的运营成本，降低应对气候变化活动的效率。因而，我们可以学习韩国关于设置专项基金的先进经验，设立有专人管理的应对气候变化专项基金。

结　语

综上，通过对韩国《绿色增长基本法》的制定过程、背景以及内容的阐述和分析，我们不难发现，虽然韩国气候变化立法上存在一系列的问题，但其仍然能给我国在今后的减排工作上些许借鉴和启示，有助于我国专门性法规的制定和完善；同时，通过对韩国本国气候变化法案的了解，也能使我国在与韩国的双边谈判与合作中掌握更多的主动权，维护我国利益。

但是在研究过程中，由于篇幅和能力所限本文在分析和借鉴方面仍存在不足之处。一方面由于语言不通，收集资料有限，无法对韩国《绿色增长基本法》的背景进行更深层次的探究，从而在对基本法的不足进行评判过程中，难免会出现以偏概全的问题；另一方面，对中国目前的碳排放情况及各地政府是否开始采取行动并没有全面考察，中国的经济现状对减排力度的承受能力亦没有专业的分析考量，因此根据韩国法案所提出的借鉴意见的可行性仍有待商榷。这些问题，有望在未来的研究中逐渐得到进一步的解决。

气候变化问题对中国的发展来说，既是机遇，也是挑战。我们应当积极参与关于应对气候变化的国际谈判及相关公约的制订过程，同时也要不断完善立法和相关制度，加强国家合作与交流，减少温室气体排放量，与其他国家一起有效地应对全球气候变化。

德班气候变化大会前景不容乐观[①]

2011年11月28日,《联合国气候变化框架公约》第十七次缔约方大会暨《京都议定书》第七次缔约方会议将在南非港口城市德班召开。这是非洲第一次举办气候变化会议,非洲国家对此充满期待。不过,自2010年坎昆会议以来,2011年相继在曼谷、波恩和巴拿马召开了三次预备会议,会议仍未取得明显突破。发达国家与发展中国家在关键议题上仍各持己见,互不让步,特别是《京都议定书》第二承诺期的存续问题,双方争执不下。发达国家依旧不愿承担责任。因此,在本次德班气候大会上,如果缔约方不抱积极的、建设性的态度,就所有的分歧探寻一个都能接受的折中办法,则整个谈判进程就难以推动。

阻碍德班大会进展的因素诸多,主要有以下四个方面的内容。

一、发达国家和发展中国家两大阵营依旧对立

气候变化谈判表面上是为了应对气候变暖,本质上还是缔约国经济利益和发展空间的角逐。自1992年启动气候变化谈判以来,气候变化谈判总体呈现发达国家和发展中国家两大阵营对立的格局,这种格局目前尚未发生重大变化。但与此同时,全球温室气体排放格局却发生了相当大的变化。发达国家历史排放量多,当前和未来排放量总体呈下降趋势;发展中国家历史排放量少、当前和未来呈增加趋势。全球温室气体排放格局的变化,在很大程度上导致了发达国家和发展中国家在谁先减排、减排多少、怎样减排,以及发达国家如何向发展中国家提供资金、提供气候友好型技术支持等问题上出现分歧。为解决分歧,缔约方多次展开了激烈的谈判,均无实质进展。2012年后发达国家能不能继续按《京都议定书》第二承诺期承担减排义务,同时,发达国家和发展中国家如何共同合作应对气候变化,其中,包括发展中国家如何根据国情开展适当的减缓行动;发展中国家的减缓行动如何能够做到公开、透明;发达国家如何为发展中国家开展减缓和适应气候变化等行动提供资金和气候友好型技术支持等,

---

[①] 本文发表于国际在线专稿(2011-11-24)。

这些都是德班会议备受关注的热点问题，也是阻碍其进程的难点问题。

二、世界经济困境给气候变化谈判增加了困难

建立有效支持发展中国家应对气候变化的资金机制是此次德班会议的重要议程。然而，美国国会削减赤字特别委员会正式宣告未能完成历史使命，华盛顿错失了一次使美国重归财政可持续道路的黄金机遇。美国经济陷于困境，欧洲的经济也危机四伏。在世界经济衰退的情况下，减少温室气体排放成为一个困难的议题，发达国家本应对其排放温室气体支付成本，但危机四伏的国内经济迫使它们不得不采取财政紧缩措施，从而导致气候变化资金缺口增大。11月17日，安永会计师事务所发布的一份报告显示，由于德国、英国、美国、日本和南非等经济体采取的财政紧缩措施，此前承诺应在2015年投入的应对气候变化资金已出现225亿美元的缺口，如果欧元区危机进一步升级，资金缺口可能将达到450亿美元，这将使德班气候大会面临极其严峻的外部环境。安永会计师事务所认为，气候变化应对资金缺口最大的国家是西班牙、英国和法国，预计这三个国家在2015年前可能削减的资金分别为51亿美元、42亿美元和29亿美元。

三、主要发达国家对《京都议定书》没有显示良好的诚意

根据《京都议定书》的规定，在2008~2012年，37个发达国家温室气体排放量应在1990年水平基础上减少5.2%，其中欧盟整体减少8%，美国减少7%，日本和加拿大减少6%。据联合国有关机构统计，美国2007年的二氧化碳排放量比1990增长18%，加拿大增长了20%，日本增长了7%。即使发达国家在2012年减排承诺期限前有所行动，但无法完成减排目标已成定局。发达国家在兑现《京都议定书》第一承诺期方面不仅没有显示良好的诚意，而且发达国家对发展中国家至今没有实质性的经济援助或廉价技术转让。

另外，在《京都议定书》第二承诺期的问题上，作为发达国家的日本在今年波恩会议上，明确且坚定地表达了拒绝《京都议定书》第二承诺期的立场。俄罗斯和加拿大也明确表示将不参与《京都议定书》第二承诺期。在巴拿马会议上，美国等国家在《京都议定书》第二承诺期上以沉默的方式表示拒绝。就连曾经以减排斗士形象示人的欧盟，现在却对于《京都议定书》第二承诺期也开始动摇。日、美、欧等发达国家和地区传出的负面消息，降低了人们对德班气候大会的期待。

四、日本核灾难影响全球气候变化谈判

2011年3月，日本海啸造成的核灾难已使日本改变原先积极应对气候变化的政策，而且它还揭开了核电所谓"清洁能源"的面纱。考虑到核能源的核辐射危害风险丝毫不亚于二氧化碳可能带来的气候变暖灾害，德国等几个国家加快关闭碳零排放的核电站，重新重视化石燃料的利用，从而影响全球气候变化的谈判进程。

目前，全球气候变化谈判总体已陷入僵局。然而，气候变暖的不利影响又迫使国际社会不得不采取行动，这些行动实质关系到缔约方当前和未来的经济竞争力以及发展空间。德班会议虽会在一定程度上改变目前气候变化谈判局面、推进谈判向前进展，但因发达国家和发展中国家的经济、社会发展水平、发展阶段和温室气体排放量不同，缔约方在如何采取应对气候变化的行动上也必然存在差异，各方在谈判中都不会轻易妥协让步。因此，可以肯定，德班气候大会很难达成有法律约束力和较高政治承诺的条约。

第三部分

污染防治立法

- 对《中华人民共和国水污染防治法》的理性思考
- 中国面源污染防治立法的现状、困境与出路
- 日本应对面源污染的法律措施
- 河湖水系连通中的法律问题

对《中华人民共和国水污染防治法》的理性思考[①]

前 言

《水污染防治法（修订草案）》自 2007 年 9 月 5 日由全国人大常委会办公厅向社会全文公布，广泛征求社会各界意见以来，得到了社会各界的广泛响应。截至 2007 年 10 月 10 日，共收到全国各地群众意见 2400 多条，群众来信 67 件。[②] 据全国人大常委会法工委统计、分析，各界群众最为关注的问题有：重点水污染物排放总量控制制度、水环境质量标准和水污染物排放标准、排污许可证、排污费、法律责任等。全国人大法律委、全国人大常委会法工委会同有关部门，对这些意见和建议进行了认真研究，并进一步开展了立法调研，在此基础上对修订草案作了进一步修改后，于 2008 年 2 月 28 日提交十届全国人大常委会会议审议，获得全票通过。修订后的《水污染防治法》内容因增补而更加丰富，结构因调整而更趋完整，制度因创新而更合实际，罚则因加重而更具威慑力。它是一部防治水污染、保护和改善环境、保障人体健康、保证水资源的有效利用、促进经济社会可持续发展的重要法律。修订后的《水污染防治法》是怎样布局的，它有哪些重要的突破和意义？在制度设计方面是否也存在一些值得推敲、深思的问题？本文拟以此为切入点，对修订后的《水污染防治法》予以认真省察，以期对即将制定颁行的《水污染防治法实施细则》有所启迪。

一、《水污染防治法》2008 年修订的亮点

与 1996 年修正的《水污染防治法》相比，2008 年 2 月 28 日通过、6 月 1 日起施行的《水污染防治法》结合了近年来我国水环境状况，提出了许多创新

---

① 本文刊载于《中国人口资源与环境》（2009 年第 3 期）。
② 毛磊．水污染防治法修订草案征求意见 2400 多条 [N]．人民日报，2007 - 10 - 12 (1)．

之举，其中有十大亮点①引人关注。

（一）加大了政府责任

在水污染防治管理过程中，地方政府起着关键的作用，他们直接关系到水污染防治管理系统的运行情况。基于此，修订后的《水污染防治法》强化了地方政府的责任。第 4 条明确规定县级以上人民政府应当将水环境保护工作纳入国民经济和社会发展规划，采取防治水污染的对策和措施，对本行政区域的水环境质量负责。同时规定，国家施行水环境保护目标责任制和考核评价制度，将水环境保护目标完成情况作为对地方人民政府及其负责人考核评价的内容。这些新规定意味着今后各级政府，特别是县级以上地方政府，不仅要对本行政区域的水环境质量承担实实在在的责任。而且还把水环境保护目标责任制的实施情况以及当地的水环境质量的好坏，都纳入了对政府领导干部的政绩考核中去，加大地方政府，特别是地方政府领导人的责任。

（二）对违法行为加大了处罚的力度

"守法成本高、违法成本低"一直是水污染治理的瓶颈。针对这个问题，2008 年修订的《水污染防治法》从提高罚款额度、创设处罚方式、扩大处罚对象、增加应受处罚的行为种类、调整处罚权限、增加强制执行权等 10 个方面，加大了对水污染违法行为的处罚力度，增强了对违法行为的震慑力。② 其中，针对私设暗管行为的处罚、针对违法企业直接责任者个人收入的经济处罚、限期治理、强制拆除等法律责任的规定，成为《水污染防治法》修订后的突出亮点。③

（三）总量控制范围扩大

专家们认为，污染物排放总量控制制度是防治水污染物的有力武器，是实行排污许可证的基础。只有坚定不移地实施排污总量控制制度，才能切实把水污染物的排放量削减下来，把水环境质量提高上去。④ 为此，2008 年修订的《水污染防治法》从两个方面对总量控制制度进行了修改。一是扩大了总量控

---

① 孙佑海. 明确政府责任、界定违法界限、强化总量控制、十大新意贯穿《水污染防治法》[N]. 中国环境报，2008 - 3 - 4 (3).

② 常纪文.《水污染防治法》修订中的亮点和难点法律责任问题 [N]. 中国环境报，2008 - 3 - 25 (3).

③ 别涛. 评《水污染防治法》水污染防治十大罚则突破 [N]. 中国环境报，2008 - 3 - 21 (3).

④ 孙佑海. 明确政府责任、界定违法界限、强化总量控制、十大新意贯穿水污染防治法 [N]. 中国环境报，2008 - 3 - 4 (3).

制的适用范围，水污染物排放除不得超过国家或者地方规定的水污染物排放标准外，还不得超过总量控制指标；二是除国家重点水污染物外，允许省级政府确定本行政区域实施总量控制的"地方重点水污染物"，按流域或者按区域进行统一规划防治水污染。

（四）全面推行排污许可证制度，规范企业排污行为

排污许可证制度是落实污染物排放总量控制制度，加强污染物排放监管的重要手段。2008 年修订后《水污染防治法》在排污许可证制度和规范排污行为方面也有不少创新。2008 年修订的《水污染防治法》全面推行排污许可制度，进一步规范排污口设置，对重点排污单位排放水污染物加强监测。法律规定，直接或者间接向水体排放工业废水和医疗污水等应当取得排污许可证；禁止企业事业单位无排污许可证或者违反排污许可证的规定向水体排放污染物。同时，还规范了排污口的设置，加强对重点排污单位和有关主体排放水污染物的监测，及时制止和惩处违法排污行为。

（五）明确违法界限：超标排污就是违法

鉴于我国水污染形势依然严峻，同时也考虑到我国企业达标排放能力日益增强，全国人大常委会决定突破 1996 年修正的《水污染防治法》规定，抽紧环境政策，明确将企业超标排污作为构成违法行为的界限。修订后的《水污染防治法》明确规定，排污不得超过国家或者地方规定的水污染物排放标准和重点水污染物排放总量控制指标。同时还规定，排污超过标准的，由县级以上人民政府环境保护主管部门按照权限责令限期治理，并处应缴纳排污费数额 2 倍以上 5 倍以下的罚款。

（六）"区域限批"法制化

"区域限批"制度作为环境监管手段的重要创新，在治理环境污染方面的效果十分明显。实践证明，"区域限批"制度不仅使违法建设单位受到了严厉惩罚，也使地方政府官员对环评等法律制度产生了敬畏。2008 年修订的《水污染防治法》将这一行政管理措施上升为强制实施的法律制度。"区域限批"制度法制化的施行，将使"区域限批"制度在调整产业结构、转变经济发展方式、实现减排目标和打击环境违法行为方面发挥更大的作用。

（七）加强了饮用水的法律保护

水是生命之源，饮用水安全问题直接关系到人民群众的身体健康。2008 年修订的《水污染防治法》在立法宗旨中明确增加了"保障饮用水安全"的规定，并专门增设了"饮用水水源和其他特殊水体保护"一章，从四个方面（饮

用水水源保护区分级管理制度；饮用水水源保护区的划定机关和争议解决机制；严格禁止排污；在饮用水准保护区内实行积极的保护措施）进一步完善饮用水水源保护区的管理制度，确保饮用水安全。同时还强化城镇污水防治，关注农业和农村水污染防治。

（八）完善水环境监测网络

经验证明，水环境监测是严格执法的基础，没有完善的水环境监测网络，就不可能贯彻落实好《水污染防治法》。建立水环境监测制度的前提，就是对单位的排污行为进行连续自动在线监测，并要与当地环保部门的监控设备联网。2008年修订的《水污染防治法》第23条规定，重点排污单位应当安装水污染物排放自动监测设备，与环境保护主管部门的监控设备联网，并保证监测设备正常运行。排放工业废水的企业，应当对其所排放的工业废水进行监测，并保存原始监测记录。在此基础上，完善水环境质量监测网络，规范水环境监测制度，建立统一的水环境状况的信息发布制度。

（九）强化事故应急处置

2008年修订的《水污染防治法》专设水污染事故处置章节，对增强水污染应急反应能力做出了规定，以减少水污染事故对环境造成的危害。一是规定各级人民政府及其有关部门，可能发生水污染事故的企业、事业单位，应做好突发水污染事故的应急准备、应急处置和事后恢复等工作。二是规定可能发生水污染事故的企业、事业单位，应当制定有关水污染事故的应急方案，做好应急准备，并定期进行演练。生产、储存危险化学品的企业、事业单位，应当采取措施，防止在处理安全生产事故中产生的可能严重污染水体的消防废水、废液直接排入水体。三是规定企业、事业单位发生事故或者其他突发性事件，造成或者可能造成水污染事故的，应当立即启动本单位的应急方案，采取应急措施，并向事故发生地的县级以上地方人民政府或者环境保护主管部门报告。环境保护主管部门接到报告后，应当及时向本级人民政府报告，并抄送有关部门。①

（十）公众参与有保障

2008年修订的《水污染防治法》从四个方面提供了公众参与的制度保障。一是赋予公众检举权；二是对违法者公开曝光；三是统一发布国家水环境状况信息，保障公众的环境知情权；四是鼓励水环境污染民事赔偿，允许环保社会团体依法支持因水污染而受害的当事人向法院提起诉讼。

---

① 孙佑海.明确政府责任、界定违法界限、强化总量控制、十大新意贯穿水污染防治法 [N]，中国环境报，2008-3-4 (3).

二、2008 年修订的《水污染防治法》存在着值得推敲、深思的问题

客观地说，修订后的《水污染防治法》在"亮点"频现的同时，也存在一些值得推敲、深思的问题。具体来说，主要有以下八个方面：

（一）立法目标偏低、概念模糊

2008 年修订《水污染防治法》第 1 条规定："为了防治水污染，保护和改善环境，保障饮用水安全，促进经济社会全面协调可持续发展，制定本法。"从此条文可知，"保障饮用水安全"是本法的立法目标之一。众所周知，让老百姓喝上洁净的水本是最基本的人权，而 2008 年修订《水污染防治法》将饮用水安全作为立法目标，值得推敲，它给人有立法目的过低的嫌疑。另一方面饮用水安全涉及水源安全，供水安全等多方面，要解决这些方面的问题仅凭一部法律和一个部门（环保部门）是解决不了的。[①]《水污染防治法》的立法重点应该放在水污染防治方面，因此，"保障饮用水安全"更换为"保障水源安全"安全更为合适。

（二）地方政府的环境法律责任规定不明确

2008 年修订的《水污染防治法》更多地强调了追究违法企业单位、项目单位以及政府监管部门的责任，但对政府的环境法律责任规定得不明确。虽然在一些条文中设定了政府保护水环境的责任[②]，规定了将水环境保护目标完成情况作为对地方人民政府及其负责人考核评价的内容（第 5 条）。对未按照要求完成重点水污染物排放总量控制指标的省、自治区、直辖市、市、县予以公布（第 19 条），对有未依照本法规定履行职责的直接负责的主管人员和其他直接责任人员依法给予处分（第 69 条）。然而，这些规定只是针对一些政府和政府的领导执行《水污染防治法》时由于措施不力、执行不到位、导致目标未能实现的行政责任，对于一些政府和政府的领导未履行职责或履行职责不到位以致水环境质量未达标时，应该追究谁的责任？追究责任的范围如何？责任的种类和形式如何？对此，修订后的《水污染防治法》却未涉及。

（三）地下水污染防治的监管责任不明确

虽然 2008 年修订《水污染防治法》第 2 条明确规定，"本法适用于中华人民共和国领域内的江河、湖泊、运河、渠道、水库等地表水体以及地下水体的污染防治"，将地下水保护纳入了水污染防治的范畴，但是，综观整部法律，

---

① 《绿色视野》编辑部记者.《新水污染防治法》有喜也有忧 [J]，绿色视野，2008（6）.
② 诸如第 4 条、第 14 条、第 15 条、第 16 条、第 18 条。

它只提出了地下水保护的一般原则,既没有具体明确地下水环境保护的责任划分,也缺乏地下水环境保护的具体内容。而且该法规定环保部门只负责流域的水污染防治规划的制定,但在流域水污染防治规划中却没有具体的地下水污染防治的措施与内容,使得地下水的开发利用与保护相脱节。在许多地区地下水管理条例与规定中,地方水行政主管部门负责本地区地下水的开发、利用与保护,但大多没有明确具体的监管责任和防治措施,使得地下水的保护很难落实。众所周知,目前,我国的地下水管理涉及多个部门。建设部《城市地下水开发利用保护管理规定》(1993年)规定,国务院建设行政主管部门负责管理全国城市地下水的开发、利用与保护工作,县以上地方人民政府城市建设行政主管部门负责管理本行政区域内城市地下水的开发、利用和保护工作;2002年国务院颁布的《取水许可和水资源费征收管理条例》规定,包括地下水在内的水资源取用与保护,由各级水行政主管部门按照分级管理权限,负责组织实施和监督管理;根据2008年修订的《水污染防治法》,各级环境保护主管部门负责包括地下水环境在内的水污染防治的监督和管理工作。从上述可以看出,在地下水的管理与保护中,各管理部门的管理权限不仅有交叉重复的地方,而且地下水污染防治的监督管理的责任分工也不明确,各管理部门之间又缺乏有效的综合协调机制,人为地将一种资源的开发利用与保护割裂开来,造成多头管理,使得地下水污染防治的监管责任无法明确。①

(四)饮用水水源保护区管理制度仍待完善

2008年修订的《水污染防治法》专门设章对饮用水水源和其他特殊水体予以保护,这是对水源地水质保护的一个重要突破。法律规定,国家建立饮用水水源地保护区制度。饮用水水源保护区分为一级和二级保护区。必要时也可以在饮用水水源保护区外围划定一定的区域作为准保护区。但是,这些规定比较抽象,实践中很难落实到位。目前,饮用水源地的保护立法及标准制定仍严重滞后。迄今没有一部专门针对饮用水源地保护的法律法规,致使饮用水源地保护管理不规范,各地对饮用水源地的管理要求和管理水平也不完全一致,部分地区对饮用水源地未能实施有效保护。另外,跨行政区域的水污染纠纷也会影响饮用水安全,但目前只有两个解决途径,即有关地方政府或共同上级政府协调解决(第28条),这种选择容易滋生扯皮现象,造成问题久拖不决,另外按什么标准、什么尺度来解决纠纷,这些都是立法空白。

---

① 罗兰. 我国地下水污染现状与防治对策研究 [J], 中国地质大学学报 (社会科学版), 2008 (2).

(五) 饮用水水源保护区区域补偿政策规定不明确

众所周知,水源地生态保护区大多是非常贫困的边远地区。为了保护环境不受污染,保证大城市的饮用水质量,当地政府严禁发展或者停止了各种工业生产,甚至连农民赖以生存的养殖业也被明令禁止。对那些为了城市居民喝上清洁干净生活水而付出代价的贫困地区的居民如果不予补偿的话,要想长久以往保护好城市的饮用水水资源是不可能的。保护好水源地生态环境不受污染,靠行政指令只能解决短期表面的问题,不给予落后地区任何的补偿,不能达到双赢。在城镇地区享受小康生活的同时,也应给予为此付出一定代价的地区以资源补偿,基于此认识,2008年修订的《水污染防治法》第7条规定:"国家通过财政转移支付等方式,建立健全对位于饮用水水源保护区区域和江河、湖泊、水库上游地区的水环境生态保护补偿机制"。不难看出,这是对水环境生态保护补偿的一项政策性规定。较之1996年修订的《水污染防治法》,这的确是一大创新。不过,实践中这样的规定灵活性大、难以有效地执行。目前存在的问题是,这些原本属于保护区域内的居民的补偿款,实际上却补给了政府部门。国有资源部门化,居民却成了冤大头,不能实现责权义平等。怎样补偿,按什么标准补偿,补给谁?按什么程序补偿?"这些水资源补偿政策应该考虑制定更加细化的标准,并将其写进法律,以保证水源地生态保护区内的农民生活水平不因现状的改变而下降。

(六) 饮用水源保护区制度难以惠及农村居民

虽然2008年修订《水污染防治法》第3条规定:"水污染防治应当坚持预防为主、防治结合、综合治理的原则,优先保护饮用水水源,严格控制工业污染、城镇生活污染,防治农业面源污染,积极推进生态治理工程建设,预防、控制和减少水环境污染和生态破坏。"从此条文可以看出立法者已经意识到了农业面源污染的严重问题,但是,在水污染防治的整个制度安排方面,专门针对农村面源污染控制的条文较少,保障农村饮用水源或者农村饮水安全的专门制度没有。十分明显,2008年修订的《水污染防治法》中饮用水源保护区制度旨在解决城镇饮用水的保护问题,对于3亿多农村人口的饮水安全却难以覆盖,这样的法律规定,明显与国家提出的到2020年完全解决中国农村饮水安全问题的目标还有相当的距离。[①]

(七) 对违法企业仍应加重惩罚力度

与1996年修订的《水污染防治法》相比,2008年修订的《水污染防治法》

---

① 吕忠梅.《水污染防治法》修改之我见 [J],法学,2007 (11).

提高了罚款额度，加大了罚款力度，并且对一些严重违法的行为规定了限期治理、限期处理、严重的要予以整顿、关闭、治安管理处罚以及追究刑事责任等处罚手段。虽然罚款金额增加了几倍，但令人遗憾的是，其中并没有规定"按日计罚"措施，这无疑会对将来《水污染防治法》的实施效果和水污染防治工作产生消极影响。很多企业宁愿选择违法排污并缴纳罚款，导致恶意偷排、故意不正常运转污染防治设施、长期超标排放等持续性环境违法行为大量存在，严重损害环境法制的应有威严。

另外，2008年修订的《水污染防治法》规定："由于不可抗力造成水污染损害的，免予承担赔偿责任；法律另有规定的除外。"这条规定对受害者不公平，因为即使不可抗拒的自然灾害发生作用，没有企业的排污行为，也就没有受害者的利益损害结果。目前，虽然我国政府对包括污染受害的受灾群众实行救助有较成熟的政策机制，但政策机制的随意性大，而且实践中常常难以执行到位，受害者的利益损害难以得到有效的补偿。

（八）公众参与的力度不大

1996年修订的《水污染防治法》中第12条至第26条规定了防治水污染的各项具体制度，其中的"公众参与环境影响评价制度"属被特别强调的制度之列。[①] 这项制度的目的是保障公民参与环境的保护和监督，以确保建设项目对环境的影响被公众接受。而2008年修订的《水污染防治法》中类似的法条已被删除，有关公民权利的内容只有一个条款，即第10条第1款，"任何单位和个人都有义务保护水环境，并有权对污染损害水环境的行为进行检举"。不难看出，此条说明了公民保护水环境的义务。但是，从公民发现违法现象并检举时，就会涉及公民去哪里举报，对于举报的内容，有关部门还需要时间核实，然后才能采取相关的执法行为，在这段核实排污的时间内，违法排污行为却仍在继续。在水污染极其严重的当今，不能留有时间让违法行为继续进行。因此，只赋予公民检举的权利是不够的，还需要赋予他们及时制止违法排污行为的权利。

保护人类赖以生存的水环境，是每个公民应尽的责任和义务。所以，只靠行政法规的命令式规定是不行的，虽然在第一章第10条第2款中规定："县级以上人民政府及其有关主管部门对在水污染防治工作中做出显著成绩的单位和个人给予表彰和奖励。"但是，奖励和表彰并不能从根本上解决问题，反而会滋生一些不好的社会恶习。

---

① 周珂. 生态环境法论 [M]，法律出版社，2001，p69.

三、2008 年修订的《水污染防治法》存在问题的原因

笔者认为：导致修订后《水污染防治法》面临问题的原因主要有以下几点：

（一）环境保护涉及的相关领域技术性较强

环境污染问题，尤其是水污染问题是伴随着人类社会进步，工业急速膨胀而产生的。从水污染的产生、扩散、监测到治理的整个过程来看，它已经同人与人之间的行为有着本质上的差别，人们无法单纯地借助法学理论去规范这样的社会行为。比如，对于水体污染的监测，必须借助先进的技术手段才能准确地确定目标水体是否被污染。对于大面积长时间的水体非点源污染，必须要利用 GIS 技术才能检测到。另外，在环境诉讼过程中，水体污染程度，是基本的证据之一。如何公平、公正地获取这些证据，也要依仗于科学的标准。在 2008 年修订的《水污染防治法》中设定了许多技术性较高的条款，诸如监测标准、水质标准、水环境容量等规范。这些规范都是从环境科学的研究成果和环境保护实践中，由技术规范上升而来的，[①] 科技含量高、立法中难以把握、固定，这也许是修订后的《水污染防治法》的法律效力仍差强人意的主要原因之一。

（二）决策者对经济发展仍存在忧虑

2008 年修订的《水污染防治法》没有采用"按日计罚"措施，最主要的原因是决策者对经济发展影响的忧虑，认为"按日计罚"的措施将会对企业的经济效益产生重大的负面影响，如果巨额罚款致使排污企业无法生存，就会造成一些人就业困难的问题，从而影响社会的安定团结。应当承认，"按日计罚"可能会对违法企业的发展产生较大影响，甚至会使得一些严重污染的企业不得不因无法承受高额的罚款而倒闭。但必须明确的是，我国环境法律中对企业进行环境管理的制度非常多，积极治理污染并达标排污是企业一项义不容辞的法律义务，只有在此基础上赚取利润才是合理合法的。如果一个企业严格遵守环境法律、法规的规定，法律中规定"按日计罚"措施是不会对其产生任何负面影响的。而正是因为环境法律责任的软弱无力，才导致大量企业普遍违反环境法律、法规的规定，以环境和人民群众的利益为代价赚取非法利润。因此，"按日计罚"措施是对非法利益的打击和对合法利益的保护，是对守法企业的最大公平。另外，环境污染会导致企业与人民群众之间的大规模纠纷和冲突，严重影响社会安定。虽然"按日计罚"可能造成个别企业倒闭，但更多的企业会选择守法，从而形成全社会守法的良性循环。

---

① 韩德培主编．环境保护法教程（第四版）[M]，法律出版社，2005，p28.

(三) 地方保护主义是环境执法的最大障碍

目前出现的各种资源环境问题中，违法主体逐步由企事业单位转向政府的行政机关。一些地方政府的主要决策者仍在盲目追求 GDP 增长，把政绩留给自己，把污染留给社会，把治理留给下一任政府，地方保护主义已成为当下环境执法的最大障碍。因此，遏制水污染除了加重对企业的经济重罚，罚得让它破产关闭之外，还必须强化行政问责制，加大对责任者的行政处分和刑事追究的力度。

(四) 环境责任意识偏弱

"偷排"污水的行为就是一种最典型的企业缺乏环境责任意识的违法行为。实践中，常常会遇到像广东东莞福安纺织印染有限公司这样的企业，它们添置了污水处理设施，向有关部门申报了排污，也有在线监测设施，还做了环评、领了排污许可证，总之，需要办理的排污手续和程序都做到了。可是，这些企业的领导和员工根本不利用污水处理设施，不断地实施"偷排"行为，污水处理设备作为了应付环保部门检查的一种摆设。

(五) 水环境污染行为的司法监督体系混乱

2008 年修订的《水污染防治法》虽然提高了水污染的违法成本，明确了处罚的手段，增加了处罚力度，但却仍然没有通过法律的规定来建立一套科学有效的司法监督体系。其原因在于目前的环境司法监督体系尚不完善。无论多么完善的法律，一旦离开强有力的司法体系的支撑就是一纸空谈。从目前国内的行政体制来看，削减污染排放势必会对当地经济产生负面影响，其弊在行政机关；而作为行政机关管辖下的地方环境部门，或是顺理成章，或是无可奈何，做着环境监管的"纸老虎"。在美国，环境部门与行政部门分权而立，各级的环保部门都只接受上级部门的管理和指导，统一由美国环保署垂直管理。虽然实行环境保护部门的"垂直管理"，并不是 2008 年修订《水污染防治法》所能解决的问题，但是，因其在水污染治理中的重要作用，应该期待其能够在这方面做些努力与尝试。例如，可以责令地方行政部门必须制定水环境监察计划、追究水污染事故中行政部门不作为的责任和直接赋予地方环境管理部门直接关停污染企业的权力等规定来加强司法监督，保障《水污染防治法》高效运行。

(六) 现行体制下相关部门的职责与权力仍未明晰

权利和义务贯穿于法律现象逻辑联系的各个环节、法的一切部门和法律运行的全部过程。① 事实上，在现有的行政体制下众多环境行政主体中占有重要

---

① 张文显. 法理学（第 2 版）[M], 高等教育出版社, 2003, p109.

地位的环境保护行政主管部门,在许多省、市和县级政府,都是事业单位。它们依靠的主要是行政事业经费,征收的一部分排污费也用于其组织建设和能力建设上。它们手中自由支配的资金不太多,在使用行政指导手段时主要依靠技术指导。环保部门职责与权利不对等,职责大但权利小的现象直接阻碍了2008年修订的《水污染防治法》的有效运行,正是由于这种现象的普遍存在,使得2008年修订的《水污染防治法》没有从本质上解决这个问题。

(七) 公民参与意识不强,公众参与环境管理的时机尚不成熟

传统法律理论认为,维护社会公益乃国家之职责,对危害社会公共利益的行为,理应由国家适用公权力追究其责任,公民私人无权亦无需介入。对于公民个人间的私益纠纷,公民个人可以通过法院适用司法力量维护自身合法权益,而对于社会公共利益,公民个人因对其无直接利害关系,对其原告资格不予承认,对于遭受损害或损害之虞的社会公益之维护,法院大门对公民个人是紧闭着的,这也导致了长时间以来公众对于环境问题的参与意识不强,认为即使参与了也起不到什么作用。2008年修订的《水污染防治法》没有导入环境公益诉讼制度,其一部分原因就是目前公众缺乏必要的环境法律知识,对环境公益诉讼制度,环境听证会制度的了解不够充分,不能够合理正确地行使自己的权利。例如,公众参与已纳入《环境影响评价法》中,但经常出现一些尴尬的情形:一些参与项目听证公民没有认真地查阅环境影响报告,而是听信传言,错误地行使自己的权利,结果使一些本应实施的建设项目得不到正常建设。但是,这些均不应成为《水污染防治法》回避公众参与的理由,如何在现在的情况下最大限度地保证公众能够参与到水污染防治中来,应是其解决的重要问题之一。

四、解决《水污染防治法》问题的几点建议

任何理想的法律如果没有可操作性,没有赋予强制措施,就没有震慑作用,就不能付诸实施。因为它不过是一纸空文,无法实现其立法目的。2008年施行的《水污染防治法》与1996年修订的《水污染防治法》相比,无论在操作性方面,还是在强制措施方面都得到了极大地加强,对于违反环境法律法规的企业、单位都具有极强的震慑作用。但由于种种原因,它的作用还难以得到有效地发挥。修订工作刚刚结束,要在短时间内再次修订此法不太可能,所幸的是《水污染防治法实施细则》还未颁布,笔者认为:上述一部分问题还可以在《水污染防治法实施细则》中加以解决,另一部分内容只有等待修订此法或者制定其他的法律来加以完善。

（一）制定《水污染防治法实施细则》时应予考虑的问题

1. 确立行政问责制，完善地方政府的环境法律责任

笔者认为，在《水污染防治法实施细则》中应尽可能地考虑导入行政问责制，从问责对象、主体、范围、责任种类和形式、问责程序五个方面来加以考虑。对造成重大污染事故的决策官员，除了撤职罢官外，还应该依法追究其刑事责任。尽快改变目前行政问责雷声大雨点小，刑事追究"刑不上大夫"的尴尬处境。当然，在目前的情况下，要求规定特别详细具体的行政问责制，可能是不现实的，但可以先在《水污染防治法实施细则》的法律责任部分做出一些原则性规定，以便在配套法规中做出更详尽的规定。笔者建议，对第66条进行扩大性解释，增加"县级以上地方人民政府未依法采取防治水污染的对策和措施，使本辖区的水环境质量达不到规定要求和控制指标的，其主管领导和直接负责的人员应当依法承担法律责任"。

2. 明确不可抗力的免责标准

2008年修订的《水污染防治法》规定："由于不可抗力造成水污染损害的，免予承担赔偿责任；法律另有规定的除外。"笔者认为：不能简单地这样规定，应该从严确定标准。《民法通则》第153条规定了判断不可抗力的原则标准，即"不可预见，不能避免，并不能克服的客观情况"。一般来说，自然灾害等自然现象属于不可抗力的范围，此外如战争、社会动乱等社会现象也包括在内。由于不可抗力不受人的意志所支配，要人们对与其行为无关而无法控制的事故的后果承担责任是不公平的。但是，虽然出现了不可抗拒的自然灾害，若企业事前、事中或事后采取合理措施能够避免部分损失，而企业没有及时采取合理措施，造成环境污染损害的，对于采取合理措施能够避免的部分损失不应免除责任。因此，就不可抗力免责方面，建议《水污染防治法实施细则》增补不可抗力的免责标准：一是必须完全属于不可抗力造成的损害，致害人才可以免责，倘若夹杂了其他人为的因素便不能免除致害人的责任；二是必须及时采取了合理的措施，否则仍要对损害以及扩大的损害进行赔偿。这两个标准必须同时具备，行为人才可以免责。

3. 设计类似于"按日连续处罚"条款

2008年修订的《水污染防治法》在具体处罚方面有了较大调整：将处罚最高限额由以前的20万元升至100万元，增加了4倍。并且对一些严重违法行为还增加了限期治理、限期处理、停产整顿等行政处罚手段。虽然较以前有了很大的改变，但是这个力度还是不够的。尤其对于一些大的企业，最高处罚款100万元，远低于其水污染防治成本。在这种情况下，不仅起不到处罚作用，

相反还可能会纵容企业的违法行为。① 笔者认为：要想彻底整治违法行为，一是要在处罚款额度方面更进一步细化，可以在《水污染防治法实施细则》中建立类似于"按日连续处罚"制度。二是对某些恶意环境违法行为人应当适应《治安处罚条例》，对其采取行政拘留措施。只有适当加大对违法企业的处罚，才能真正体现法律法规的威慑性，才能真正有效地发挥法律对违法企业的约束作用。只有让企业意识到守法的额度要低于违法的处罚额度，才能让企业从意识上根本做到不乱排放污染，从而法律才能真正起到制约、管理、处罚的作用。

4. 尽快出台《饮用水源地保护条例》

加速饮用水源地的保护立法，建立快速、合理有效补偿饮用水源地农民的损失的机制，进一步强化管理饮用水水源地保护区内的经济活动，加大对水源地污染的监管力度，进一步细化一级、二级保护区和准保护区保护的可执行性。加强饮用水水源地保护区里面的管理、监控，使《水污染防治法》中关于饮用水源地保护的法律条文更加细化，更具有操作性和可执行性。

（二）修订此法或者制定其他的法律时应予考虑的问题

1. 增设"环境公益诉讼"

可在修订《民事诉讼法》《环境保护法》等法律时，增设"环境公益诉讼"，允许社会团体、环保 NGO 组织对污染者和不履行法律职责的行政机关提起公益诉讼，也就是说，没有受到水污染损失的公民或组织也应该可以成为原告。

2. 赋予环保部门"行政强制执行权"

很多水污染事情都很紧急，环保部门在制作行政处罚时，通常责令某企业关闭排污口，企业不执行，环保部门无权强制执行。按照现行的法律，环保部门只能申请人民法院强制执行，但法院一般会要求当事人进行行政复议，这样一来，一年半载，排污口的问题还是得不到解决。因此，在修订《行政诉讼法》《环境保护法》等法律时，应该赋予环保部门"行政强制执行权"。

3. 确立公众参与环境保护的权利

在公民的环境权日益受到重视的今天，《水污染防治法》的制订理应顺着时代的潮流，对环境保护中的公众参与作出明确、具体的规定，以保证、鼓励、保护公众更多地参与环境管理，促进水环境保护目标的实现。笔者建议：一是明确听证制度。在立法活动中，涉及公民、法人或其他组织的权益时，应给予

---

① 叶静. 王灿发谈《水污染防治法》草案对污染企业罚款 100 万太少了 [J]，中国经济周刊，2007（36）.

利害关系人发表意见的机会，同时还要广泛听取公民的意见，充分了解公民的意愿，在广泛听取各种意见的基础上集思广益、正确决策。这样的立法，既可以兼顾民主与效率，又可以预防立法的偏颇与缺乏，从而保证法律的合理性、可行性，提高立法质量。二是鼓励公民支持公益诉讼。可以在《水污染防治法》第88条可以增加内容，除了环保部门和有关社会团体外，还可以允许知情的公民依法支持因水污染受到损害的当事人向人民法院提起诉讼。三是对那些有可能遭受水污染损害的当事人赋予其起诉的权利。为了防患于未然，也为了提高公民的环保意识和权利保护意识，《水污染防治法实施细则》应补充规定，有可能遭受水污染损害的当事人可以向人民法院提起诉讼，要求企业停止污染环境。

结　语

经历了漫长的修订过程和广泛的征求意见阶段后，2008年终于施行的《水污染防治法》是我国环境资源立法工作中的一件大事。它总结了实施11年的《水污染防治法》的经验教训，为水污染防治工作由被动应对转向主动防控、让江河湖泊休养生息奠定了坚实的法律基础。毋庸置疑，修订后的《水污染防治法》给我国形势日益严峻的水污染防治工作带来了新的期待，但实行后的实际效果如何，还有待实践的检验。

中国面源污染防治立法的
现状、困境与出路[①]

一、立法现状

中国面源污染防治的立法现状是：没有一部单行性立法，现行的环境法律法规对此也鲜有规定，即使内容上有所涉及，但也没有对点源和面源污染进行明确的分类和界定，更没有采用分类控制的技术标准实行不同的管理控制。

（一）法律体系框架尚未建立

自1979年以来，中国先后制定了《环境保护法（试行）》《水法》《水污染防治法》《水土保持法》《农业法》《固体废物污染环境防治法》《大气污染防治法》等多部法律，同时，国务院、国家环保部、建设部等其他部委制定颁布了一些环境行政法规和规章，地方政府还颁布了一些地方性环境法规。可以说，中国现行的环境法律体系主要针对工业和城市的点源污染构建的，农业污染和城乡环境污染以及高速公路面源污染保护尚缺少系统的法律和政策体系框架；虽然一些环境法律条文中或多或少地涉及了防治面源污染的内容，但其内容因普遍不够细化、针对性不强且缺乏系统性和配套性，司法实践中难以操作，因此，防治效果甚微。客观地说，中国目前对于面源污染的防治仍停留在技术层面上和经济层面上，还没有转移到法律政策的层面上。

（二）技术标准未区分点源和面源污染

现行环境法律规定仅仅倡导的是"预防为主，防治结合"原则，仍局限在对污染物排放的预防和治理上，根本无法体现"源头防治"。如：2008年2月新修订的《水污染防治法》就没有按照点源和面源污染分类控制的方式来规定水污染的防治。在流域治污上，近年来虽然也制定了不少农业环境方面的相关法规和技术标准，但这些标准主要是污水排放标准，依然为末端控制的体现。

---

① 本文刊载于《环境保护》（2009年第7B期）。

为减少和控制畜禽场造成的面源污染，中央和地方政府虽然出台了一系列农村畜禽场排放污水的标准，但是，由于治污技术不高，治污成本高昂，加之政府补贴不充分等因素，在广阔的中国农村自始至终采用污水处理设备的畜禽养殖场却很少。实际上，即使在对农民有巨额补贴的欧洲国家，农民也无力支付对畜禽养殖场污水处理费用，因而这些标准在控制畜禽场造成的面源污染上，基本不具实际意义。

（三）防治部门交叉且不明确

如中国的城市环境卫生立法和政策措施中城市卫生、道路清扫等活动虽然没有排除在环保防治之外，但它分属于建设部门管理，城建环卫部门只负责城市"点"上的环保工作，对于"面"上的环保工作无暇顾及；又如环境立法和政策措施中农业活动目前排除在环保防治之外。农业部门在促进产业发展和保护环境这两个目标之间，往往倾向于促进产业发展。而国家环保部门对于面源污染问题，又起不到直接的防治作用。这就导致面源污染管理处于一种真空状态。而且，不同部门和行业的制度和政策间缺乏协调机制，结果导致了管理部门（如建设部和农业部）不想成为面源污染防治的主管部门，从而担负起防治面源污染的法律责任，其他部门（如环保部等）也不积极配合管理部门履行职责。

（四）法律责任形同虚设

现行防治面源污染的法律规定较少，即使存在法律规定，这些规定大都缺乏操作性，而且，大多数的规定没有设定法律责任，设定了法律责任的条款要么不明确具体，要么过于疲软，很难发挥其惩戒作用。如中国现行土壤污染防治的法律规范中就没有有关法律责任的规定，对土壤污染主体几乎无任何约束，不用承担任何责任；《农业法》《环境保护法》《水污染防治法》等多部法律虽然提及了防治面源污染的主体性内容，但这些内容却缺乏进一步的具体规定，而且还没有制定与之相配套的法律责任；《秸秆禁烧和综合利用管理办法》等规章中偶尔有法律责任的具体规定，其执法手段偏软、惩戒力度不大、惩处措施标准不明确，不具有针对性和层次性，致使法律规定的内容无法落实。

二、立法困境

（一）社会各界对面源污染不够重视

虽然中国政府从可持续性发展的战略高度提出了建设"两型社会"（资源节约型、环境友好型）的主张，但目前还没有引起社会各个方面的高度重视。在农村，地方政府仍然存在着重经济发展、轻环境保护的发展观。广大农村的基层领导和基层组织在加快发展农村经济,解决农民温饱奔小康的同时,往往忽视环境建设和生态保护。而且,长期以来,环境保护实行"谁污染、谁治理",政府有限的财政投入,也主要集中在城市和工业上,对农村环保投入甚少。再者,广大农民的环保意识比较淡薄,受到宣传教育的机会较少,缺乏环境资源的保护与可持续性发展的理念,同时也缺乏遏制环境污染的主观能动性和权利意识。虽然中国已开展了对农业面源污染的防治工作,但目前还停留在"点"上。与农业面源污染防治相比,在固体废弃物、城乡生活污水以及高速公路所致的面源污染上,各地政府还没有给予必要的重视,目前政策法律层面上的防治工作仍处于零起步阶段。

(二) 循环型农业经济的观念还有待形成

目前,中国一些市、县和地方进行了生态农业、有机农业等农业循环经济的尝试,开始建设生态省(市),由于受经济和技术等条件的限制,防治农业面源污染的行动还没有明显的成效。众所周知,农业面源污染涉及千家万户,问题复杂,控制起来难度很大,对于中国来说,解决问题的关键主要在于缺少政策框架和配套制度,同时还缺乏相应的机构向农民宣传面源污染的成因、危害及防治方法,地方政府也没有实施鼓励和推动农民采用有效技术的措施,更谈不上积累成功的管理经验。随着农业面源污染危害的凸显,中国已采取了一些"绿色农业"的措施,只是目前还大多停留在局部地区。如何总结、推广这些经验,推动污染治理由"点"到"面",仍需时日。

(三) 中国面源污染的实况还有待查实

20世纪90年代以来,农业生产过程中多方位的农业面源污染问题比较突出。农业集约化程度较高的苏皖等地区,农业面源污染已经成为水体富营养化的重要原因之一。五大湖泊的太湖、巢湖已呈富营养化状态,水质总氮、总磷指标已达劣V类。部分湖泊水域、河网水系和近海海域,农业面源污染已上升为第一位污染源。在中国北方集约化农业区,农业面源污染还造成严重的地下水硝酸盐污染,导致农村居民饮用水质量每况愈下。在农村,过量使用的农药、化肥随着雨水排放进入水体,农民的生活污水基本上未经处理就直接排放到周边的水体,城乡生活垃圾露天堆放也随地表径流进入周边的水体。禽畜饲养、水产养殖过程中密度大且不合理的饵料、渔药的使用也造成了一定程度的水体污染。同时,城镇生活污水、高速公路所致的面源污染也是一个不可忽视的因素。因中国缺乏对面源污染长期的基础性监测调查与比较研究,系统的基础数据也不完善,导致有效的防控技术标准无法制定,因此,有必要开展全国范围的面源污染现状调查,为科学立法提供可靠信息。

（四）无成熟和标准化的监控技术

由于面源污染具有滞后性、模糊性、潜伏性，信息获取难度大，危害规模大，研究、防治与管理难度大等特点，加之其尚无成熟和标准化的国际、国内控制技术和监测技术，所以，对面源污染的监测和其在水体污染中的贡献率很难作出客观的评价，寻找经济实用并能准确反映面源污染规律的方法是当务之急。虽然科技工作者利用GIS和RS方法获取了大量面源污染信息，有效提高了模型应用的效率和可靠性，而且利用3S技术开发出了面源污染监测模拟分析系统，促进了面源污染数学模型的快速发展，增强了面源污染模型的应用性能。但面源污染的定量监测工作仍未得到彻底解决，而面源污染负荷的定量工作又是面源污染防治立法的关键环节。因此，要在短时间内制定一套科学性、系统性和可操作性的法律法规比较困难。

（五）末端治理技术难以有效防治面源污染

面源污染从产生机理，到所涉及的社会行为，都与点源污染有着很大的差别。在广阔的农村，因受气候变化的影响较大，防治面源污染的措施很难发挥其作用。当农村进入干旱季节，农田和场地很少有径流；进入梅雨季节，则暴雨成灾，短时间内径流量剧增，常常超出污水处理厂的设计负荷。上述情况，若采用末端治理，则会因为污染治理设施建设和运行的最小经济规模限制以及高折旧率限制而不可行。另外，高速公路所致的面源污染线长面广，根本不可能对其采取末端防治技术来予以防治。

（六）面源污染防治立法技术难度大

目前，面源污染可以划分为以下类型：（1）农田径流、淋溶或侧渗；（2）畜禽场和放牧草场的径流；（3）城乡接合部无污水管道和垃圾处理系统的城区和大乡镇场地径流；（4）农村小村落生活面源；（5）湖泊、河流上的家禽和水产养殖；（6）城市道路、高速公路的径流等。由于面源污染受地理环境、气候条件、环境监测与管理方式上等多种随机因素的综合作用，不同类型的面源污染存在着较大的差异，况且国内外学者对面源污染物的累积及其在地表径流过程中的输送、扩散规律目前也未得到清晰的认识，经统计分析提出的一些描述径流污染负荷的数学模型在对影响因素的认识方面存在本质的差别，所以，要总结这些防治对策和技术经验，本身就存在一定的难度，更何况要将它们上升为法律规范，难度更大便是情理之中的事情。

三、立法对策

完善面源污染立法的关键在于统一思想，提高认识，说到底就是一个科学发展观在经济发展与环境保护上怎么落实的问题。实际上，经济发展与保护环境二者并不矛盾。环境问题已成为制约中国可持续发展的重要因素。发达国家以保护和改善城乡生态环境为目的，以废弃物资源化和综合利用为立足点，以环境容量为基准，以责任制为龙头，不断建立健全化肥、农药、畜禽废弃物以及道路废弃物排放等法律法规，有效防治面源污染的成功经验值得中国借鉴。

（一）建立健全防治面源污染的法律法规

在面源污染日趋严重的今天，应尽快完善中国的环境法律体系，重视面源污染立法，为控制面源污染提供法律保障。(1) 抓紧制订《全国农业生态环境保护条例》。大力推广"绿色农业生产"，减少有机肥料导致的污染。制订和完善无公害农产品及农药、化肥使用规程等相关标准、规定，以规范农药、化肥的使用，推广符合生态要求的施肥和施药技术。(2) 加紧修订《水土保持法》，突出水土保持与防治污染结合，特别是与防治面源污染，与人居环境和城市美化的结合。(3) 加紧制定《湿地法》，突出湿地防治面源污染的作用。人工湿地工程投资少，见效快，去除污染效率高，运行成本低，易管理，适合中国国情等特点，是面源污染控制的有效手段。(4)《环境影响评价法》中应当补充针对农田开垦、水利工程的建设和使用等土地利用规划决策进行面源污染风险评价的条款。(5) 各地应依照国务院《城市市容环境卫生管理条例》，尽快制定适合本地发展的实施细则，从源头上保持城市的清洁。另外，国务院应抓紧制定《城镇生活污水处理费征收使用管理条例》。在该条列出台之前，各地可结合本地实际，加紧制定《城镇生活污水处理费征收使用管理办法》。(6) 国务院或国务院的相关部门应尽快制定《道路交通污染物处理办法》，加强对交通污染物扩散途径的防治，责令道路管理部门采取适当的措施，减少污染物排入地下或地表水体的数量。

（二）强化面源污染防治的法律责任

中国防治面源污染的相关法律责任较少，很多防治面源污染的法律法规中都没有设定相关的责任规定。即使有些法律法规中设定了防治面源污染的相关责任规定，大多没有明确问责的主管部门，导致主管部门之间有利益争着问责，没有利益则相互推诿、扯皮。而且，目前法律责任针对性不强，处罚力度不大，起不到惩戒作用。如《城市市容和环境卫生管理条例》的规定过于概括化，对违反条例的单位和个人，不论其危害多大，只规定了教育，责令改正或处以罚款的处罚方式。这样的规定不具有可操作性，同时也不具有较强的惩戒作用。因此，有必要进一步强化中国面源污染防治的法律责任，使中国面源污染防治法律措施更具有针对性、层次性和可操作性。

(三）确立主管部门并明确其职责

在中国的环境立法和政策措施中，农业活动排除在环保防治之外，国家环保部门对于农业面源污染问题起不到直接的防治作用。另外，城市环境卫生立法和政策措施中城市卫生、道路清扫等活动虽然没有被排除在环保防治之外，但它分属于建设部门管理，城建环卫部门只负责城市"点"上的环保工作，对于"面"上的环保工作无暇顾及。这就导致面源污染管理处于一种真空状态。而且，不同部门和行业的制度和政策间缺乏协调机制，结果导致了管理部门不想成为面源污染防治的主管部门，其他部门也不积极配合管理部门履行职责。立法应明确某个职能部门为主，其他部门积极配合。

（四）采取多种手段引导公民参与

面源污染与公民生活息息相关，公民环保意识的提高是面源污染防治取得成功的重要因素，没有广泛的公民参与是无法改善环境的，但提高公民的环保意识是一个相当长的过程。一方面各级地方政府要特别重视法规、政策、管理和教育等非技术性措施的建设。重视技术措施与非技术措施的协调与互补，应更多地通过多种手段引导公民自觉自愿采取有利于环境的行为，可以通过抵制严重污染环境或选择有利于环境的商品进行消费，间接地影响着企业的生产行为；公民自身可以通过改变传统的消费模式，建立绿色的消费观念与消费方式，降低消费活动对自然环境的影响力度。另一方面设立有奖举报制度，鼓励公民勇于同违法排污的单位和个人作斗争，检举揭发单位和个人违规使用污染物品或随意排放污染物的行为。

日本应对面源污染的法律措施[①]

1990年以前，日本控制污染的重心仍放在点源污染上，面源污染还没有引起人们的高度关注。随着农业的发展，农产品供求状况的改变，以及欧盟等农业环境政策的不断展开，以农业污染为主的面源污染在日本逐渐得到重视。1992年农林水产省在其发布的"新的食物·农业·农村政策方向"文件中首次提出了"环境保全型农业"的概念，自此以来，日本才开始致力于推进环境保全型农业，防治农业面源污染。[②] 随着环境保全型农业的不断深入发展，日本陆续在防治农业生产污染、禽畜养殖业污染、固体废物污染、城市生活污染和高速道路污染等方面出台了一系列法律。这些法律虽然不是防治面源污染的单行性法律，但其内容具有配套性、系统性、可操作性的特点，惩戒措施也具有针对性和层次性的特点，而且经济措施与法律责任并举，客观上对防治面源污染起到了重要作用。本文拟从上述法律入手，简析日本防治面源污染的法律现状，阐述其立法的特点，然后指出我国面源污染立法时应注意的几个问题。

一、日本应对面源污染的法律措施

归纳起来，目前日本防治面源污染的法律有以下几类：

（一）防治农业生产污染的相关法律

从1992年起，日本确立了发展农业的新政策，旨在推进农业环境保护、环境友好型农业。[③] 1999年，日本政府把农业新政策中成功的经验和做法上升为法律，颁布了《食品、农业、农村基本法》，取代了沿用近40年的《农业基本法》。该法特别强调要发挥农业及农村在保护国土、涵养水源、保护自然环境、

[①] 本文刊载于《长江流域资源与环境》（2009年第9期）。中国人民大学复印资料中心《生态环境与保护》（2010年第1期）全文转载。

[②] 刘冬梅，管宏杰. 美日农业面源污染防治立法及对中国的启示与借鉴［J］，世界农业，2008（4）．

[③] 朱兆良，［英］David Norse，孙波主编. 中国农业面源污染控制对策［M］，中国环境科学出版社，2007，p37.

形成良好自然景观等方面所具有的多方面功能，其目的是加速引进具有较高持续性农业的生产方式，确保农业生产与自然环境相协调，实现农业健康发展。法律明确规定农业生产使用堆肥和其他有机肥料，其着眼点是防治农业生产所导致的面源污染。

同年，日本还出台了与之相配套的法律——《关于促进高持续性农业生产方式的法律》。该法针对可持续农业生产方式规定了三大类12项技术，配合相关的标准实现对农业生产的安全控制。对农业经营者根据都道府县制定的"采用高持续性农业生产方式指南"制定采用计划。计划得到认定的农业经营者，被称为"生态农业者"，可以享受金融、税收方面的优惠政策。该法最大的亮点是：利用各种优惠政策，鼓励农业经营者采用改善土壤性质效果好的堆肥等有机质使用技术、减少化学肥料和化学农药的使用，能够从根本上有效地控制化学肥料和化学农药所致的农业面源污染。

2000年，日本再次修订了1950年颁布的《肥料管理法》，并规定同年10月实施，该法规定原料中含有污泥的堆肥不能作为特殊肥料对待，必须作为普通肥料登记，从此结束了以特殊肥料名义对污泥不当处理的行为。

2001年，日本相继出台了《农药取缔法》《农业用地土壤污染防治法》，政府还相继制定了实施细则。这些法律和实施细则中的许多内容涉及农业面源污染，如《农业用地土壤污染防治法》规定对农业用地实施不同于工业用地土壤污染的防治对策。

此外，日本还制定颁布了《食品循环资源再生利用法》《有机农业法》《堆肥品质法》《农药残留规则》《农地管理法》等环境保全型农业的法规。这些法规的部分内容对控制农业面源污染有一定的强制作用。

（二）防治禽畜养殖业污染的法律

为防治禽畜养殖业对环境的污染，日本于1999年4月颁布并实施了《家畜排泄物法》。该法明确规定，一定规模以上的农家，禁止畜禽粪便的野外堆积或者直接向沟渠排放，粪便保管设施的地面要用非渗透性材料建设，而且要有侧壁，并适当覆盖。为鼓励养殖业者建立堆肥化设施等，法律规定可特别返还16%的所得税和法人税，还设定了按5年课税标准减半收取固定资产税的特例。[①]

除此之外，《关于废弃物的处理及清扫的法律》规定，在城镇等人口密集地区，禽畜粪便必须经过处理等。《防止水污染法》则规定了禽畜场养殖规模

---

① 刘冬梅，管宏杰．美日农业面源污染防治立法及对中国的启示与借鉴［J］，世界农业，2008(4)．

达到一定的程度时，排出的污水必须经过处理，并符合规定的要求。《恶臭防治法》中规定，禽畜粪便产生的腐臭中八种污染物的浓度不得超过工业废气浓度。为了防止养殖业污染，日本政府还实行了鼓励养殖业企业保护环境的政策，即养殖业环保处理设施建设费的 50% 来自国家财政补贴，25% 来自都道府县，农户仅支付 25% 的建设费和运行费用。

（三）防治固体废物的法律

为减轻固体废物对环境的负荷，有效推进循环型社会的形成，日本修订了一系列废弃物回收及能源再生利用的法律规范。[①] 1995 年，日本制定了《关于促进分类收集容器包装及再商品化的法律》，将"抑制废弃物排出以及再生"列入了《废弃物及清扫法》目的之中，强化了固体废物回收政策。不久，日本以 1989 年的《巴塞尔公约》为基础，制定了《关于规制特定有害废弃物等输出入的法律》，1998 年制定了《特定家庭型机器再商品化法》，2000 年制定了《循环型社会形成推进基本法》《关于建筑工程资材再资源化的法律》《关于促进食品循环资源再生利用的法律》，以及《关于国家推进环境物品供给的法律》，2000 年，第四次大幅度修改了《关于废弃物处理及清扫的法律》。修改了废弃物处理体系，新设了再生利用认定制度，明确了废弃物处理设备的许可要件及手续，新设了最终处理场所的维持管理公积金制度，扩大了废弃物处理管理票制度的适用范围，强化了非法投弃工业废弃物的处罚等，有效地抑制了废弃物的排出。日本还修改了 1991 年的《关于推进再生能源利用的法律》，并将其改为《关于促进有效利用资源的法律》；2002 年制定了《关于废弃汽车再资源化的法律》。[②]

（四）保障城市生活环境安全方面的法律

为有效推进城市水体环境安全，日本于 1990 年修改了《水质污染防止法》，确立了推进市街村生活排水对策计划制度化政策；为保全水道水源的水质，1994 年制定了《为防止特定水道水利障碍的水道水源水域的水质保全特别措施法》以及《促进水道原水水质保全事业实施的法律》。与此同时还加大了对城市街道土壤污染的防止和净化力度，设定了土壤污染环境基准，确立了国有地土壤污染对策，确定了土壤、地下水污染以及重金属等对土壤污染的调查及对策。1996 年修改了《水质污染防止法》，赋予了都道府县知事可以命令污染原因者采取措施净化地下水水质的权力。1999 年制定了《二噁英类对策特别

---

① 罗丽. 日本生态安全保护法律制度研究 [J]，河北法学，2006 (6).
② ［日］大塚直. 環境法 [M]，有斐阁，2005，p71.

措施法》；1999年制定的《关于促进特定化学物质向环境排出量的掌控及改善管理的法律》，确立了危险性不能确定的化学物质排出、移动登记制度——PRTR制度；2002年制定了《土壤污染对策法》，对包含面源污染在内的土壤修复整治进行了详细的规定。[1]

（五）防治高速公路面源污染的法律

随着交通的迅速发展，在主要道路的邻近区域和重要交通的城市道路，汽车交通产生的空气污染已变成日本一个严重的社会问题。汽车引起的污染物主要有：一氧化碳（CO）、氮氧化物（NO_X）、总烃（THC）、铅微粒和悬浮颗粒（TSP）等，这些污染造成有害空气被吸入、光化学烟雾、大气臭氧层空洞、溶入土壤影响土质、黏附在农作物上进入人体等危害。2001年日本修改了《削减特定地域汽车排放的二氧化氮总量的特别措施法》，并重新制定了《削减特定地域汽车排放的二氧化氮以及粒子状物质总量的特别措施法》，还修改了《大气污染防止法》，规定了有害大气污染物质的种类，确立了企业、国家和社会公共团体在抑制有害大气污染物质活动中的义务。另外，日本比较重视汽车交通所产生的水质污染。考虑到汽车所携带的如有机质溶剂、石油和化学储剂，以及汽油、机油等，因为滴漏或其他原因而沿路表进入沿线的河道及土壤，从而会对当地的水质及土质造成一定程度的面源污染，日本把防治这些污染写进了《国家干线公路环境保护规范》。

二、日本防治面源污染的立法特点

日本资源贫乏，山多田小且水田多，传统型农业生产模式导致的面源污染问题突出。[2] 20世纪90年代以来，日本对农业一直采取支持和扶助的政策，着重发展环保农业。同时，通过并驾齐驱（修改旧法与制定新法）的立法途径，完善了农业、畜牧养殖业、固体废弃物、城市生活环境以及高速道路等面源污染防治的法律制度，建构了防治环境污染的法律体系。在技术人员、政府部门以及执法人员的共同努力下，短短几年时间面源污染得到有效治理。纵观日本防治面源污染的立法现状，其特点如下。

（一）避免立法"盲区"

日本防治面源污染立法的范围广泛，尽量避免立法"盲区"。不仅有控制

---

[1] [日]阿部泰隆，淡路刚久. 環境法[M]，有斐阁，1995，p46.
[2] 衣保中，闫德文. 日本农业现代化过程中的环境问题及其对策[J]，日本学论坛，2006（2）.

农业生产污染的《食品、农业、农村基本法》《关于促进高持续性农业生产方式采用的法律》等，而且在禽畜养殖业、固体废物、城市生活环境和高速公路污染方面也制定了《家畜排泄物法》《关于废弃物的处理及清扫的法律》《土壤污染对策法》《削减特定地域汽车排放的二氧化氮以及粒子状物质总量的特别措施法》《水资源保护法》等多部法律。这些法律是日本政府根据面源污染在各个时期的变化情况，通过立法把各种政策、目标和经济措施法制化。这些法律既有延续性，又具灵活性（必要时能及时修改），[1] 而且还相互协调促进，对防治面源污染有较好的保障作用。

（二）强调"三性"立法

"三性立法"是日本制定防治面源污染法律的一大特色。"三性"立法是指制定法律时，考虑法律内容的配套性、系统性和可操作性。如在防治禽畜养殖业污染方面，日本颁布并实施了《家畜排泄物法》《防止水污染法》和《恶臭防治法》等七部法律。这些法律相互配套，构成一个系统，共同发挥着作用。在控制农业生产污染方面，日本制定了《食物、农业、农村基本法》，与之相配套，同年也颁布了《可持续农业法》，此后又分别配套制定了《食品废弃物循环利用法》和《堆肥品质法》。从上述立法来看：从农业生产投入到食品加工和饮食业等各个环节法律法规相互配套，自成一个体系，尽可能地减少了法律法规的"盲区"。而且，这些法律条文也明确具体，便于贯彻落实。如《防止水污染法》就对一定程度的禽畜场养殖规模进行了明确的规定，即：养猪超过2000头、养牛超过800头、羊马超过2000匹。

（三）突出立法重点

日本将防止面源污染的立法重点放在保护绿色农业、有机农业等可持续农业上。为了实现绿色农业、有机农业等可持续农业，在立法时倡导可以生存并持续发展的农业，降低对地球环境的破坏，在环境容量内重新构筑农业生产技术。日本立法保护有机农业的目标不单是不使用农药、化肥，还包括对以往那种直接与土壤消耗、化学物质高投入相联系的大面积、单一化生产以及农产品全年稳定供应的市场流通进行重新认识，形成生产者和消费者共有的新价值观。日本政府在市场上推出绿色环境标志制度，鼓励消费者购买环保产品，而没有绿色环境保护标志的产品，在市场上就得不到市民的认可。在日本，一个企业如果对环保无动于衷，消费者就不会满意，市场就会淘汰其产品。也就是说，

---

[1] ［日］大塚直. 環境法[M]，有斐阁，2005，p72.

环保不仅是政府的要求,而且也是市场的要求。①

(四) 明确部门职责

面源污染具有随机性、广泛性、滞后性、潜伏性等特征,它随流域内土地利用状况、地形地貌、水文特征、气候、天气等的不同而具有空间异质性和时间上的不均匀性。② 因此,面源污染防治不是一个单独的工程,而是一项系统工程。它不仅需要采取技术的、经济的政策的、法律的手段来防治,同时还需要多部门的相互合作和配合,这种合作要建立在各职能部门之间,但是各部门的职能要清晰,不能交叉,通过较为明确的管理主题分工和协调一致的行动来避免机构间的扯皮问题。日本在立法时对管理部门在环境保护中的职责准确定位,明确规定政府应该实施什么、不应该实施什么,十分清楚,井然有序。③

(五) 政策法律并举

日本立法者深知:环境问题光靠政府提倡、惩处是不够的,关键是要通过环保补贴、能源价格等一系列经济政策,引导企业和公民形成自觉的环保意识,使他们认识到不重视环保,企业就没有出路,从而形成内在的环保机制与内生的环保动力。④ 除了采取上述政策措施外,日本还加大对环境污染的惩戒力度,惩处措施标准明确,具有针对性和层次性。对危害环境的处罚不仅仅是一般的行政处罚,有的提升到了刑罚的高度,即使是一般的处罚,也规定了具体的执行标准,执行起来有法可循,也有利于监管措施的落实。如《关于废弃物的处理及清扫的法律》第25条规定:对于违反者,处5年以下拘役,罚金最高可达1000万日元。高额罚金和较长期间的拘役使企图以身试法者望而却步。⑤

(六) 引导公民参与

日本还通过立法提倡并大力弘扬健康、积极的消费理念与生活方式,形成全社会愿意为环保产品支出成本的消费理念与消费行为。特别是通过消费行为,制约企业的生产行为,迫使企业增强环保意识,提高环保水平。同时,公民环保意识的增强,可以为生活垃圾的处理提供有效的基础条件,减少垃圾产生量。

---

① 衣保中,闫德文. 日本农业现代化过程中的环境问题及其对策 [J],日本学论坛,2006 (2).
② 许书军等. 非点源污染影响因素及区域差异 [J],长江流域资源与环境,2004 (4).
③ 刘冬梅,管宏杰. 美日农业面源污染防治立法及对中国的启示与借鉴 [J],世界农业,2008 (4).
④ 衣保中,闫德文. 日本农业现代化过程中的环境问题及其对策 [J],日本学论坛,2006 (2).
⑤ 冷罗生. 日本公害诉讼理论与案例评析 [M],商务印书馆,2006,p247.

三、我国防治面源污染立法应注意的几个问题

日本防治面源污染的经验告诉我们：面源污染如果仅仅依靠技术层面上和经济层面上的治理，不仅治理难度大，投入成本高，而且在现有的技术条件下效果也不理想，通过立法就更能有效地防治面源污染。借鉴日本防治面源污染立法的经验，笔者认为：今后我国防治面源污染立法应注意以下几个问题。

（一）要加大立法力度

我国现行环境法律体系主要针对工业和城市的点源污染构建的，防治面源污染尚缺少系统的法律和政策体系框架。而且我国没有一部防治面源污染的单行性法规，现行的环境法律法规对此也鲜有规定，即使《环境保护法》《农业法》《水污染防治法》内容上有所涉及，但也没有对点源和面源污染进行明确的分类和界定，更没有采用分类控制的技术标准实行不同的管理控制。在面源污染日趋严重的今天，应加大面源污染防治的立法力度。在现行的环境污染法律体系中，完善有关面源污染防治的相关条款，明确面源污染的指导思想和立法原则，明确法律关系主体间的权利义务；同时尽快制定防治面源污染的单行性法规，使面源污染防治有法可依。

（二）要完善法律责任

目前，我国防治面源污染的相关法律责任较少，很多防治面源污染的法律法规中都没有设定相关的责任规定。即使有些法律法规中设定了防治面源污染的相关责任规定，大多没有明确问责的主管部门，导致主管部门之间有利益争着问责，没有利益则相互推诿、扯皮。而且，目前法律责任针对性不强，处罚力度不大，起不到惩戒作用。因此，有必要借鉴日本的立法经验，进一步强化我国面源污染防治的法律责任，使我国面源污染防治法律措施更具有针对性、层次性和可操作性。

（三）要明确部门职责

在我国的环境立法和政策措施中，农业活动目前排除在环保防治之外。农业部门在促进产业发展和保护环境这两个目标之间，往往倾向于前者。而国家环保部门对于面源污染问题，又起不到直接的防治作用。又如城市环境卫生立法和政策措施中城市卫生、道路清扫等活动虽然没有排除在环保防治之外，但它分属于建设部门管理，城建环卫部门只负责城市"点"上的环保工作，对于"面"上的环保工作无暇顾及。这就导致面源污染管理处于一种真空状态。而且，不同部门和行业的制度和政策间缺乏协调机制，结果导致了管理部门（如农业部和建设部）不想成为面源污染防治的主管部门，从而担负起防治面源污

染的法律责任，其他部门（如环保部等）也不积极配合管理部门履行职责。立法应明确某个职能部门为面源污染防治的主管部门，负有防治面源污染的法律责任，其他部门有义务配合其履行职责。

(四) 要引导公民参与

各级地方政府应更多地通过多种手段引导公民自愿采取有利于环境的行为，如建立以围绕农业清洁生产为核心的科技、鼓励调整产业结构的政策、风险分担政策、财政补贴政策、金融扶持政策等。可以通过抵制严重污染环境或选择有利于环境的商品进行消费，间接地影响企业的生产行为；公民自身可以通过改变传统的消费模式，建立绿色的消费观念与消费方式，降低消费活动对自然环境的影响力度；同时设立有奖举报制度，鼓励公民对违反环境法规的行为进行检举揭发。

河湖水系连通中的法律问题[①]

由于河湖水系是自然环境的重要组成因素，河流湖泊的连通性在一定程度上决定了水资源的分布格局和水资源分配，对社会经济有着重大影响；同时，河湖水系连通工程的建设，对自然河湖水系进行人工修复和改造，不仅威胁稳定多样化的环境与生态系统，同时规模巨大的工程，投资巨大、回收周期长，并且移民、社会文化损失等问题不能逃避，并且复杂的工程建设管理存在着各种潜在风险。[②] 因此，河湖水系连通工程必须尊重自然、尊重科学，绝不能成为地方领导的形象工程、政绩工程，而应是一项社会工程、民生工程，必须要重视工程建设前后的负面影响。如果不能妥善处理其负面影响，将影响到社会和谐、人与自然的和谐，阻碍社会的可持续发展。在确定河湖水系连通战略过程中，需要准确分析河湖水系连通工程的问题，全面梳理现有与河湖水系连通相关的法律法规，深入调查研究河湖水系连通战略中亟待解决的政策法律问题，参考和借鉴国外的立法经验，提出解决这些政策法律问题的可行方法，为河湖水系连通战略的顺利实施提供政策法律保障。

一、河湖水系连通中的主要问题

尽管河湖水系连通工程能够带来较好的社会和经济效益，但它对水资源管理、水环境与水生态方面所产生的负面影响也不容忽视，其中有些影响甚至是深远的、不可逆转的。

通过资料搜集、专家介绍和实地调研[③]，了解到目前的河湖水系连通工程

[①] 本文系国家社科重大招标项目《我国河湖水系连通战略问题研究》结项报告中的子课题四的内容。
[②] 崔国韬，左其亭，窦明. 国内外河湖水系连通发展沿革与影响 [J]，南水北调与水利科技，2011（4）.
[③] 第三课题组进行了四次实地调研. 2013年6月21-25日，调查组一行3人前往江苏徐州考察河湖水系连通工程的情况，7月8-11日，调查组2人前往湖南益阳大通湖考察河湖水系连通工程的情况，7月15-17日，调查组2人前往湖北武汉考察河湖水系连通工程的情况，8月27-30日，调查组一行8人又深入山东济南、潍坊等地考察河湖水系连通工程的情况。

主要涉及以下问题。

(一) 水资源管理等方面的问题

我国实施的河湖水系连通工程,绝大多数是资源调配型河湖水系连通工程。通常在水资源分配管理不当时,可能出现将调水区的经济、社会、生态效益搬到了受水区,而受水区的用水不足的风险可能转移到调水区,从而可能出现"拆东墙补西墙"的不合理现象。因此,需要各连通区域实行最严格的水资源管理制度,充分挖掘本地区水资源开发利用潜力,如若仍存在水资源问题,就要规划设计河湖水系连通工程,要兼顾各利益相关者的权益,要谨慎选择水源、设计连通线路,同时必须对连通区域进行用水总量的控制,其中包含控制连通调水量,只有对用水总量进行合理的规划与配置,才能很好地减少受水区对连通工程的依赖性,避免调水区"经济和社会效益搬家"现象的出现,实现调水区与受水区的共赢。①

河湖水系连通将改变某一水域的生态,减少其水量,从而可能导致水源地水质和水量发生改变,进而可能对部分地区的用水权造成损害,由此水权交易不可避免。目前,中国水量分配政策不成熟,水价体系不合理,主要体现在以下方面:一方面政府未制定规划法规等宏观政策,行政手段的作用还未充分发挥;另一方面未启动市场运行机制,供水价格和污染物排放收费标准确定不太合理。水资源作为一种商品,必须将其纳入市场经济中,必须要培育符合现代企业制度的水市场主体,积极推进水价改革。② 另外,中国水资源管理体制分散,"多龙治水"现象严重。国家层面和部际层面的河湖水系连通工程水资源管理涉及多个部门,各自独立管理,缺乏统一的水管理体系。

以往的河湖水系连通工程是比较单一的防洪供水工程,这种单一功能的观念必须改变。当今的河湖水系连通工程必须是水资源最优配置的工程,它不仅要考虑生活、生产等经济社会用水,而且还要兼顾河湖水系生态环境用水,统筹水量与水质的连通调度。

(二) 水环境和水生态保护问题

河湖水系连通工程不仅要兼顾水资源最优调配和水生态修复,更应该重视水生态和水环境的保护。跨流域调水和生态调度补水等河湖水系连通工程的水资源调配方式由只考虑经济社会用水向经济社会用水、生态环境用水同时兼顾

---

① 崔国韬,左其亭. 河湖水系连通与最严格水资源管理的关系 [J]. 南水北调与水利科技,2012 (2).

② 左其亭,刘晓洁,陈庆美,窦明. 河湖水系连通特征及其利弊 [J]. 地理科学进展,2012 (1).

方向转变,强调对干旱地区河道下游尾闾生态系统的保护与修复,注重污染严重地区水环境的综合治理。[1]

众所周知,河湖水系连通工程在实现其总体目标的同时,难免对流域或区域内的环境产生不良影响。如未建设完善配套排水系统的河湖水系连通工程,会影响土壤水盐的水平和垂直运动,最终可能形成水浸、沼泽化、盐碱化等。河湖水系连通会造成大范围的淹没,破坏野生动物栖息地。淹没造成土壤排水不畅,土壤长期处于嫌气状态下,有机质和其他物质分解,产生有毒有害物质,影响野生动物的生存繁衍,对生态环境不利。另外,河湖水系连通工程还可能导致河流水质下降,出现新的水污染问题。在水系连通区域内可能存在污染源,如果不对其采取净化措施,将已污染的水体连通,会造成二次污染。[2] 在水量调出区的下游及河口地区,因来水量的减少将会引起河口海水倒灌,水质恶化,出现海水入侵,破坏下游及河口的生态环境,影响区域用水和经济发展。河湖水系连通工程会改变河流水文情势,会对水生生境产生累积影响,进而影响水生生境的类型与格局,流域内项目的实施也将会对流域内自然保护区、类产卵场、饵场及洄游通道的完整性与连续性造成威胁,这种累积影响在某一个环境因子之间可能表现协同影响,也可能表现为拮抗影响。[3] 河湖水系连通可能会改变不同水域之间的生态环境,从而导致生态破坏、外来物种入侵等问题。

对于上述不利影响,只要在规划实施过程中充分发挥法律的功能,重视可能存在的环境制约因素(如自然保护区等),优化规划布局、规模和时序等,采取预防保护、减缓、恢复等各类生态环境保护措施,加强流域生态建设,都可在一定程度上得到减轻或避免。因此,完善河湖水系连通的法律法规就能够确保合理开发利用水资源,发挥河湖水系的服务功能,保障工程流域内经济社会的可持续发展,建成生态安全、环境良好、功能正常、人与自然和谐相处的生态河流。

二、河湖水系连通的立法和研究现状

目前,中国还没有一部专门系统规定河湖水系连通工程管理的基本原则、基本法律制度和运行机制等的基本法,对河湖水系连通工程管理的相关规定散见于涉水法律法规与规范性文件之中,这些法律法规与规范性文件包括《防洪

---

[1] 李原园,李宗礼,郦建强,李爱华. 中国水利学会2012学术年会特邀报告汇编[R],2012-11-06.

[2] 周志明,徐建安. 水系连通对水生态的影响. 郴州水利网. http://www.czs.gov.cn/slj/zwgk/sldt/content_407707.html,访问时间:2014-8-22.

[3] 李迎喜,童波. 水利水电开发规划中的技术环评[J],中国水利,2007(2).

法》《水法》《水污染防治法》《水土保持法》、2014年新修订的《环境保护法》等国家立法机关颁布的法律;《取水许可和水资源费征收管理条例》《取水许可制度实施办法》《河道管理条例》《建设项目水资源论证管理办法》《淮河流域水污染防治暂行条例》等国务院颁布的行政法规;水利部、国家环境保护部颁布的行政规章以及各级地方法规和规章;以及地方政府的行政法规和规章等。2015年4月,为切实加大水污染防治力度,保障国家水安全,国务院制定并公布了《水污染防治行动计划》,明确了总体要求、工作目标、工作指标和十条具体行动措施,要求各地区、各有关部门切实处理好经济社会发展和生态文明建设的关系,按照"地方履行属地责任、部门强化行业管理"的要求,明确执法主体和责任主体,做到各司其职,恪尽职守,突出重点,综合整治,务求实效,以抓铁有痕、踏石留印的精神,依法依规狠抓贯彻落实。

(一)河湖水系连通的立法现状

目前,中国已颁布实施以水管理为主要内容的法律4件,行政法规18件,部门规章55件,地方性法规和地方政府规章近700件,内容涵盖了水利工作的各个方面,适合中国国情和水情的水法规范体系基本建立,各项涉水事务管理基本做到有法可依。[①] 通览上述这些法律性文件,可以发现这些法律规定的内容与当今河湖水系连通工程管理的要求存在着较大的差距,现有的法律内容不足以应对河湖水系连通工程管理的要求,即使有某一些方面的法律规定,也因立法滞后性因素的影响,难以有效保障河湖水系连通工程与自然、经济和社会的和谐发展。具体分叙如下:

1. 水资源管理等方面的立法

水资源管理等方面的立法,按照调整内容不同,可分为综合、水资源管理、水利工程建设与管理、防洪与抗旱管理、流域管理等11个类别。综合考虑河湖水系连通工程的实践状况,本部分重点介绍水资源管理、流域管理以及水权交易的相关立法现状。

(1) 水资源管理立法。中国现有《防洪法》《水法》《水污染防治法》《水土保持法》等多部关于水资源管理的法律、法规,可以说一个比较完备的水资源管理法律制度框架已经初步建立,各项水事活动基本上实现了有法可依。

《宪法》明确规定,"国家保障自然资源的合理利用,保护珍贵的动物和植物。禁止任何组织或者个人用任何手段侵占或者破坏自然资源"(第9条)。《宪法》规定,"国家保护和改善生活环境和生态环境,防治污染和其他公害"

---

① 郝天奎. 推进流域立法为淮河流域综合规划实施提供法律支撑 [J], 治淮, 2013 (8).

(第 26 条)。水资源是自然资源之一,宪法的这些规定显然适用于水资源保护,构成中国水资源保护立法的核心和基础。[1] 水资源保护的基本法《水法》对水资源规划,水资源开发利用,水资源、水域和水工程的保护,水资源配置和节约使用,水事纠纷处理与执法监督检查及法律责任等作出了详细规定。新《水法》规定"开发、利用、节约、保护水资源和防治水害,应当全面规划、统筹兼顾、标本兼治、综合利用、讲求效益,发挥水资源的多种功能,协调好生活、生产经营和生态环境用水"(第 4 条)。规定"国家保护水资源,采取有效措施,保护植被,植树种草,涵养水源,防治水土流失和水体污染,改善生态环境"(第 9 条)。

为进一步缓解中国的水资源危机,2008 年 2 月 28 日第十届全国人民代表大会常务委员会修订并通过了《水污染防治法》,该法强化了地方政府的责任、加大了对违法行为处罚的力度、扩大了总量控制范围、加强了饮用水的法律保护、明确了违法界限、规范了企业的排污行为、完善了水环境监测网络、强化了事故应急处置、严格了"区域限批"、保障了公众参与。《水污染防治法》是一部防治水污染、保护和改善环境、保障人体健康、保证水资源的有效利用、促进经济社会可持续发展的重要法律。[2] 客观地说,该法使中国水资源保护立法工作上了一个新的高度。

(2)流域管理立法。中国虽没有集中的流域管理立法,但有较多涉及流域管理的法律。如 1997 年颁布的《防洪法》,2002 年修订的《水法》,2008 年修订的《水污染防治法》,2010 年修订的《水土保持法》。除了上述法律以外,国务院出台了一系列行政法规,如:《水土保持法实施条例》《水污染防治法实施细则》《河道管理条例》《取水许可制度实施办法》《蓄滞洪区运用补偿暂行办法》《淮河流域水污染防治暂行条例》《长江河道采砂管理条例》《黄河水量调度条例》和《防汛条例》等。部门规章近年来也不断出台,如 2011 年交通运输部公布的《水上水下活动通航安全管理规定》、2011 年水利部公布的《生产建设项目水土保持监测资质管理办法》、2011 年水利部公布的《水文站网管理办法》等。各省、自治区、直辖市结合本地实际,制定了许多地方性法规,如《防洪法》《水法》《水污染防治法》《水土保持法》等法律各地的实施办法。自 1988 年《水法》实施以来,已有 20 多个省、自治区、直辖市制定了实

---

[1] 程功舜. 我国水资源保护的法律制度及其完善 [J],河南科技大学学报(哲学社会科学版),2010 (4).
[2] 冷罗生.《水污染防治法》值得深思的几个问题 [J],中国人口资源与环境,2009 (3).

施《水法》办法，此外，还进行了地方性立法，而且法规较多。① 尽管流域管理已经有了大量的法律法规，但是，许多法律法规都是在出现重大紧急事件之后应急出台的，缺少预见性立法。

（3）水权交易立法。《水法》规定，水资源的所有权在国家。近期提上日程的水权交易中的水权指的是水资源的使用权。长期以来，中国没有明确关于水权交易的法律法规，相关几部资源法律也少有提及水权交易，这对建立水权交易制度是一种严重障碍。《宪法》仅对水流的权属进行了规定，却没有界定水权，严重影响了对水资源使用权的保护。《民法通则》第81条的规定②原则上否定了水权交易。《刑法》中对水资源的保护力度也不够，如行为人非法取水问题就没有明确的规定，对非法取水包括盗取水资源的违法犯罪行为，也无法惩处，这不利于充分保护水资源和水权人的合法利益。新修订的《环境保护法》也没有关于水权交易的规定。《水法》中尽管明确规定了水资源有偿使用原则，但没有规定水权交易的相关问题，这对直接建立水权交易制度和构建水权交易市场是不利的。《取水许可和水资源费征收管理条例》中仅提及取水权可以用于交易，而没有关于水资源使用权可以交易的明确规定。2005年1月11日，水利部下发了《关于水权转让的若干意见》，虽然该《意见》中界定了水权转让是指水资源使用权的转让，但该《意见》不是行政立法，其性质属于行政规范性文件而不是行政法规或行政规章，法律效力较低，只是一种具有法律效力的国家政令。

2007年，国家发改委、水利部、建设部编制的《水利发展"十一五"规划》提出"初步建立国家水权制度"目标之后，水利部组织起草的《全国水资源综合规划》和《水量分配指导意见》两大界定省际水权分配的文件也已基本完稿，2011年，水利部制订《水量分配工作方案》，对全国各地用水指标进行了明确。2012年，国家发改委在其发布的《水利发展"十二五"规划》中明确提出"建立和完善国家水权制度，基本完成主要江河水量分配方案，流域综合管理体制改革取得明显进展"。2014年，水利部印发了《关于开展水权试点工作的通知》，将在七个省区开展不同类型的水权试点工作，用2年至3年时间，在水资源使用权确权登记、水权交易流转、相关制度建设等方面率先取得突破，为全国层面推进水权制度建设提供经验借鉴和示范。据中国环保在线报

---

① 如湖南省就有《湖南省湘江水利保护条例》《湖南省湘江流域水污染防治条例》《湖南省防洪条例》《湖南省水资源管理条例》《湖南省水文条例》《湖南省河道采砂管理试行办法》《湖南省水利工程建设管理事权划分规定》《湖南省内河交通管理条例》等。

② 《民法通则》第81条规定："国家所有的矿藏、水流，国家所有的和法律规定属于集体所有的林地、山岭、草原、荒地、滩涂不得买卖、出租、抵押或者以其他形式非法转让。"

道，在"十三五"大背景下，中国水权交易的改革与发展将提速。但由于中国各地区水资源分布不均、经济发展不平衡，因此，建立适宜全国范围的水权交易市场仍是一项艰巨而长期的工作。

2. 环境与生态保护方面的立法

为了保护水环境与水生态，中国已开始了立法，不过，这些立法并非专门性法律，而是散见于其他法律条文之中，这些规定在中国的水环境与生态保护方面发挥着重要的作用。

(1) 环境影响评价立法。中国早在 20 世纪 70 年代末就在《环境保护法（试行）》中对项目环评作出了原则性的规定。随后中国提出了一系列与之相配套的法律规范，如《水电水利工程环境影响评价规范》（1988）、《江河流域规划环境影响评价》（1992）、《建设项目环境保护管理条例》（1998）等，对环境影响评价做了更加系统、细致的规定，但这些法律法规的对象仅仅局限于建设项目，并未涉及规划环境影响评价，更未涉及政策环评。

2002 年发布的《中华人民共和国环境影响评价法》，将环境影响评价的范围从建设项目延伸到规划，拉开了中国规划环评的序幕。同年修订实施的《中华人民共和国水法》第 16 条和第 22 条也明确规定了制定水规划和跨流域调水时，应充分进行考察和评价。2009 年颁布实施的《规划环境影响评价条例》，不仅为规划环评的实施提供了可操作性的法律依据，更为政府的环境决策设定了一个新的程序规则。

2011 年环保部发布了《关于做好"十二五"时期规划环境影响评价工作的通知》，为了进一步规范和指导水利规划环境影响评价工作，2014 年 3 月环保部和水利部联合发布了《环境保护部、水利部关于进一步加强水利规范环境影响评价工作的通知》，要求有关部门严格执行规划环评制度，并规定了水利规划环评的范围，提出了水利规划环评的基本要求。2014 年 4 月新修订的《环境保护法》进一步确认了规划环评在环境保护和污染防治中的重要地位，并强调了环评报告编制应充分征求公众意见，加大了未经环评擅自开工建设单位的违法责任。到目前为止，中国水利开发领域已经基本形成了项目环境影响评价制度，该制度体系还在不断建设和完善当中。

(2) 跨界水污染立法。1997 年颁布的《防洪法》中涉及流域管理的条款多达 15 条，其中规定流域管理机构在防洪和河道管理中职责的条款就有 12 条。赋予流域管理机构执法主体的地位，这是《防洪法》的较大亮点，这在中国的水资源管理体制上是一次重大突破。2002 年修订的《水法》确立了流域管理的法律地位，为明确流域管理机构的职责提供了基本的法律依据。2008 年修订的《水污染防治法》确立了"防治水污染应当按流域或者按区域进行统一规划"

的原则（第15条），赋予了"国家确定的重要江河、湖泊流域的水资源保护工作机构负责监测其所在流域的省界水体的水环境质量状况，并将监测结果及时报国务院环境保护主管部门和国务院水行政主管部门"（第25条）的权限，确认了"跨行政区域的水污染纠纷，由有关地方人民政府协商解决，或者由其共同的上级人民政府协调解决"（第28条）的纠纷解决办法。该法的修订体现了由区域管理为主转向区域管理与流域管理相结合的指导思想的转变。2010年修订的《水土保持法》新增"国务院水行政主管部门在国家确定的重要江河、湖泊设立的流域管理机构，在所管辖范围内依法承担水土保持监督管理职责"的规定。

（3）生态保护立法。中国明确规定或涉及生态系统管理专门立法非常少，而与生态系统管理有关的立法条文比较多。[1] 保护流域生态环境的法律条文除了《宪法》第9条和第26条规定[2]以及《民法通则》第83条[3]规定外，新修订的《环境保护法》第28条规定[4]明确了流域不同区域的人民政府负有保证该区域内水环境质量的责任，从而为进行流域生态补偿时上下游区域之间跨界水质责任分配提供必要的法律依据。该法第19条规定[5]指明了在流域资源的开发利用过程中，需要采取必要的措施保护流域生态环境，措施应当包括区际流域生态补偿在内。《水法》第20条、第45条第2款为区际生态补偿相邻区域以协商的方式进行跨界水量分配提供了法律依据，该法第9条、第29条、第31条、第35条、第48条、第49条，也有涉及区际流域生态补偿的间接性规定。2008

---

[1] 从立法系统或层次的角度看，中国与生态系统管理有关的法律主要有《宪法》《环境保护法》《海洋环境保护法》《森林法》《草原法》《水法》《野生动物保护法》《环境影响评价法》《水土保持法》《防沙治沙法》等。与生态系统管理有关的法规、规章或规范性文件主要有《自然保护区条例》《野生植物保护条例》《中国生物多样性保护行动计划》《中国21世纪议程》《全国生态环境建设规划》《全国生态环境保护纲要》《国务院关于落实科学发展观加强环境保护的决定》《关于加快推进生态文明建设的意见》等。地方性的立法主要有．如《湖南省农业环境保护条例》《浙江省温州生态园保护管理条例》《海南省人民代表大会关于建设生态省的决定》等。

[2] 《宪法》第9条和第26条规定流域资源是属于国家所有，国家负有保护和改善流域生态环境，防治流域水污染的职责。因为国家对流域资源开发、利用和环境保护通常交由地方人民政府进行的，所以上述原则规定对区际流域生态补偿相关立法制定具有重要指导意义。

[3] 《民法通则》第83条规定了相邻关系，即"不动产相邻各方，应当按照有利生产、方便生活、团结互助、公平合理的精神，正确的处理排水、排水、通行、通风、采光等方面的相邻关系。给相邻方造成妨碍或者损失的，应当停止侵害，排除妨碍，赔偿损失。""相邻关系"对区际流域生态补偿制度的构建提供了重要的借鉴意义。

[4] 《环境保护法》第28条规定："地方各级人民政府应当根据环境保护目标和治理任务，采取有效措施，改善环境质量。未达到国家环境质量标准的重点区域、流域的有关地方人民政府，应当制定限期达标规划，并采取措施按期达标。"

[5] 《环境保护法》第19条规定："开发利用自然资源，必须采取措施保护生态环境。"

年《水污染防治法》第7条规定,"国家通过财政转移支付等方式,建立健全对位于饮用水水源保护区区域和江河、湖泊、水库上游地区的水环境生态保护补偿机制",此条在法律层面第一次对流域生态补偿作出了明确规定,具有里程碑式的意义。

关于生态损害赔偿的法律条文。《大气污染防治法》第62条,《水污染防治法》第55条,《固体废物污染环境防治法》第84条、85条,《环境噪声污染防治法》第61条,《海洋环境保护法》第90条,这些法律条文规定的"生态损害"最终应定位于"区域环境质量下降、生态功能退化"。所以,"生态环境损害行为"造成的"损害结果"应当是环境质量下降、生态功能退化并非仅含传统侵权行为所致的人身伤害或财产损失,这正是生态损害赔偿责任的特殊之处。从生态法学角度看,生态损害是指人们生产、生活实践中未遵循生态规律,开发、利用环境资源时超出了环境容载力,导致或可能导致生态系统的组成、结果或功能发生整体的物理、化学、生物性能退化或其他恶性变化的法律事实。① 生态损害事实包括生态破坏的结果事实(显性损害)、生态破坏行为事实(隐性损害)及生态危害。②

总之,中国已形成以宪法中关于生态保护的规定为统帅,以《环境保护法》的规定为基础,以生态保护专门法和自然资源法中的生态保护规范为主干,以其他法律、行政法规以及行政规范性文件中的相关规定为补充,以国际条约等国际法渊源为重要内容的生态保护立法体系。③ 但是,中国生态保护立法处于一种割裂状态,已制定、实施的生态保护专门法很少,有关生态保护的法律规范大多确立在与自然资源法及其他相关的法律、法规、行政规范性文件中。众所周知,中国过去的环境立法以分部门的资源开发利用、污染控制为中心,注重对某一生态因子或自然资源要素单独立法,如《森林法》《渔业法》等。这样立法的模式,对于生态的保护,虽然在自然资源法、环境污染防治法以及其他相关法律有所涉及,但这种将环境资源分割立法的模式,不能有效地保护生态系统的整体功能与结构。

(二)河湖水系连通的研究现状

河湖水系连通自古有之,20世纪以来,国内外河湖水系连通的实践日益增

---

① 梅宏. 生态损害:生态文明视野下环境法研究不容忽视的问题 [J],法学论坛,2007 (1).
② 陈文. 论生态文明与法治文明共建背景下的生态权与生态法 [J]. 生态经济,2013 (11).
③ 梅宏. 论中国生态保护立法及其完善 [J],中国海洋大学学报(社会科学版),2008 (5).

加[1]，特别是近年来，中国河湖水系连通问题受到了极大的关注，各级水行政主管部门对河湖水系连通的理论问题提出了迫切需求[2]，与此相对应，相关部门与学者对河湖水系连通的理论研究也在迅速展开。

1. 国内研究现状

关于河湖水系连通中的法律问题，目前国内法学界很少有学者就此进行系统的专题研究，但与之相近的相关领域的研究还不少，主要集中在河湖水域侵占的法律规制、跨界污染问题、水域污染特别是面源污染问题、生物多样性保护问题、生态补偿问题、水权分配问题、河湖保护地方立法的问题、完善流域管理法律制度、湿地保护等。

（1）跨界水污染问题研究现状。20世纪90年代以来，跨界水污染已成为中国最严重的环境问题之一。由于跨界水污染问题复杂且危害严重，引起了学界和实践部门的高度重视。一部分专家学者围绕各国流域管理制度进行比较研究，另一部分专家学者针对中国当前流域管理制度在跨界水污染治理绩效上的无效率进行了解释。

吕忠梅指出，法制不健全导致的管理混乱威胁着长江流域水资源的保护利用，提出了长江流域水资源保护统一立法的基本构想[3]；同时还指出水污染防治立法应尊重流域特性，采取统一立法的模式。[4] 吕忠梅、张忠民对防治模式进行了反思与重构，提出应建立分级分区治理模式，该模式主要解决了三个问题：如何体现水资源的流域特性、如何尊重水资源开发利用以行政区域为主的现实、如何建立重点流域与一般流域水污染防治的协调机制。[5] 本质上，该模式已是流域管理与行政管理相结合，但从保障其运行方面进行了更加务实地深化，以破解难题。王灿发指出中国的水环境管理立法存在许多问题，从制度层面和理念层面进行论述，提出解决方案。[6] 同时还指出，中国现行的环境管理体制存在着立法体系不完善，立法内容存在交叉和矛盾，某些立法授权不符合科学管理的规律等问题。为此，建议加快制定综合性的环境管理体制立法。

沈大军等通过比较其他国家的水资源理事会、流域委员会和流域管理局的

---

[1] 李园原，郦建强，李宗礼等. 河湖水系连通研究的若干重大问题与挑战 [J]. 资源科学，2011 (3).

[2] 徐宗学，庞博. 科学认识河湖水系连通问题 [J]，中国水利，2011 (16).

[3] 吕忠梅. 长江流域水资源保护统一立法刻不容缓 [J]，红旗文稿，2000 (8).

[4] 吕忠梅. 水污染的流域控制立法研究 [J]，法商研究，2005 (5).

[5] 吕忠梅，张忠民. 以分级分区为核心构建重点流域水污染防治新模式 [J]，环境保护，2013 (15).

[6] 王灿发. 跨行政区水环境管理立法研究 [J]，现代法学，2005 (5).

形式和职能,分析了流域管理机构是否是一个合适的体制安排以及影响流域管理机构建设成功的因素。[1] 施祖麟和毕亮亮按照治理体制类型不同将国外流域跨界水污染治理划分为三种模式:国家政府多部门合作治理,由综合流域管理机构负责管理某方面跨界事务的模式;国家政府多部门合作治理,流域机构在中央政府直接领导下综合治理的模式;通过协商机制建立的河流协调组织的模式。[2] 陈思萌和黄德春基于马萨模式的政策模型,分析比较《1998年保护莱茵河公约》《1995年湄公河流域可持续发展合作协议》《1992年欧洲公约》以及《1909年美国-加拿大跨界水资源协定》,揭示各合约的优劣,找出各条约的成功之处,并结合中国当前跨界水污染治理政策存在的问题,提出应该确定合理跨界治理模式、建立多层次协商机制、由行政手段转变为指令控制性为主、经济激励为辅、公众参与补充的新机制等建议。[3] 姬鹏程和孙长学从水污染防治管理体制和运行机制角度,分析中国流域水污染防治存在的主要问题,结合中国管理体制改革的趋势,提出增强环境治理的政府职能、健全以地方政府为主的责任机制、发挥市场机制的作用、调整产业结构、建立跨行政区流域环境合作机制、建立大型流域性水务集团、加强信息披露和公众参与、完善流域水污染防治的法律体系等建议。[4] 李新玲认为,当前中国流域水污染治理的研究,主要是从水利工程、排污收费制度、法律框架、明晰产权以及管理体制等方面展开的。[5] 王慧敏等认为中国当前跨行政区水污染治理存在机构、机制和法律三方面的问题,针对这些问题,相应地提出治理建议。[6]

(2) 生态保护研究现状。崔国韬等总结了国内外河湖水系连通对生态环境的影响,效益方面包括经济效益、社会效益和生态效益。段学花从矛盾观、自然观、系统观等唯物辩证法的方法论入手,对河流生态保护进行了哲学反思。强调必须运用系统的观点来看待河流系统,保护河流系统的完整性和连续性;必须减轻人类活动对河流自然形态的限制,恢复河流的千姿百态,实现人水和

---

[1] 沈大军,王浩,蒋云钟. 流域管理机构:国际比较分析及对中国的建议 [J],自然资源学报,2004 (1).

[2] 施祖麟,毕亮亮. 中国跨行政区河流域水污染治理管理机制的研究——以江浙边界水污染治理为例 [J],中国人口·资源与环境,2007 (3).

[3] 陈思萌,黄德春. 基于马萨模式的跨界水污染治理政策评价比较研究 [J]. 环境保护,2008 (3).

[4] 姬鹏程,孙长学. 完善流域水污染防治体制机制的建议 [J],宏观经济研究,2009 (7).

[5] 李新玲. 中国水污染治理的曙光——评《从地方分治到参与共治——中国流域水污染治理研究》[J],首都师范大学学报 (社会科学版),2012 (S1).

[6] 王慧敏,孙冬营,王圣. 流域跨行政去水污染如何走出治理困境 [J],环境保护,2013 (19).

谐，更要尊重河流的生命，通过采取一系列措施保护河流生态。刘志仁和袁笑瑞总结了中国西北地区内陆河水资源存在的问题，认为由于水资源的局限性并缺乏合理的水资源管理规划体制，导致西北地区出现生态用水、农业用水、工业用水相互掠夺的情形，造成西北地区水资源的过度开发和利用。① 马振通过分析哈尔滨市提出的以河流为主干定城市建设格局、以水资源承载力定产业整体布局的"以水定城"的理念，依托松花江打造"松江湿地、北国水城"，总结哈尔滨市水生态保护与修复工作的初步成效。② 王瑞玲等通过研究黄河湿地分布及演变、鱼类及栖息地变化，总结了黄河水生态存在的问题。③ 孟伟等从水生态功能角度出发，系统总结了国内外区划研究进展，界定了流域水生态功能区的概念，提出了水生态功能区的基本特点及其在环境管理中的主要作用。④ 张保胜从水利工程建设角度分析过程中可能产生对生态环境的影响，水利工程主要影响周围环境的水文条件、气候条件、地质条件、污染土壤、威胁植物生存等，进而从政策、管理、环境建设方面提出完善的措施，包括完善相关规章制度和标准规范、增强社会监管力度、加大水源保护与治理、植树造林改善生态环境、建立预防系统减少自然灾害的破坏力度、注意对动植物多样性的保护。⑤ 水利工程是一把双刃剑，为人民的生存和社会的发展提供了保障，但却对生态环境造成了严重破坏。朱九龙通过文献梳理总结国外的四种典型的水源区生态补偿模式，即政府直接公共补偿、限额交易补偿、私人直接补偿和生态产品认证补偿。⑥

（3）水权研究现状。大致从 2000 年开始，中国学者基于不同的学科背景和不同的研究目的，开始研究水权理论，并提出了不同的理论。姜文来、董文虎是中国水权理论研究大规模兴起后最早对水权进行详细界定的学者。⑦

姜文来认为水权是产权理论渗透到水资源领域的产物，是指水资源稀缺条件下人们对有关水资源的权利的总和（包括自己或他人受益或受损的权利），

---

① 刘志仁，袁笑瑞. 西北内陆河如何强化最严格水资源管理法律制度 [J]，环境保护，2013 (8).
② 马振. 加强水生态保护与修复为全面开展水生态文明建设奠定基础 [J]，中国水利，2013 (15).
③ 王瑞玲等. 黄河流域水生态保护与修复总体框架研究 [J]，人民黄河，2013 (10).
④ 孟伟，张远，张楠，蔡满堂，黄艺. 流域水生态功能区概念、特点与实施策略 [J]，环境科学研究，2013 (5).
⑤ 张保胜. 关于水利工程项目建设中的生态保护问题研究 [J]，中国水运，2014 (1).
⑥ 朱九龙. 国内外跨流域调水水源区生态补偿研究综述 [J]，人民黄河，2014 (2).
⑦ 刘卫先. 对我国水权的反思与重构 [J]，中国地质大学学报（社会科学版），2014 (3).

其最终可以归结为水资源的所有权、经营权和使用权。① 姜文来的观点具有一定的代表性，得到了石玉波②、蒋剑勇③等学者的赞同。朱一中、夏军充实了此观点，认为水权包括水资源所有权、水资源使用权、水资源收益权和水资源处分权，并把水权的性质界定为一种"准物权"，是特殊的用益物权，是具有公权性质的私权。④ 但黄锡生认为既然水权是产权理论在水资源领域的表现，那么水权就不应只包括三项权利，因为产权是一个权利束，不仅包括所有权、经营权和使用权，而且还包括其他权利。⑤

董文虎则认为水权应指国家、法人、个人或外商对于不同经济类属的水所取得的所有权、分配权、经营权、使用权以及由于取得水权而拥有的利益和应承担减少或免除相应类属衍生而出的水负效应的义务。水权应分为水资源水权和水利工程供水水权两类，二者都包括所有权、分配权、经营权和使用权。⑥ 崔建远明确反对将工程水所有权纳入水权之中。⑦ 水利部原部长汪恕诚认为水权就是水资源的所有权和使用权。⑧ 金海统认为此观点是实务界对水权处理的权宜之计，而非对水权理论的缜密研究。裴丽萍认为水权是依法对于地面水和地下水取得使用或收益的权利。崔建远等认可这一观点，认为水权是一个集合概念，是汲水权、引水权、蓄水权、排水权、航运权等一系列权利的总称，其性质是准物权；但黄锡生认为水资源利用权是水资源所有权的具体体现，以禁止水资源所有权交易为由将其排除在水权范围之外是不合理的。⑨ 胡德胜则认为水权属于人权，即水人权。⑩ 但邢鸿飞认为水权属于财产权。⑪ 黄辉则认为水权既是公权又是私权。⑫ 张莉莉、王建文直言水权属于权利的范畴，不包括国家对水资源的行政管理权，即把公权力排除在水权之外。⑬《黄河水权转换实施

---

① 姜文来. 水权及其作用探讨 [J]，中国水利，2000 (12).
② 石玉波. 关于水权和水市场的几点认识 [J]，中国水利，2001 (2).
③ 蒋剑勇. 水权理论初论 [J]，浙江水利水电专科学校学报，2003 (1).
④ 朱一中，夏军. 论水权的性质及构成 [J]，地理科学进展，2006 (1).
⑤ 黄锡生. 论水权的概念和体系 [J]，现代法学，2004 (4).
⑥ 董文虎. 浅析水资源水权与水利工程供水水权——兼探两种水权衍生出的防治弃水（洪水等）和防治退水（废污水等）的义务 [J]，江苏水利，2001 (1).
⑦ 汪恕诚. 水权和水市场——谈实现水资源优化配置的经济手段 [J]，中国水利，2000 (11).
⑧ 金海统. 水权究竟是什么 [C]，年全国环境资源法学研讨会论文集，2008.
⑨ 崔建远. 关于水权争论问题的意见 [J]，政治与法律，2002 (6).
⑩ 胡德胜. 水人权：人权法上的水权 [J]，河北法学，2006 (5).
⑪ 邢鸿飞. 论作为财产权的水权 [J]，河北法学，2008 (2).
⑫ 黄辉. 水权：体系与结构的重塑 [J]，上海交通大学学报（哲学社会科学版），2010 (3).
⑬ 张莉莉，王建文. 水权是实现的制度困境及其路径探析棋以水权的内涵解读为重点 [J]，安徽大学学报（哲学社会科学版），2012 (5).

管理办法（试行）》第 2 条对水权的界定："本办法所称水权是指黄河取水权，所称水权转换是指黄河取水权的转换。"由此规定可知，水权即为取水权。该观点也得到邢鸿飞、金海统的认可，并认为水权是类似于采矿权的一种准物权。[1] 另外，还有部分学者主张污水水权（丁小明、李磊）[2]、生态水权（丛振涛、倪广恒）[3]、气态水权（刘书俊）[4]、雨水蓄积权（任海军、秦小虎）[5]、饮用水权（袁记平）[6] 等都应当是水权的内容。时至今日，水权理论一直没有定论。不过，十八届五中全会公报以及"十三五规划"中明确写入了"建立健全用能权、用水权、排污权、碳排放权初始分配制度，推动形成勤俭节约的社会风尚"，这一内容为中国的水权建设提供了有力的指导。

2. 国外研究

国内部分学者开展了国外有关水资源、水环境与水生态的保护方面的立法研究。余富基等详细介绍了美国、加拿大、墨西哥、澳大利亚流域水管理委员会的职责，为我国水资源管理制度提供了借鉴[7]；吕忠梅将国外水污染控制及其立法轨迹进行了概括；万劲波、周艳芳总结了日本采用集中协调与分部门行政的水资源管理体制[8]；周刚炎通过分析田纳西河流域与萨斯奎哈纳河流域的管理制度，总结了美国的水资源管理模式[9]；宋蕾通过分析各国流域水资源的立法模式，总结为统一型、专门型、分散型三种模式[10]；董哲仁通过分析欧洲成功治理莱茵河、多瑙河等大型河流的经验，指出《欧盟水框架指令》（Water Framework Directive，简称 WFD）是一部较为先进的水资源综合管理和水环境保护的法律[11]；王晓亮简要总结了具有代表性国家的流域管理立法情况[12]；李胜和

---

[1] 邢鸿飞. 论作为财产权的水权 [J]，河北法学，2008 (2)；金海统. 水权究竟是什么 [C]，年全国环境资源法学研讨会论文集，2008.
[2] 丁小明，李磊. 污水水权的探讨 [J]，技术经济，2005 (7).
[3] 丛振涛，倪广恒. 生态水权的理论与实践 [J]，中国水利，2006 (19).
[4] 刘书俊. 水资源之气态水权的民法思考 [J]，科技进步与对策，2003 (11).
[5] 任海军，秦小虎. 西部旱区雨水集蓄对中国水权理论的启示——为"水权之争"提供一个西部经验兼与诸学者商榷 [J]，科学经济社会，2008 (1).
[6] 袁记平. 饮用水权的法律探析 [J]，环境保护，2008 (16).
[7] 余富基，周志勇，李远校. 国外成立与组成水管理委员会的立法规定 [J]，水利水电快报，2005 (18).
[8] 万劲波，周艳芳. 中日水资源管理的法律比较研究 [J]，长江流域资源与环境，2002 (1).
[9] 周刚炎. 莱茵河流域管理的经验和启示 [J]，水利水电快报，2007 (3).
[10] 宋蕾. 世界流域水资源立法模式之比较 [J]，武汉大学学报（哲学社会科学版），2009 (6).
[11] 董哲仁. 河流健康评估的原则和方法 [J]，中国水利，2005 (10).
[12] 王晓亮. 中外流域管理比较研究 [J]，环境科学导刊，2011 (1).

黄艳从法律制度、机构设置、综合规划、公众参与等方面分析美国田纳西河流域与澳大利亚墨累-达令河流域的管理经验[①];罗丽就日本大气环境安全、水体环境安全、固体废物和城市生活环境安全、农业生态安全、生物安全、环境生态系统安全方面介绍了相关的法律制度[②];王凤远介绍了美国和日本的生态系统管理立法[③];李香云总结了美国、澳大利亚、英国、南非国家的生态用水管理制度,反映出人类在河流开发中对生态问题的认识不断深化并不断创新管理制度,从而有效保护生态环境[④],等等。

国外学者对此进行了卓有成效的研究,出版了许多的书籍,发表了许多的论文,而且部分成果已经上升为法律法规。如美国学者发表了许多河流、湖泊水资源管理等方面的论著,在这些论著的理论支撑下,美国已制定了许多有关河流、湖泊水资源管理方面的法律法规。1969年美国通过了《国家环境政策法》,成立了联邦环境保护局。还成立了美国五大湖区国际联合委员会,下设20个专业委员会各负其责管理湖泊。1970年美国通过了一系列有关环境保护的联邦立法,其中,《清洁水法》和《安全饮用水法》是美国最重要的保护水源、治理污染的法律依据。《清洁水法》是美国保护水质的框架性法律,为管理水污染物排放确立了基本架构。[⑤]澳大利亚通过3个文件(1994年的框架协议、1996年的为生态系统提供水的国家原则和2004年的政府间关于国家水资源的行动纲要)统一管理湖泊水资源。澳大利亚政府议会制定的水改革框架协议推动了水资源分配法律的制定,这些立法过程体现了流域水资源管理的原则和制度、水资源分配职权法定原则、水资源分配的环境评估原则、水资源登记和许可证制度、水权交易制度和评估报告原则。[⑥]欧盟自20世纪70年代以来出台了《游泳水指令》《饮用水指令》《控制特定危险物质排放污染水体指令》《市政污水处理指令》及《综合污染防治指令》等一系列水管理政策法令。2000年,欧洲议会和理事会颁布实施了《水框架指令》,明确指出水管理必须按照流域或流域地区划分,并以各流域为基本单元建立主管机构

---

① 李胜,黄艳.美澳两国典型跨界流域管理的经验及启示[J].中北大学学报(社会科学版),2013(5).
② 罗丽.日本生态安全保护法律制度研究[J].河北法学,2006(6).
③ 王凤远.美国和日本生态系统管理立法经验及其启示[J].齐齐哈尔大学学报(哲学社会科学版),2008(11).
④ 李香云.国外生态用水管理制度的启示[J].水利发展研究,2013(9).
⑤ 张献华.20世纪加拿大和美国关于五大湖区的环境协调机制[J].上饶师范学院学报,2010(8).
⑥ 张艳芳,张祎.澳大利亚水资源分配的法律原则[J].内蒙古环境科学,2008(2).

进行综合管理。① 日本为应对 21 世纪全球规模的水危机，第三次修订《河川法》，在治水、水利的基础上增加了水环境的保护管理内容，对河流湖泊的管理要求考虑了生态与环境的一体化管理。日本还制定了一系列与琵琶湖保护与管理相关的国家法律和地方法规，其目的在于调整与琵琶湖有关的人与人、人与湖之间的关系，对琵琶湖的开发、利用、保护、管理等各种行为进行规范，最终实现琵琶湖的可持续利用。②

综上，虽然学者们研究成果十分丰硕，但始终赶不上经济社会发展的步伐。学者从各自的研究方向出发，有的就具体流域的特殊性问题提出了法律治理的建议，这样的研究有利于具体流域问题的解决；有的从水生态红线法律保障制度实施的配套措施出发，建议国家要对资源地区、保护地区进行生态补偿，同时还要对地区之间进行生态补偿，以体现生态正义，实现生态公平；有的只是对水污染问题、水权保护问题、生态保护问题给予了关注，并没有针对不同种类的河湖水系连通可能出现的法律问题进行研究，并给出不同的解决方案；有的借鉴西方发达国家的经验，从法律制度和管理制度的层面进行反思，并没有为其制度构建寻找深刻的理论基础，等等。但是，上述此种只注重一个方向的微观的研究方法和思路在解决中国目前河湖水系连通中的法律问题上不具有普遍的适用意义，不能从宏观上解决中国目前河湖水系连通中亟待解决的突出的法律问题。

三、中国河湖水系连通战略面临的法律问题

研究河湖水系连通中的水利问题、环境与生态问题的目的就在于指导、构建河湖水系连通工程中的相关法律制度，最终形成法律规范并应用于河湖水系连通工作的实践。要达到上述目的，就必须要梳理现有法律法规，分析其不足，并建立和完善权力与权利的配置机制、权力与权力的沟通机制。

（一）水资源管理等方面存在的法律问题

1. 水资源管理立法方面的问题

中国现行的有关水资源管理的法律有新《环境保护法》《水法》《水污染防治法》《水土保持法》《防洪法》等，从表面上看，这些法律对中国的水资源保护问题已作出了全面的规定，但实际上在立法理论与实践中，这些法律本身及

---

① 何鹏，肖伟华，李彦军. 国外湖泊管理和保护的经验及其启示 [J]，水科学与工程技术，2011 (8).

② 张兴奇，[日] 秋吉康弘，黄贤金. 日本琵琶湖的保护管理模式及对江苏省湖泊保护管理的启示 [J]，资源科学，2006 (2).

其相互之间都存在着问题。

（1）法律关系未厘清。五部法律均为全国人大常委会制定，具有同等法律效力；但从理论与实践上看，《环境保护法》为综合性的法律，《水法》《水土保持法》和《防洪法》为自然资源与生态保护方面的法律，《水污染防治法》为环境污染防治方面的法律，这些法律层次不同，调整的对象不同，在立法上也应有不同的法律效力等级，才有利于对不同的行为形成规范体系，目前这种立法模式显然不能满足水资源管理与保护的需要。①

（2）管理体制不健全。这些法律均确立了水资源管理与保护的主管部门和协管部门，但这些法律大多是由两个主管部门分别起草然后报全国人大常委会通过的，立法时欠缺综合平衡，立法时间有先有后，法律之间没有较好地协调。而且，每部法律规定过于原则，可操作性不够，除《环境保护法》《水污染防治法》有一些相应的配套法规外，其他的法律均缺乏相应的配套法规，特别是缺乏程序性规定，致使一些法律制度的适用范围不明、具体实施时困难重重。

（3）管理权限不明确。目前，中国设立的行政机关都没有专门的组织法，各部门的职权都是由各部门先制定方案，后报经国务院批准，各部门难免从自身利益出发来考虑问题。②《水法》规定了流域管理与行政区域管理相结合的管理体制，但在具体实践中，流域行政管理机构尤其是跨区流域行政管理机构与地方政府、环境部门的职责权限还是时有冲突，这就容易造成权力设置的重复或空白，只有分工没有协作，各部门的权力竞争造成对整体利益、长远利益的损害，尤其对流域水资源的保护十分不利。③污染管理者、资源开发者、排污者相脱节，管理者只收费不治理、资源开发者既要开发又要治理、排污者只交费什么都不管。其结果只能是流域水资源得不到有效保护。

（4）管理目标难实现。一些管理机构的权限不明，职责不定，难以实现法律规定的管理目标。在五部法律中，关于流域水环境保护仅有《水污染防治法》有所规定，但其规定却存在着相互矛盾的地方。由于流域水资源保护机构的法律地位不明、权力不清、职责不定，当然无法发挥对流域水资源统一管理的作用，致使流域水资源保护举步维艰。

由于上述问题的存在，致使流域水资源保护管理体制较为混乱。当流域出

---

① 吕忠梅．水污染治理的环境法律观念更新与机制创新——从滇池污染治理个案出发［J］，河南师范大学学报（哲学社会科学版），2007（2）．

② 同上注。

③ 同上注。

现严重的水污染时，无法用现行法律制度来进行规制。因此，在实施河湖水系连通工程时必须认真吸取流域水污染的教训，首先要建立健全相关法律，理顺相关法律之间的关系，以保证各项制度能在河湖水系连通中发挥作用，保证河湖水系连通工程的目标得以顺利实现。还需特别指出的是，千万不可忽视河湖水系连通工程中水资源保护的特殊性，即使建立健全现行法律，使之能适应河湖水系连通水资源保护的要求，但从发展的视角来看，必须要制定有效规制河湖水系连通工程的专门性法律。

2. 水域管理立法的问题

（1）立法位阶偏低。除了《水法》《水污染防治法》等少数几部人大或其常委会制定的法律之外，中国涉及水域管理的立法绝大多数都是国务院制定的，如《淮河流域水污染防治暂行条例》《太湖流域管理条例》等。尽管流域管理需要试验性立法，但是，只有全国人大立法才具有更高的权威性和利益超脱性，避免行政机关部门利益法制化的倾向。[1]

（2）立法内容存在冲突。2008年新修订的《水污染防治法》确定了中国水污染防治的"统一管理与分级、分部门管理相结合"的管理体制，《水法》确立了"流域管理与区域管理相结合的管理体制"，并确立了流域管理机构的法律地位，这也是中国迄今对流域管理法律地位规定的最明确，对流域管理机构的职责规定的最集中、最清楚的一部法律。[2] 新《水污染防治法》确立的是一种区域管理体制，而新《水法》中所确立的流域管理体制并未得到新《水污染防治法》（2008年修订）的确认，两部法律之间存在着明显的矛盾以及体制和权力上的冲突，缺乏协调性。

（3）公众参与不充分。地方立法征求意见具有任意性，是否征求意见，征求意见的期限长短，都有立法机构定夺。对征求的意见是否采纳及其理由缺乏合理的说明和解释，更不用说对提意见者的回复。这些都不利于调动公众参与的积极性，不利于加强公众参与的实效。[3] 河湖水系连通涉及多个市县或省份，市际或省与省之间难免签订协议，但这些协议不属于中国法律规范，所以地方政府之间的协商结果的效力不能确定，不利于发挥地方协商作用的发挥。

（4）新价值理念亟须贯彻落实。2014年修订了《环境保护法》，其立法宗

---

[1] 曾祥华. 我国流域管理立法模式探讨 [J]，江南大学学报（人文社会科学版），2012（11）.
[2] 台世舜. 论流域管理机构的法律地位及其职能 [J]，长江工程职业技术学院学报，2004（1）.
[3] 曾祥华. 我国流域管理立法模式探讨 [J]，江南大学学报（人文社会科学版），2012（11）.

旨上体现生态安全和可持续发展的思想，在基本理念和基本原则方面，强调生态秩序、生态阈值限制、人与自然和谐。这些新价值理念亟须在实施河湖水系连通工程中加以贯彻落实，彻底摒弃过去只把眼光放在经济价值上，甚至把GDP等同于经济价值的错误做法。

（5）立法欠缺操作性。如《水法》的相关规定比较原则，实践中尚欠缺可操作性。另外《水污染防治法》规定了确立省界水环境质量标准。但是这一标准该如何确定？这一标准究竟是动态的还是静态的？这一系列疑问的提出，都体现出法律规范和技术性规范不协调的现状。除了水环境质量标准的确定外，还面临流域生态价值评估体系的确立和制定科学合理的流域生态补偿标准等技术性难题。

3. 水权制度的问题

总的来说，目前，中国的水权制度还存在以下几个方面的问题：

（1）水资源使用权缺失。中国现行水权制度主要包括水资源所有权和取水权制度，却不包括水资源使用权。不过，《水法》对水资源的开发利用及其利益关系的调整做出了一些具体规定，如国家保护依法开发利用水资源的单位和个人的合法权益；国家鼓励和支持开发利用水资源和防治水害的各项事业等。

（2）水权交易流转制度仍停留在实践层面。中国已经建立了土地、矿产资源的产权流转基本制度，但用水权流转制度仍停在实践阶段，法律层面仍处于空白。长期用计划手段配置资源，造成了资源配置效率低下、资源价格不合理、管理粗放、使用浪费等问题，不适应经济社会可持续发展和资源可持续利用的要求。[1]

（3）实践中的水权交易亟待法律支撑。尽管中国的水权在理论上尚未形成统一的认识，也没有任何法律对此进行规范，但是，中国的"水权交易"实践中所交易的"水权"并没有那么大的分歧，反而存在一定程度上的一致性。中国各地实践所探索的"水权交易"主要有三种模式，即东阳—义乌水权交易模式[2]、甘

---

[1] 李素琴，程亮生.我国水资源保护法律制度的现状与完善[J]，山西省政法管理干部学院学报，2008（6）.

[2] 2000年11月24日，浙江省东阳和义乌两市人民政府签订了有偿转让横锦水库部分用水权的协议。义乌市一次性出资2亿元，向东阳市买断了每年5000万立方米水资源的永久使用权。东阳转让用水权后水库原所有权不变，水库运行管理、工程维护仍由东阳负责，义乌市根据当年实际供水量按每立方米0.1元支付综合管理费（包括水资源费）。东阳和义乌是水量交易，不是水权交易。

肃张掖水票交易模式①和黄河水权交易模式②，这三种交易模式中的水权具有相同的含义。此外还有宁夏和内蒙古开展的工业与农业之间的跨行业水权转让，北京与河北的水权交易实践等。

综观2000年以后中国水权的理论研究和实践情况，其主要有如下三个方面的特点：第一，对水权理论争执不下，没有形成统一的认识；第二，各地对水权改革的实践探索从未停止，水权模式多样化；第三，部分学者开始对水权理论以及水权实践进行反思。总之，这些有关水权的理论研究和实践探索争论纷纷，不仅没有形成符合中国实际情况的统一的水权理论，也没能使水权在"水资源可持续利用，合理配置及保护"方面提供有效的保障。③ 尽管中国水权的理论研究表面繁荣的背后隐藏着水权理论的贫困，水权理论还有待更深入的研究，但是，探索中国水权交易的实践步伐一天也没有停止。据《经济参考报》消息，正在研究制定的关于推进农业水价综合改革的意见主要集中在两方面，一是用水总量控制和定额制度，二是水权流转制度。对于后者，由水利部牵头的国家级的水权交易所正在按程序报批，将于2015年年内成立④。据《证券时报》报道，我国将在"十三五"期间研究提出关于推进农业水价综合改革的意见。改革目标是建立多用水多花钱的机制，即在总体上不增加农民负担的前提下，促进节约用水⑤。

---

① 2001年初，国家水利部将甘肃省张掖市确定为全国第一个农村节水型社会建设试点地区。该市对农户用水实行总量控制，将总量指标逐级分配到乡镇、用水协会、用水组、用水户，并向用水户核发水权证书，向农民出售水票，农民用水完全实行"水票制"。水票可交易流通，农户节约的水量通过水票进行买卖和交易。如果超额用水，须通过市场交易从有水票节余者手中购买。水票成为控制各用水户年度用水总量的手段，也是进行水权交易的载体。农户之间进行的水票交易实际上就是一定量的水的所有权的交易。

② 《黄河水权转换管理实施办法（试行）》第2条第1款直接规定："本办法所称水权是指黄河取水权，所称水权转换是指黄河取水权的转换。"故黄河水权交易的对象为取水权。但该条第2款进一步规定"直接取用黄河干支流地表水和流域内地下水的取水人，依法向具有管辖权的黄河水利委员会或地方各级人民政府水行政主管部门申请领取取水许可证，并交纳水资源费，取得黄河取水权"，故水权实际上就是取水人依照相关规定获得一定量的水的权利，其目的是获取一定量的水体的所有权。取水权的转让就是取水人将自己节余的一定量的水之所有权转让给他人的行为，故《办法》第4条明确规定："水权转换出让方必须是依法获得黄河取水权并在一定期限内拥有节余水量或者通过工程节水措施拥有节余水量的取水人。"尽管整个《办法》对取水权的转让做出了较为严格的限制性规定，要求受让方不但要符合用水需求，提出合理性分析，而且必须是有实力完成取水工程等项目，但这些并不影响交易的取水权实际上是一定量的水的所有权。

③ 刘卫先. 对我国水权的反思与重构 [J]，中国地质大学学报（社会科学版），2014（3）.

④ 林远，赵晶. 农业水价改革方案呼之欲出 [N]，经济参考报，2015 – 2 – 9（1）.

⑤ 国家水权交易所将出十三五水权改革提速，证券时报网（www.stcn.com），访问日期：2015 – 10 – 9.

(二) 环境与生态保护方面存在的法律问题

河湖水系连通工程不仅能适度调整水系和水资源的格局，而且还会一定程度地改变相关地区的资源环境匹配关系，既存在一定风险，也具有很大难度[①]，因此河湖水系连通工程应在科学规划论证、慎重决策的基础上，严格依照法律法规，采取相应的生态环境保护措施，并根据生态环境对项目实施的响应及时优化调整实施方式，强化对工程规划、设计和建设管理全过程的监督管理，最大限度地减少项目实施对环境和生态的不利影响。

1. 环评立法层面存在的问题

(1) 政策环评复杂。2014年新修订的《环境保护法》第14条规定[②]虽然没有指明开展政策环评，但实际上就是在行使政策环评的功能。[③] 政策环评是战略环境影响评价在政策层面上的应用，或者说是以政策为对象的战略环境影响评价。与规划环境影响评价和建设项目环境影响评价相比，政策环评无论评价对象还是评价内容都更加复杂。河湖水系连通是水利部提出的新的水利发展战略，是提高水资源配置能力的重要途径，但河湖水系连通是一个复杂的巨大系统，涉及资源、环境、社会、经济等各方面的要素，具有高度的综合性。对于这一复杂的水利发展战略，需要在国家层面提出明确的政策主张和目标，并形成完整的体系。同时还要从提高水资源承载能力、维护生态环境功能、降低自然灾害风险的角度开展政策环评工作，科学地编制河湖水系连通规划战略研究。

(2) 环评编制主体不合理。依据《环境影响评价法》规定，国家层面、流域层面以及设区的市级以上的区域层面的河湖水系连通均要进行环境影响评价，而设区的市级以下的区域河湖水系连通进行项目环境影响评价即可。虽然法律对需要进行环评的范围作了明确的规定，但相关法律对于规划环评的编制主体规定得过于笼统，既可以由规划编制机关编制，也可以由规划编制机关组织规划环评影响评价技术机构编制。这种由规划编制机关"自我编制"的模式在实

---

① 李原园，李宗礼，郦建强，李爱华. 中国水利学会2012学术年会特邀报告汇编 [R]，2012-11-6.

② 《环境保护法》第14条规定："国务院有关部门和省、自治区、直辖市人民政府组织制定经济、技术政策，应当充分考虑对环境的影响，听取有关方面和专家的意见。"

③ 耿海清. 开展政策环评需明确哪些关键问题 [N]，中国环境报，2014-9-18 (3).

践中给了规划编制机关弄虚作假的机会。① 因此,规划编制机关是否有资格、有能力编制规划环评报告,值得怀疑。

(3) 环评审批不合理。从实践层面上看,政府部门常常在同级人民政府领导和指示下做出具体的规划,由同级人民政府对下属部门所做环评报告进行审批,实际上把环评的主体和审批主体"合二为一"。这样的审批方式违反了基本的公正、公平的原则,并不能在本质上对项目环评有约束效力。另外,环评报告的结论、专家的审查意见以及政府最后的决策意见三者之间的关系是环评报告是否审批合理性的关键。根据相关法律规定,环评影响评价结论是由环评报告编制机关作出,但其并不具有法律强制力,审查小组必须审查环境影响评价结论的科学性。而专家小组提出的意见同样不具有法律强制力,只是作为"决策的重要依据",最终的决策权仍在规划审批机关手中。

(4) 未明确环评编制时间。《规划环境影响评价条例》规定应当在"规划编制过程中"进行环境影响评价,但并无具体规则保证环评一定与规划编制同步进行。相反,在实践中,河湖水系连通规划往往在完成后再进行环评,河湖水系连通规划的作出需要投入大量时间、金钱、人力、物力,因此规划完成后的环评结果往往难以改变复杂规划的内容。新修订的《环境保护法》已然意识到该问题的严重性,强调了"未环评的开发利用规划不得组织实施;未环评的建设项目,不得开工建设",但在违法责任一章中,仅对建设项目"未评先建"的行为规定了停止建设、处以罚款、责令恢复原状的违法责任,并未对规划"未评先实施"的行为设定违法责任,这使得"未环评的开发利用规划不得组织实施"形同虚设。②

(5) 环评实施缺乏保障。从司法实践来看,在市场经济体制下,政府所做规划的目标与作为投资主体的企业之间的利益诉求常常并不具有一致性,因此

---

① 首先,规划编制机关在编制环评的过程中,往往会倾向性地选择突出对自身有利的信息,而隐隐对环境有负面影响的信息,不具有公立性。其次,"自我编制"的规划环评往往较为粗糙,未对河湖水系连通的具体区域、流域作出现实的调查,所作的规划环评与实际情况相差甚远,缺乏科学依据,得出的结论可信度低。再者,河湖水系连通工程影响因素很多,其中包含自然因素.新构造运动、气候变化、泥沙淤积、河流摆动,以及人为因素.围垦、筑堤、建闸、开凿运河等,进行规划环评是一项专业性、综合性、复杂性较强的工作,同时需要多方面的资料、信息、技术的支持,即使是规划环评影响评价技术机构,若未具备一定的技术和人才,也难以得出科学的评价结论。

② 如"引汉济渭"规划将汉水自汉中市引入关中地区,最终融入渭河,缓解关中地区的工业、生活用水缺口。该项目于2009年正式开工建设,预计于2015年全部竣工。但2013年1月,该项目却因为报批的环境影响评价未经批准而实施建设,被责令停止工程的建设,并罚款二十万元人民币。因为具体的项目建设,该项目负责机构——陕西省引汉济渭工程协调领导小组办公室因此受到了行政处罚,而该建设项目所归属的规划编制机关却未对规划"未评先实施"负责。

到了实施层面,规划的执行力度则大大降低。除此之外,在河湖水系连通过程中,特别是流域河湖水系连通,涉及部门较多,但到目前为止并没有非常有威信的协调机构和有效的协调机制,在一定程度上也为规划的实施带来一定的困难。① 虽然《规划环境影响评价条例》中规定了规划编制机关应及时组织环评的跟踪评价,但跟踪评价的主体仍为规划编制机关,缺乏监督和约束效力。且《规划环境影响评价条例》并未对未开展跟踪环评或未针对跟踪环评采取相应措施的规划编制机关的法律责任做任何规定,使得后期的跟踪评价可为亦可不为。规划环评的作用则是在于对规划提出修正意见,如果这些修正意见无法保障实施,那规划环评的意义就难以实现。

2. 跨界水污染立法存在的问题

(1) 立法理念陈旧。中国水事立法采取分别立法的模式,没有从整个流域的社会、经济、生态等综合管理角度出发,制定统一的流域法,更没有一部规范河湖水系连通工程方面的单行法。②

(2) 容易形成权力竞争。水资源保护在中国实行部门管理体制,其开发利用由水利、农业、交通、航道、电力、港务等不同部门管理,水污染治理由环保部门管理,因部门分割体制而形成了部门立法观念。同时法律运行机制缺乏,容易诱发"公地悲剧"。③ 现有水污染防治的法律制度体系比较完善,但法律制度之间严重脱节,"多龙治水"的格局已定,更缺少明确部门之间权力配置的原则、权力行使的方式,也没有规定权力的冲突规则,更没有规定权力协调的规则。

(3) 现有法律法规相互冲突。由于中国的分别立法模式,各部法律法规之间存在相互冲突,也使得执法部门的职责不清和职能交叉、条块分割,监管乏力。而且水权界定不清晰。中国流域水资源的所有权是清晰的,但是使用权并

---

① 2001年12月经中国水利部正式批复的"引江济太"工程,其规划初衷在于打造一条"长江-望虞河-太湖-太浦河"的大流域水循环路径,促进太湖水体的流动,缩短水体更新周期,从而改善太湖水质。但在实施过程中,经望虞河引入的长江水经过长途奔流后,常常携带了沿河流域的生活和工业废物水污染。由于基层投资的饥渴,望虞河两岸的经济迅速发展,排污企业数量急剧增多且未得到合理规范,使得望虞河流入连通水域的水体水质恶化。即使江苏省太湖地区水利工程管理处已经多次就望虞河沿河流域排污问题向太湖水文监测局提出协查要求,但并未得到实质性改善,以至于太湖于2007年爆发蓝藻重污染事件,使得太湖流域管理局不得不改变最初规划,提出了引江济太的第二套方案,试图改变河道引水。就目前来看,大部分河湖水系连通的规划环评都难以对具体建设项目的实施构成有效制约。

② 吕忠梅. 水污染的流域控制立法研究 [J], 法商研究, 2005 (5); 赵春光. 中国流域水资源可持续利用的法律问题及对策 [J], 法学论坛, 2007 (6).

③ 吕忠梅. 水污染的流域控制立法研究 [J], 法商研究, 2005 (5).

不清晰。水资源具有明显的公共性，使得个人、部门和地区在使用流域水资源时，都在谋求个人利益的最大化，造成水资源的外部不经济性。

（4）市场机制缺乏法律保障。中国在水污染防治制度的设计上，权利干预、直接命令的管理制度过多，利用市场化机制协调水资源开发利用主体利益关系的制度太少。

（5）流域生态补偿的法律制度缺失。中国制度内的补偿对象几乎局限于植树造林方面，制度外的若干尝试不够规范和权威，近似扶贫与恩赐；并且补偿标准过低，对于积极投入部分补偿有限；补偿过程漏损较多，以中央预算直接补偿个人，违反了受益原则。[①]

（6）公众参与水资源立法制度缺位。由于缺乏公众参与制度，公众的合法权益诉求得不到释放和表达，应偿受损得不到有效法律保障，使公众对政府的立法、执法缺乏信任感和认同度，进而易引发大量群体性事件，不利于社会和谐稳定。

3. 生态保护立法存在的问题

（1）环境立法理念低下。环境保护立法仍然偏重末端治理，对生态保护性法律规定存在不足。而且，生态系统管理的法律体系不统一、不完整、不配套，难以完成艰难的生态系统管理任务。[②]

（2）生态系统管理立法不完善。虽然新修订的《环境保护法》等法律明显体现了对生态保护的重视，但在一些重要的生态保护领域仍存在立法空白[③]，立法不完善。[④]

（3）生态保护的法律规范较为分散，影响执法力度。有关生态保护的法律规范较为分散，表现形式多为行政法规或国家政策，立法层级偏激，影响执法力度。如《自然保护条例》《野生动物保护条例》效力位阶太低，法律明文保护的范围十分有限，无法满足生态保护的要求。如《水法》《土地管理法》等在立法目的条款中对生态保护未有提及。

（4）立法创新不足，可操作性不强。国家立法在污染控制方面比较完善，在生态保护方面则有所欠缺，这也体现在地方立法上；国家生态保护立法是实

---

① 赵春光. 中国流域水资源可持续利用的法律问题及对策 [J]，法学论坛，2007（6）.
② 王凤远. 美国和日本生态系统管理立法经验及其启示 [J]. 齐齐哈尔大学学报（哲学社会科学版），2008（11）.
③ 毛涛. 我国区际流域生态补偿立法及完善 [J]，重庆工商大学学报（社会科学版），2010（4）.
④ 王凤远. 美国和日本生态系统管理立法经验及其启示 [J]. 齐齐哈尔大学学报（哲学社会科学版），2008（11）.

体法较完善，程序法相对不足，地方立法也没有解决可操作性问题等。立法程序存在瑕疵，势必会影响环境执法的公正与公平。

四、国外解决河湖水系连通中法律问题的举措

为了适应自然、改造自然，人类很早就开始了河湖水系连通的有关探索与实践。近年来，针对新时期保障水安全的需要，国外开展了大量的河湖水系连通实践。[①] 国外开展河湖水系连通工程实践中，相关理论和技术也比较成熟，而且大多数的技术规范和成功的政策举措已上升为法律规范，特别在立法保障方面积累了许多有益的经验，而中国河湖水系连通立法尚处于探索阶段，需要决策者用科学的态度去思考和研究，正确认识并应对河湖水系连通中的法律问题。要解决中国河湖水系连通中面临的上述法律问题，除了需要智慧、克服现有法律法规的滞后的困难，采取积极应对措施外，还需要在考虑中国国情的基础上，借鉴国外成功的立法经验，特别是要参考美国、加拿大、澳大利亚、欧盟以及日本等国家和地区解决河湖水系连通法律问题的成功立法经验。

（一）国外解决河湖水系连通中法律问题的相关实践

为了提高各部门的用水效率，在水资源管理中保护和实现自然资源的持续利用，减少巨额财政负担及增强资源分配中的灵活性和反应能力，许多国家和地区纷纷建立水权交易体系，实现水资源的市场化运作。[②]

20世纪初，美国就与加拿大开始合作，从合理使用水资源发展到共同治理湖区污染。1909年，美国和加拿大签订了边界水条约，并成立了国际联合委员会，目的是为了解决两国边境河流、湖泊由于水资源使用引起的纠纷。[③] 1911年，国际联合委员会召开第一次会议，将两国委员们召集在一起共同讨论水环境问题和其他问题。1970年，国际联合委员会关于五大湖水污染报告促成了有关五大湖水质问题的谈判。1972年，美加两国签署了五大湖水质协议，该协议规定两国必须共同努力来治理五大湖的水污染问题。[④] 到1977年，环境监测显示，排入湖内的污染物数量明显减少，水质状况显著好转。此外，通过研究决定，今后的工作重心向有毒污染物对生态环境的影响这一方面转移。1978年，

---

① 李原园，李宗礼，郦建强，李爱华.中国水利学会2012学术年会特邀报告汇编[R]，2012 - 11 - 6.

② 王金霞，黄季焜.国外水权交易的经验及对中国的启示[J]，农业技术经济，2002 (3).

③ 窦明，马军霞，胡彩虹.北美五大湖水环境保护经验分析[J]，气象与环境科学，2007 (5).

④ 张献华.20世纪加拿大和美国关于五大湖区的环境协调机制[J]，上饶师范学院学报，2010 (8).

修订五大湖水质协议，提出了恢复和维持五大湖生态平衡、限定磷排放总量、完全禁止永久性有毒物质排放的建议；引入生态学理论，提出在恢复和治理五大湖水环境的过程中，还应考虑空气、水、土地、生态系统与人类之间的相互作用关系。协议还号召美加两国"实质性地"禁止向五大湖排放难降解有毒物质。1983年，又将水体中磷负荷削减量附加到五大湖水质协议中，并对富营养化问题比较突出的伊利湖和安大略湖制定了削减目标。[1] 1986年，美国湖区8个州的州长签署了五大湖有毒物质排污控制协议，之后，加拿大安大略省和魁北克省也在该协议上签名。[2] 1987年，美加两国第三次修订五大湖水质协议，着重强调对非点源污染、大气中粉尘污染和地下水污染的治理，并首次提出实行污染排放总量控制的管理措施。此后，一大批旨在改善五大湖水环境质量的政策、项目出台并付诸实施。如1990年，在国际联合委员会两年一次的报告中提到即使将难降解有毒物质的排放量控制在较低的水平，也会对孩子的健康构成威胁，由此委员会提出将苏必利尔湖设计为难降解有毒物质的"零排放"示范区（窦明等，2007）。[3]

1991年，美加签署了削减酸雨的空气质量协定，同年，两国政府以及安大略省、密歇根州、明尼苏达州、威斯康星州4省（或州）政府就"恢复和保护苏必利尔湖的两国合作计划"达成共识。1995年，美国国家环境保护局颁布了被称为五大湖水质保护规范的五大湖水质导则。[4]

2002年，通过了《五大湖地区发展战略》的区域发展计划。该计划首先提出要对当前最为关注的水环境问题优先制定一套共同行动纲领，从而使整体的合作行动与美国政策委员会的目标保持一致，并规定五大湖地区的生态环境保护和自然资源管理工作将由联邦政府、湖区州政府和当地部落来共同承担，其合作方式保持与五大湖区水质协议相一致。[5]

2004年，旨在恢复和保护五大湖生态系统的《五大湖宣言》在芝加哥签署，大家承诺，齐心协力保护、恢复和改善五大湖生态系统，以迎接不断出现

---

[1] 窦明，马军霞，胡彩虹.北美五大湖水环境保护经验分析［J］,气象与环境科学，2007（5）.

[2] 张献华.20世纪加拿大和美国关于五大湖区的环境协调机制［J］,上饶师范学院学报，2010（8）.

[3] 窦明，马军霞，胡彩虹.北美五大湖水环境保护经验分析［J］,气象与环境科学，2007（5）.

[4] 同上注。

[5] 同上注。

的新挑战，确保后代人能够拥有健康的生态环境。[1]

（1）美国。1986年，美国制定了《密西西比河上游管理法》，对密西西比河上游流域协会的组成和职权进行了规定。[2] 1987年，美国又制定《哈得孙河河口管理法》，该法规定"州环境保护部主任应当成立一个哈得孙河河口管理咨询委员会，以便其同该委员会就影响哈得孙河河口区域的鼓励、保护和使用的监管、政策和其他事项，以及哈得孙河河口管理计划的指定事宜进行会商。这些委员会应当能够代表直接涉及哈得孙河河口区域的利益，包括来自商业性捕鱼、运动员、研究、保育和休闲娱乐业（界）的代表。……"[3] 美国水权作为私有财产，其转让程序类似于不动产，需经批准、公告，有偿转让等一系列程序[4]；在美国西部还出现了水银行。水银行将每年的来水量按照水权分成若干份，以股份制形式对水权进行管理，同时开展一系列立法活动，消除水权转让的法律制度障碍，以保证水权交易的顺利进行和水市场的良好发展。美国设立水权咨询服务公司管理美国几乎所有的水权交易（李燕玲，2003）。[5] 如为委托人提供各种记录档案和其他必需证明，提供水权的占有水量、法律地位及水权的有益利用的专家证词。

（2）澳大利亚。澳大利亚水资源短缺严重，再加上水资源分配不均，气候干旱导致地表蒸发量大，因此澳大利亚人特别对水资源重视，建设了众多的水利开发工程，对于水资源的开发、管理和使用形成了一套较为成熟的体系，例如20世纪20~70年代对世界上最大的流域之一——墨累达令河的综合开发，其中最著名的河湖水系连通工程则是1949年至1975年修建的雪山调水工程。澳大利亚的水资源管理立法主要以墨累达令河流域为核心。2007年之前，管理墨累达令河流域的主要依据是《国家水行动》（National Water Initiative）以及1992年制定的《墨累达令流域协议》。[6]《国家水行动》试图通过流域各州政府共同分担责任提高墨累达令河流域水资源利用的效率；而1992年的《墨累达令流域协议》明确规定了各区域之间的水资源分配、水权交易方式、水资源开发的限额、环境规划用水量以及水质与盐度的管理目标等内容，其目的在于确保各州之间的利益平衡以及水资源的合理开发和生态保护。这意味着在经济效益

---

[1] 张献华.20世纪加拿大和美国关于五大湖区的环境协调机制[J]，上饶师范学院学报，2010（8）.

[2] 曾祥华.我国流域管理立法模式探讨[J]，江南大学学报（人文社会科学版），2012（11）.

[3] 胡德胜，程雪琴，1987年哈得孙河河口管理法[J]，陕西水利，2011（6）.

[4] 李燕玲.国外水权交易制度对我国的借鉴价值[J]，水土保持科技情报，2003（8）.

[5] 同上注.

[6] 曾祥华.我国流域管理立法模式探讨[J]，江南大学学报（人文社会科学版），2012（11）.

与环境效益之间,河流规划要以环境效益为先,不能为了短期的经济效益而牺牲长期的生态效益。这种经济、社会、生态多元化的管理目标,体现了资源的可持续利用的管理理念,是当今国际社会所倡导的自然资源开发与管理理念。2007年之后,联邦政府颁布了《联邦水法》,2008年出台了《联邦水法修正案》,并根据该法组建了墨累达令河流域管理局,管理局直接对联邦政府负责。澳大利亚宪法规定,州政府承担水资源的管理责任,联邦政府所拥有的权利较为有限,而由联邦政府和州政府通过协议建立的墨累达令河流域管理局则具有该河流流域的最高管理权。该流域管理局包括流域部长委员会,为决策机构,最高权力机关;流域委员会,为执行机构,负责墨累达令河的具体管理和执行部长委员会的决策;社团咨询委员会,加强流域管理局与利益相关社团或群体、代表的联系;委员会办公室,负责该局的秘书支持。最特别的是,各州政府在该流域管理局内都有发言人,通过赋予其一定的权利保证其能主张所代表州的利益,实现权力制衡,从决策层面上保障各州的基本利益。因此,该流域管理局所作出的规划具有较高效力,州政府甚至通过专门立法的方式确认其法律效力。通过赋予流域管理局足够的权利,则在一定程度上保证流域规划的实施,减少州政府之间的扯皮与推脱。

澳大利亚国家水资源委员会定期对各州的规划执行有效性进行审核,并将结果提供给联邦及各州部长。强制监测和评估不仅保证了各州在规划实施阶段对规划的有效实施,也有利于流域管理局收集各州的规划实施情况,为流域规划的未来实施提供了信息反馈,使得流域管理局能及时发现实施中的新情况,并及时调整规划内容。同样,河流水系连通的规划也并不能一蹴而就,而应该根据实际实施情况以及不断产生的新信息来及时评价和修订。

除此之外,澳大利亚《水法》还规定了关于流域规划评估的强制规定,要求每10年进行一次协商,由流域管理局、州政府、流域委员会以及社区委员会进行协商和评估,并接受来自公众的意见,评估的结果可能导致规划的修改。如此一来,公众在规划实施阶段还能继续根据规划的实际执行情况参与到环境影响评价中,推动规划更加科学和合理化。

澳大利亚还建立了生态用水管理制度,主要有生态水权制度(1995《水分配与水权——实施水权的国家框架》、1996《保障生态系统供水的国家原则》)、政府回购生态水权制度。在澳大利亚的水交易市场上,销售者可以自行决定出售其多余或不需要的水量,增加了企业经营的灵活性。通过出售他们不需要的水量以增加经济效益,尤其是不再经营现有的企业或到其他领域投资的情况下,出售部分水权的收入,同样可用于引进节水技术,更进一步提高水的使用效率。对于购买者来说,通过在市场上购买水权,可以投资新企业或在扩建现有企业规模时增加水使用的可靠性。①

（3）欧盟。欧洲与其他大洲相比，最特别的地方在于国家多，因此河流多流经多个国家，每个国家的国情与利益不同，难免会引起水资源的争端，从而导致水环境的恶化，例如欧洲最大的河流莱茵河，流经9个国家，因此也常常遭受过度开采、水环境恶化、水污染等问题。欧盟相关国家为了解决流经欧盟各国的河流问题，通过了《欧盟水框架指令》，旨在对流域实施综合管理。多瑙河和莱茵河中间隔着分水岭，欧盟曾采取调水的方式用多瑙河的剩余水量补充莱茵河流域水量的不足。莱茵河—多瑙河调水工程就是最典型的连通工程。该工程不仅补充了莱茵河水域的水量，还开发了发电站、游览场所、航运等功能。

《多瑙河流域管理规划》是根据《欧盟水框架指令》而制定的规划。根据《欧盟水框架指令》，流域管理规划分为四个阶段，而每个阶段的环评都有不同的任务。第一阶段的规划内容为定义流域范围、组织机构和协调机构，而该阶段的环评任务则是通过筛选确定环评范围和利益相关者；第二阶段规划对流域进行各影响因素的分析并建立保护区目录，该阶段的环评任务则是识别和评估影响；第三阶段规划是制定监测网和计划，该阶段的环评任务是保证后期能利用该监测网对规划的实施效果进行监测；第四阶段最后制定流域管理规划，与之相对应的环评任务则是通过进一步识别和评估影响，最后做出环境报告。

欧盟明确规定规划不同编制阶段所对应的环评任务，保证了规划与环评的同步，避免出现规划完成再作环评的滞后性或规划已开始实施但还未环评的情况出现。

公众参与是《欧盟水框架指令》的重要组成部分。该规划为了实现公众参与，开通了网络主页对该规划信息做了详细介绍，并实时更新《水框架指令》的执行情况以及其他与该规划有关的信息，让公众充分了解该规划的制定与执行信息，并能及时咨询和评议。除此之外，为了让利益相关者更积极地参与到规划的制定中，该规划还给予部分利益相关者"观察员"的地位，使其在规划编制过程中更具有角色感，带动利益相关者的积极性。目前，已有21个组织获得"观察员"地位。

为了保证规划的监测和评估，在流域规划制定的过程中，相关国家共同建立了一个跨国监测网，用以监测流域地表水和地下水的总体情况和长期变化情况。该监测网从各监测点收集数据后，由国家层面的数据管理程序将数据进行收集和转化为指定格式，并发送至跨国监测网络数据管理中心。该中心对数

---

① 李燕玲. 国外水权交易制度对我国的借鉴价值 [J]，水土保持科技情报，2003（8）.

进行第二次检查之后，将数据上传到网站进行公示。监测网的建立有利于各国政府对当前整体流域情况的了解和信息的收集，避免信息共享不足所导致的决策失误。该跨国监测网成为多瑙河流域规划制定过程中的重要工具，并为后期规划的实施提供了跟踪评价的保证。除此之外，流域管理机构还收集各国的违法信息，通过违法信息与违法处理结果的公开来提高流域管理的执行效果。

（4）日本。在水环境管理方面，日本于1967年通过《公害对策基本法》，确立了国家环境管理的原则。1970年制定了《水污染防治法》，1972年，中央政府设置了环境厅，2000年升格为环境省，下设水质保护局，统一领导和协调水环境管理。日本国土厅统一协调水管理的法律基础是《河川法》，其立法目的在于以流域为单元对河流进行综合管理，在防治河流受到洪水、干旱等影响的同时，维持流水的正常功能，并在国土整治和开发方面发挥应有作用，以利维持公共安全、增进公共福利。根据此法，中央政府对一级河川按流域范围指定管理者，负责有关的保护活动，所需费用，一级河川所在的都、道、府、县最多要负担50%。对于兴利活动，在《河川法》之下又制定了《水资源开发促进法》。同时，为了保证法律的可操作性，《河川法实施令》将《河川法》规定的内容加以细化，对绝大多数条款作了具体解释与规定，使得执法中有一个统一的标准可供执行。①

日本在20世纪60年代以前，环境资源立法局限于单行法、部门法，采取头痛医头、脚痛医脚的立法办法。20世纪80年代，日本一度陷入"公害大国"的困境，自20世纪90年代开始日本开始进入环境法制的完善期，其中最具有意义的立法活动是1993年的《环境基本法》，该法在注重保护生态系统的同时，以构筑可持续环境保全型社会为目标，并积极推进国际环境保护。

（二）国外解决河湖水系连通中法律问题的经验借鉴

纵观国外河湖水系连通的立法与司法实践，其值得借鉴的成功经验有如下六点：

1. 环评先行

河湖水系是由水循环系统、水生态环境系统和经济社会系统组成的流域复合系统的载体，自身在自然因素和人类活动影响下总是处于不断变化过程之中，从而决定了河湖水系连通的复杂性。因此，河湖水系连通必须符合河湖自然演变规律、经济规律和社会发展规律。② 为了避免河湖水系连通工程完成后对其

---

① 蓝楠. 日本饮用水源保护法律调控的经验及启示 [J]，环境保护，2007（2）.
② 李原园，李宗礼，郦建强，李爱华. 中国水利学会2012学术年会特邀报告汇编 [R]，2012－11－06.

进行评估，评估结果难以改变已经完成的复杂的水系连通，不至于使环评流于形式，欧盟将环评规划分为多个阶段，不仅规定了每个阶段规划的主要任务，而且规定了与每个规划阶段任务相适应的环评重心，有针对性地对规划制定的每个阶段进行评估。这样不仅保证了环境评价结果能随时被规划采纳，也避免了规划环评滞后或提前所带来的不利影响。

对河湖水系连通进行规划环境影响评价，最根本的目的在于将消极影响最小化，积极影响最大化，并通过修改规划从而保证预防性措施的实施。而对于环境影响具有最密切联系的就是利益相关者，因此，利益相关者的合理意见能否被采纳也是影响规划后期实施阻力大小的一个关键因素。为避免河湖水系连通工程给当地社会经济以及生态环境带来负面效果，欧盟环评要求公众全程参与，这就使得公众对工程规划的理解由浅至深，到后期能在较为全面了解工程规划内容的基础上提出合理意见，并被及时采纳。另外，欧盟环评中将利益相关者从被管理者的角度转化为管理者的角度，通过角色的转化使得公众更有积极性参与到规划与环评中去。而中国规划环评常常将公众置于对立的角色，在公众曝光或迫不得已之时才让公众介入，引起公众的不满，使得规划和环评难以贯彻实施。因此，通过增加公众对规划环评的付出和归属感来增加公众对规划实施的积极性，可以是改变中国环评公众参与现状的突破口。

河湖水系连通往往涉及多个部门和行政区域，且一个行政区域所采取的特殊行动往往会对其他行政区域内的河湖水系产生影响，因此各部门、各行政区域之间的调查和环评数据和信息共享是进行河湖水系连通规划环评的前提和基础。通过建立一个健全的机制来共享数据和信息，是科学开展环境影响评价的前提。欧盟的经验表明，除了公开规划的实时实施效果，还应该进一步公开河湖水系连通过程中违法行为及处理结果的信息，提高规划的执行效率。

2. 设立拥有监督管理权的机构

在河湖水系连通中，通常需要一个机构协调政府部门间工作，沟通政府部门与公众之间的信息，以保证各个部门以及政府部门与公众之间的相互协调与合作。目前，中国重要河流的流域，如长江、黄河、淮河等河流，也都设立了流域管理机构，在《水法》的规定下，流域管理机构具有明确的法律地位，在水资源管理范围内行使法律法规或国务院水行政主管部门所赋予的监督管理权。虽然中国的流域管理机构也有一定的行政管理权，但对地方政府并无约束力，因此，由流域管理机构作出的规划通常难以得到地方政府的贯彻实施。澳大利亚是联邦制国家，各州的自主权比较大。在跨行政管辖区的流域中进行利益平衡就必须依靠大量的会议协商来解决。墨累达令河流域是澳大利亚最大的跨行政区流域，所以它的流域管理需要多个不同行政区域的部门通过州际的协议来组建一个跨行政区的全流域管理机制。墨累达令河流域行动就是在这种需求之下建立起来的，它包含一个来自各州的部长会议和一个墨累达令河流域委员会。协商会议成为利益相关人协商利益的平台。流域规划的过程，是一次利益冲突与妥协的平衡过程。根据澳大利亚2007年《水法》，在制定流域规划的过程中，流域管理局必须和流域内各州政府、流域官员委员会以及流域共同体委员会进行协商。[1]

因此，澳大利亚通过协议设立流域管理机构的方式对中国而言难以借鉴，且在中国目前的行政模式下，在河湖水系连通工程所涉水域设立一个涵盖各部门职权的超部门的水域管理机构实难实现。但不妨在水域管理机构的基础上赋予其更多的权力与职责，让它在充分协调各部门利益的基础上作出有利于河湖水系连通水域整体生态保护兼地区经济发展的决策。

日本在强化"河川管理者"的法权，尊重河川使用者的利益，实施必要的赔偿制度，对违法行为进行处罚，地方财政共同负担河川管理及工程费用。

3. 建立生态用水管理制度

为实现水资源的可持续利用，必须坚持人口、资源、环境协调发展的原则，转变治水思路，从传统水利向现代水利转变、向可持续发展水利转变，而国外的诸多经验无疑为中国水利改革提供了借鉴。美国有46个州拥有河道内流量管理权，其中11个州以法规条例形式加以规定。[2] 美国主要生态用水管理制度有最小流量制度和原生态流量制度。为了保护特殊物种和重要生态系统，美国加州制定了野生动植物保护区或栖息地生态用水制度（1934年《鱼类与野生动物协调法》）、水权转让或调水的生态用水保证制度（加州《水法典》《1992年中央流域灌溉工程改进法》）、天然河流景观制度（1968年联邦《自然河流和景观法》、1972年加州《自然河流和景观法》）。欧盟以及美国在一些多雨的地方建立了滨岸权准则和优先占用权准则。[3] 在水资源比较丰沛的地区规定"合理使用滨岸土地的水体但又不影响其他滨岸土地所有者合理用水的权利。""滨岸土地都有取水用水权，且所有滨岸权所有者都拥有同等的权利，没有多少，先后之分。""滨岸权必须在流域内滨岸土地上运用，而且这些滨岸土地必须在水体所属流域内"。在干旱和半干旱的美国西部各州建立和发展了优先占用权准则。主要是为了解决西部水资源紧缺，用水较为紧张的问题。其对水权规定了

---

[1] 曾祥华. 我国流域管理立法模式探讨 [J], 江南大学学报（人文社会科学版），2012（11）.

[2] 侯晓梅. 生态环境用水与水资源管理变革 [A]，水资源、水环境与水法制建设问题研究——2003年中国环境资源法学研讨会（年会）论文集（上册）[C], 2003.

[3] 李燕玲. 国外水权交易制度对我国的借鉴价值 [J]，水土保持科技情报，2003（8）.

"先占有者先拥有，拥有者可转让，不占有者就不得拥有"等一系列界定原则。美国水权作为私有财产，其转让程序类似于不动产，需经批准、公告，有偿转让等一系列程序；在美国西部还出现了水银行。水银行将每年的来水量按照水权分成若干份，以股份制形式对水权进行管理，同时开展一系列立法活动，消除水权转让的法律制度障碍，以保证水权交易的顺利进行和水市场的良好发展。[1]

澳大利亚的生态用水管理制度，反映出人类在河流开发中对生态问题的认识不断深化并不断创新管理制度，从而有效保护生态环境。在澳大利亚，联邦政府及其有关州和地区之内政府在灌区管理方面逐步推行企业化和私有化，减少政府干涉，增加政府核算功能，并从调控作用中进一步分离政府的商业性所有权或经营权。[2]澳大利亚有生态水权制度（1995《水分配与水权——实施水权的国家框架》、1996《保障生态系统供水的国家原则》）、政府回购生态水权制度。在澳大利亚的水交易市场上，销售者可以自行决定出售其多余或不需要的水量，增加企业经营的灵活性。通过出售他们不需要的水量以增加经济效益，尤其是不再经营现有的企业或到其他领域投资的情况下，出售部分水权的收入，同样可用于引进节水技术，更进一步提高水的使用效率。对于购买者来说，通过在市场上购买水权，可以投资新企业或在扩建现有企业规模时增加水使用的可靠性。此外，加拿大和日本等也在努力培育和发展水市场，积极开展水权交易，而且，智利、墨西哥、巴基斯坦、印度、菲律宾等一些发展中国家也在尝试通过建立水市场进行水权转让。[3]

4. 构建公众协同参与机制

河湖水系连通的本质是维系和增强河湖的水力联系、维护良性的流域水循环关系。[4] 不论是水资源管理体制与水量丰枯的互动还是水利调整的协调与妥协，都需要建立用水户之间的横向关系，用水户必须以流域的水利用为媒介建立利益共同体，从共同体中遴选代表与政府、水管理部门的代表一起构成流域管理委员会，参与流域管理的决策，反映自己的意见与愿望，维护自己的权益等。[5] 美国自20世纪50年代以来，公众参与水资源开发决策的程度不断提高，1979年，美国环保署在其颁行的法规中明确指出公众参与公共决策的重要性。

---

[1] 李燕玲. 国外水权交易制度对我国的借鉴价值 [J]，水土保持科技情报，2003 (8).
[2] 张艳芳，张祎. 澳大利亚水资源分配的法律原则 [J]，内蒙古环境科学，2008 (2).
[3] 李燕玲. 国外水权交易制度对我国的借鉴价值 [J]，水土保持科技情报，2003 (8).
[4] 李原园，李宗礼，郦建强，李爱华. 中国水利学会2012学术年会特邀报告汇编 [R]，2012-11-06.
[5] 刘振胜，周刚炎. 试论流域与区域相结合的水资源管理体制 [J]，人民长江，2005 (8).

该法律文件根据《清洁水法》《资源保护与恢复法》以及《安全饮用水法》，就公众参与提出了最低的规制要求和建议。80年代以后，对于重大的水资源开发项目，逐渐形成"沟通与协调"的体制，并在一些地区通过地方议会立法的形式法制化，保障公众和有关部门享有参与决策的权利。[①] 2003年，美国环保署制定了《公众参与政策》，就促进公众参与提出了一系列要求。该政策文件还列出了有效的公众参与的基本步骤，要求环保局的工作人员在实践中按照这些步骤引导和促进公众参与。欧洲为促进公众参与包括水资源管理在内的环境管理，制定了一系列政策措施，其中，有两份政策文件最有影响，即《奥尔胡斯协定》[②] 和《关于公众获得环境信息的指导方针》[③]。2003年，欧盟又出台政策，明确指出公众参与取得成效的三个条件，即（1）参与的公众和利益相关人必须来自各个不同层面，代表不同利益群体；（2）向公众提供的信息应该涉及计划和政策制定和实施的全部过程；（3）要以通俗易懂的方式、多种渠道向公众提供信息。根据上述政策文件的要求，欧盟各国已经或正在修订和制定相关法律和政策，以促进公众参与水资源的管理。日本的国土资源部与建设省则常常由于水资源开发规划受到公众的反对而致工程搁浅。开发管理部门有完善的公示与意见征询程序，区域的关联者们有很强的参与意识，积极思考、审核工程对流域或区域发展的利弊，提出代表区域公众的意见或建议。随着水库大坝的建设对水生态环境的影响被广泛认识，自80年代后期以来，日本有多座水库的建设计划因公众的反对而被取消或延期。[④]

5. 强化水环境生态保护

严格控制水污染。美加两国为保持五大湖水环境处于一种自然平衡状态，凡是要排入湖区的工业废水和生活污水，都要事先经过污水处理厂净化后再排

---

① 徐荟华. 流域管理中的公众参与问题[J]，前沿，2004（3）．

② 《奥尔胡斯协定》的正式名称为《关于在环境事务中公众获得信息、参与决策并获得公正的协定》（The Convention on Access to Information, Public Participation in Decision-Making and Access to Justice in Environmental Matters）．1998年在丹麦的奥尔胡斯市由联合国欧洲经济委员会组织拟定、经欧盟签署，2001年10月30日正式生效。《奥尔胡斯协定》界定了公众参与，并为公共参与确立了三个支柱．其一，每个人都有权获得公共机构所掌握的环境信息；其二，每个人都有权利从早期阶段就参与环境决策；其三，对于不尊重上述两项权利或违背环保法律的公共决策，每个人都有权利在法庭上提出质疑。从中央到地方的各级政府机构都有义务为促进这些权利的实现做出努力。《奥尔胡斯协定》的签署对欧盟各国的环境管理产生了深刻的影响。为了符合协定的要求，欧盟及其成员国随后采取了措施修改原有的法律条款，这直接催生了《水资源管理框架指导方针》．

③ 欧盟于2003年制定了《关于公众获得环境信息的指导方针》（The Directive on Public Access to Environmental Information），2005年2月14日正式生效，对所有欧盟成员国具有约束力。它强化了欧盟有关环境信息公开的现有政策原则，与1998年签署的《奥尔胡斯协定》一脉相承。

④ 陈菁. 流域水资源管理体制初探[J]，中国水利，2003（A）．

入。此外，美加两国政府非常重视对重金属、难降解有毒物质的排污控制，在湖区设立示范区，力图实现对这些物质的"零排放"，以消除其对人类和生态系统的潜在影响。在维护湖区营养盐份平衡问题上，既考虑要彻底消除富营养化，又要适当维持水体中的营养水平，以保证水生生物的健康生长。为增强五大湖区水域的景观娱乐功能，适当调整当地经济发展速度，杜绝对水资源的过度开发利用，避免由于经济过快发展而导致水资源承载压力过大的局面出现；控制城市发展规模，恢复和保持湿地面积，提供一个健康的适合多物种生存繁衍的栖息场所和适宜的人居环境。①

恢复和维持一个多样、稳定、良性的湖区生态系统，强调以本地鱼类、水生生物和野生动植物为主要物种，坚决抵制外来物种的入侵；控制和消除病原体，阻止具有侵略性物种的入侵和扩散，保护人类和生物健康，增强湖区生态经济的活力。②

增强美加两国政府之间以及湖区各级政府、流域管理机构、科研机构、用水户和地方团队之间的合作交流，所有机构将作为一个环境保护团体来开展工作和进行相互合作。各机构可共享相关的资源和信息，同时也有义务汇报自己的工作进展，此外还成立一个公共论坛，以便于信息的交流和制定集体决议。③所有这些工作都是为了实现五大湖水环境保护以及人与自然和谐共存这一最终目标。

6. 完善流域管理立法

发达国家采用的流域管理体制大致可分为三大类。一是以美国、加拿大、澳大利亚为代表的行政区域分层治理和流域一体化治理相结合体制，这类国家国土面积大，行政区域与流域关系复杂；二是以日本为代表的各部门共同治理体制，这类国家国土面积较小，人口稠密，中央政府中与流域管理工作有关的机构较多；三是以英、法等欧洲国家为代表的流域一体化治理体制。④ 美国的法律十分详尽，如《清洁水法》《安全饮用水法》《水资源规划法》等。

美国国会于1933年通过了《田纳西流域管理局法》，成立了联邦政府机构——田纳西流域管理局（Tennessee Valley Authority）。田纳西流域管理局在行政上不受制于流域沿岸各州政府的管理，独自享有在田纳西流域水利建设、发电、航运、渔业等方面广泛的权力。《萨斯奎汉纳流域管理协议》经过纽约、

---

① 窦明，马军霞，胡彩虹. 北美五大湖水环境保护经验分析 [J]，气象与环境科学，2007 (5).

② 同上注。

③ 同上注。

④ 王晓亮. 中外流域管理比较研究 [J]，环境科学导刊，2011 (1).

宾夕法尼亚、马里兰州立法机关批准，于1970年经美国国会通过，成为国家法律得以实施。[①] 此外，美国《流域保护与洪水预防法》《国家环境政策法》《森林和草原再生资源规划法》和《国家森林管理法》等法律法规的颁布也对破坏流域生态的行为和协调各部门、各州之间的利益起到了重要作用。法国1964年的《水法》将全国划分为6大流域，建立以流域为基础的水资源管理体制。1992年《水法》进一步加强了这一管理体制，并将水管理的机构设置区分为国家级、流域级、地方级等几个层次。[②] 此外的相关法律还有《民法》《刑法》《公共卫生法》《国家财产法》《公共水道和内陆通航法》等。日本的流域管理体系以1961年《水资源开发促进法》为首，包括《水资源开发公团法》《水源地域对策特别措施法》《河川法》等数十部法律。[③] 澳大利亚联邦政府于1914年与新南威尔士州、维多利亚州政府以及南澳大利亚州政府共同签署了《墨累河水协议》，以此为法律基础成立了墨累河委员会。1987年联邦政府和沿岸三州签署了《墨累－达令流域协议》，取代之前的《墨累河水协议》，各方成立部长理事会、流域委员会和社区咨询委员会，2007年联邦政府颁布了《联邦水法》，2008年出台了《联邦水法修正案》，并根据该法组建了墨累－达令河流域管理局，管理局直接对联邦政府负责。

五、解决中国河湖水系连通中法律问题的建议

为确保河湖水系连通战略符合中国各项法律的规定，符合可持续发展原则，应进一步完善河湖水系连通的规划体系，强化其执行和监督检查，加快其立法工作，为严格河湖水系管理提供规划依据和法律保障。细化实化河湖水系连通的各项制度，确保其水资源开发利用和节约保护各项工作有章可循、有法可依。有关部门应尽快出台最严格河湖水系水资源管理制度考核办法、责任追究办法，建立水资源领域重大违法违规问题行政问责制度。[④] 条件成熟时，制定一部系统规定河湖水系连通管理基本原则、基本法律制度和运行机制的基本法。

（一）严格环境影响评价制度

河湖水系连通不仅能适度调整水系和水资源的格局，而且还会一定程度改变相关地区的资源环境匹配关系，既存在一定风险，也具有很大难度，因此河湖水系连通工作应在科学规划论证、慎重决策的基础上因地制宜地开展。河湖

---

① 周刚炎. 莱茵河流域管理的经验和启示 [J]. 水利水电快报, 2007 (3).
② 韩瑞光, 马欢, 袁媛. 法国的水资源管理体系及其经验借鉴 [J]. 中国水利, 2012 (11).
③ 王晓亮. 中外流域管理比较研究 [J]. 环境科学导刊, 2011 (1).
④ 陈雷. 加强河湖管理建设水生态文明 [N]. 人民日报, 2014－3－22 (11).

水系连通需要符合国家主体功能定位、水利总体规划布局、水资源可持续利用、依法治水科学管水、科学论证决策等相关规划和要求，并要符合河湖水系演变自然规律。应从连通的必要性和可能性、连通方式、连通措施、连通效果等方面进行分析研判[1]，严格按照政策环评、规划环评和项目环评的要求慎重决策，充分发挥环评对科学决策的辅助作用。

1. 环评机构独立

为了增加环境影响评价的科学性，必须保证环评机构具有独立地位，从而确保所作环评报告不受规划编制机关和政府的影响。这种独立性即包括规划环评机关独立于规划编制机关，也包括环评机构本身的独立性。首先，必须将环评机关与规划编制机关分离开来，统一要求河湖水系连通规划的环境影响评价由专门的环评机构编制，避免"自编自评"的现象出现。为了减少环评机构与规划编制机关相勾结，环评机构不应由规划编制机关决定，而应由环评审批机关指定或招标确定。确定环评机构后，由环评机构根据水系连通的特征组织专家组来对该规划展开评价。其次，为了提高环境影响评价机构自身的中立性和独立性，应当使环评机构如中国的律师事务所和会计师事务所一样，将其同政府部门相分立，从体制上保障环评机构与政府部门相独立，使环评机构成为环评中中立的第三方。最后，环评机构之间可以成立环评机构协会，归纳总结河湖水系连通常用的规划方法和技术指南，建立水系连通环境影响评价案例库和专家库，通过信息共享的方式使得所有的环评机构人员都能获取水系连通环评信息。

2. 转变环评重点

河湖水系连通环境影响评价应改变以污染预防与治理为重点，而应针对以河湖水系生态的多样性与完整性作为环评报告的重点内容。从规划的作用角度而言，其作用在于预测河湖水系连通对河湖水系可持续发展的能力影响，以及对经济社会发展的影响等。因此，河湖水系连通的环境影响评价首先应从全局角度，对宏观性、综合性的环境、经济、社会影响进行评价，在此基础上将各种标准细化、量化，使得规划的实施更具有可行性。根据河湖水系连通的特征，可将环评制定划分为以下四个阶段：第一阶段，确定连通水系的范围；第二阶段，连通水域的生态、社会、经济特征分析，并收集连通水系的基本信息；第三阶段，对河湖水系连通作出初步的规划，然后收集连通水系监测信息；第四阶段，制定河湖水系连通最终规划。为了保障环评的意见能及时被采纳，促使

---

[1] 李原园，李宗礼，郦建强，李爱华. 中国水利学会 2012 学术年会特邀报告汇编 [R]，2012-11-06.

环评的修改，环评应与规划制定一同进行。且针对不同阶段的规划任务，环评也具有不同的评价重心：第一阶段，评价规划确定的水系范围是否科学合理，并确定利益相关者；第二阶段，评估连通水系可能产生的问题；第三阶段，评估初步规划对环境的影响；第四阶段，根据最终的水系连通规划，形成最终的环评报告。明确规划环评的具体时间及任务，在一定程度上可以避免"为了环评而环评"的情况出现。

3. 建立环评实时监测网络

建立一个实时监测网络，随时监测和评价规划实施后的水文情况。根据反馈信息及时对后期的规划进行调整。公众也可以通过该信息网具体了解水系连通实施的情况和效果，及时提出有效意见。同时，应要求在环评报告的内容中增加规划的替代方案。在后期监测中若发现意外情况，难以在短时间内做出有效的解决方案。因此应在环评报告中要求增加替代方案的内容，以便在原规划难以达到预期效果时能及时地作出调整。

4. 建设共享数据和信息平台

建立一个健全的机制来共享数据和信息，是科学开展环境影响评价的基本前提。规划编制机关应建立一个参与河湖水系连通的部门和行政区域政府互相交流信息的平台，一方面减少部门或行政区域政府之间的沟通障碍，避免出现决策失误；另一方面也可以将部分信息通过该平台向公众公示，让公众随时了解规划的具体内容并及时作出评价，提出建议。确保河流信息的公开，才能为公众参与提供前提保障。因此，与规划制定相关的信息都应该被公示并共享，才能给公众以充分了解规划内容并表达意见的机会，使得公众不会置于被动地位。

除了国内的环评机构之外，还可以进一步引入国外环评机构进入中国市场，加强环评机构的市场竞争。

对于未依法提交河湖水系连通建设项目环评文件或者环评文件未经批准，擅自开工建设的，或者未依法进行环评，被责令停止建设后拒不执行的部门和个人，应依《环境保护法》相关规定予以惩处。

（二）重构生态用水管理制度

由于水资源具有整体性，不仅具有生态价值，而且具有经济价值，所以，河湖水系连通以后，受水区可供水量增加，应该更加重视生态环境用水，实现水资源的可持续利用，实现水资源的经济社会效益和生态环境综合效益的最大化。[①]

[①] 陈睿智，桑燕芳等．基于河湖水系连通的水资源配置框架[J]，南水北调与水利科技，2013（4）．

1. 明晰水资源生态环境价值管理权

水是生态系统中能量和物质循环的介质,对于调节气候、净化环境起着不可替代的作用。水资源的生态环境价值就是水对生态环境系统正常运转需求的满足程度与作用,它具体包括泥沙的推移、营养物质的运输、环境净化及维持湿地、湖泊、河流等自然生态系统的结构及其他人工生态系统的功能。[①] 水资源生态环境价值管理权属于国家公权力,其行使得当,就能满足生态系统的健康完好性能和水环境自身的优良状态。在水资源管理方面,生态水配置权和水质保障权是其职权呈现的两个方面。生态水配置权的有效行使,就能有效地保护维持河流、湖泊等特定时空的水资源以外的生态系统及其自身生态系统的健康完好性所需的水量。水质保障权的有效行使,就能得到河流、湖泊等特定时空水资源自身的水环境,并能有效阻止和控制人们向河流、湖泊等特定时空水资源排放污染物。水质保障权要求所有排水者依照一定的标准和要求,承担达标排水的义务,若排水者未按要求履行排水义务,相关政府的主管部门可以利用公权力对其予以制裁。国家的生态水配置权和水质保障权既是一种权力,同时也是一种职责和义务,不具有市场可交易性。

2. 水资源国家垄断权

国家对水资源垄断权的主要表现有:一是国家对水资源非消耗性使用享有垄断权。在一定条件下,国家既可以自己,也可以许可自然人、法人和其他组织对水资源进行非消耗性使用,如航运、水电开发等。在国家允许的前提下,自然人、法人和其他组织获得的航运、水电开发等权利可以在市场上进行交易。二是国家对水资源消耗性使用也享有垄断权。自然人、法人和其他组织对水资源进行消耗性使用时,被消耗的对象实际上是一定量的水资源。理论上,自然人、法人和其他组织对水资源进行消耗性使用,都必须获得国家的许可。实际上,国家通过法律规定将一定量的水的所有权转让给用水人,但这种转让行为是通过受让人的取水行为实现的。如《取水许可和水资源费征收管理条例》第 4 条所规定的五种情形就不需要获得许可证取水,并对水资源进行消耗性使用。法律之所以规定国家在垄断着水资源消耗性使用的同时,还应承担向人们提供一定量的生产、生活用水的义务,主要是因为国家肩负着有保护人们的基本生存权利和改善人们福祉的义务。这一定量的用水,尤其是生活用水,直接关系到社会广大民众的基本生存和福祉,所以,国家必须要允许用水人通过自己提取等方式获得一定量的水的所有权。

---

① 王浩,秦大庸,汪党献等. 水利与国民经济协调发展研究 [M],中国水利水电科学研究院,2004,p57.

3. 水资源国家垄断权的制约和限制

水资源是一种公共物品，社会公众拥有针对水资源的环境利益和基本生存权，公众的这些权利制约和限制着国家对水资源生态价值管理权和水资源经济价值开发利用的垄断权。国家在行使水资源垄断权时，要遵守公共物品在行使所有权方面的原则和规律：公众利益和公共利益至上，当公众利益和公共利益受到侵犯时，国家水行政主管部门要及时予以调整，并对造成的损失要按法予以赔偿，并对破坏的生态予以修复。社会公众对水资源生态价值享有环境利益，可以在一定程度上保障国家的生态水配置权和水质保障权得到良好的实现。所以，国家的生态水配置权和水质保障权也是一种职责和义务。另外，社会公众为了维持基本生存，必须对水资源进行消耗性使用，所以，国家即使对水资源消耗性使用享有垄断权，其也有义务为社会公众提供一定量的生产、生活用水。因此，国家只有在综合考虑并控制生产、生活等不同领域的用水量前提下，才能将一定量的水资源按照公平、公正、公开的原则予以初始分配。而自然人、法人和其他组织只有在依靠科技的基础上将节约的初始分配水资源指标再分配，才允许在市场上交易。

（三）构建科学合理的用水权交易制度

河湖水系连通无疑对水资源配置提出了更高的要求，需要统筹考虑调水区、受水区以及输水区多方利益的协调关系。结合国外的实践情况及中国的国情，建立科学合理的用水权交易机制势在必行。今后在建立中国的用水权交易制度时应注意以下几点：

1. 完善立法

用水权初始分配制度是生态文明建设方面的一项重大改革，是用市场化机制激励节能减排减碳的一项基础制度。要使这一制度能在法律中得以确立，必须完善现有法律。一是要在《民法典》中确立用水权。党的十八大报告和"十三五"规划中提出：建立健全用能权、用水权、排污权、碳排放权初始分配制度，推动形成勤俭节约的社会风尚。建立健全用能权、用水权、排污权、碳排放权初始分配制度，这不仅是《环境保护法》必须解决的问题，也是我国民法典制定时不能回避的一项内容。用水权与传统民法财产权——物权和债权有着本质的区别，不能通过扩大物权的理论基础将用水权这种新型财产权利纳入现有的物权权利体系内。用水权这类新型权利是私主体经过行政许可获得的一项权利，行政许可因其本质上是政府的管制行为，其许可的内容本身不具有财产性，它不应是民法上的财产，但许可本身为被许可人创造了用水权交易制度的法律化，这就为许可利益的转让在法律上获得确认。用水权交易机制允许卖方将生产、生活中节约的政府许可利益转让给买方，买方获得许可利益。用水权这类新型财产权与传统财产权共同构成了现代财产权体系。二是在环境保护综合法——《环境保护法》中增加用水权初始分配制度以及用水权交易的相关条文，进一步规定水权交易中资源环境保护问题。三是在《水法》中应对水权交易内容有明确的规定。《水法》是保障中国水资源有效利用和可持续利用最重要的法律，通览这部法律，却缺乏对水权交易予以规定。在完善上述两部法律以外，还应尽快修订《水污染防治法》《水土保持法》和《防洪法》等，使这些法律统一协调起来，从法律上严格界定水资源行政管理部门在水权交易过程中的职权和职责，有效促进水权交易活动的顺利开展。

2. 明晰用水权是水资源管理的根本

任何生命体均离不开水，水资源是生态和环境系统中的要素。水流在罗马法物的分类中属于人法物中的公用物。同为大陆法系的我国却没有对此分类，从目前的法律文件来看，水资源属于国家所有，所有权主体的唯一性即表明水资源所有权不能在其他主体间依法流转，无法进入市场进行交易。如何在水资源国家所有的前提下，根据农业、工业、生活等不同的用水方式，对用水权进行合理界定，并探索有效保护、开发利用水资源的产权结构和管理制度，这不仅是环境与资源法学界，而且也是民法等学界亟须探索并解决的问题。随着社会主义市场经济体制的健全与完善，经济快速发展与水资源短缺的矛盾日益显现，明晰用水权，按用水权理论对水资源的开发和利用进行管理已刻不容缓。因此，当下的用水权改革思路，应该是在国家对水资源拥有所有权的前提下，逐步放开使用经营权，将水资源中的所有权和使用权剥离，根据农业、工业、生活等不同的用水方式，把农业、工业的部分水资源使用权（用水权）纳入市场。按照市场规则进行交易运作，通过认购用水权、转让用水权等方式，将节约的水资源配置到效益高的地方。效益低的地方可以转让部分或全部用水权，获得出让权得到的资金用于节水改造或兴修水利工程。

3. 实现水资源有偿使用

水资源价格是河湖水系连通工程建设和运行管理中的核心问题之一。制定河湖水系连通工程的水资源价格是一个较为复杂的系统工程，其制约因素涉及方方面面。构建科学性与合理性的水资源价格形成机制是河湖水系连通工程运行良好的关键，同时也是促进水资源优化配置和节约用水的重要手段。所以，准确、科学地对水资源本身价值、水资源交易的成本价值和水资源的环境价值进行核算显得格外重要。水资源价格核算既要充分考虑到购买用水权的自然人、法人和其他组织的支付意愿和承受能力，也要考虑到供水单位的合理收益和成本补偿。在借鉴国外用水权交易制度的先进经验和结合中国具体国情的基础上，中国河湖水系连通工程水资源价格制定需要考虑定价原则和水资源价格形成的结构等相适应，同时还要考虑用水权交易两级市场各自定价标准、水资源本身价值、水资源交易的成本价值以及水资源的环境价值。探讨适应社会主义市场经济体制要求的新的管理运行机制，使水管单位逐步走向市场，前提条件是水资源价格改革，使之能完全达到成本价格，从而使水管单位具有自我造血的功能。这是水资源价格征收体制改革的一个方面。根据用水权理论，要在水资源稀缺的条件下取得用水权，就必须向资源所有者付出相应的代价。目前，中国的水资源价格体系还不完善，水资源费和水利工程水资源价格的标准仍偏低。因此，国家需要根据市场经济的需求，完善水资源价格征收体制，实现水资源有偿使用。

4. 建立统一的水资源管理体制

在探讨用水权改革时，一是要加强水资源统一管理，强化地方党委、政府水环境保护责任，建立水资源管理工作协作机制，定期研究解决河湖水系连通工程中出现的重大问题。二是要实行水资源城乡一体化管理，保证河湖水系连通工程中水资源的持续利用。目前，中国水资源分散管理体制不利于水权交易制度的建立和发展。因此，作为政府和水行政主管部门，应加强水资源权属管理和供水市场的行业管理，充分获取各种有用信息，对目前的水资源状况进行合理评价。三是要划定严格的"生态保护红线"强化生态用水管理。随着最严格水资源管理制度的深入落实，供人类使用的各类用水得以明确和限制；2010年国务院批复的《全国水资源综合规划》也初步明确了配置给自然生态系统的用水量。河湖水系连通工程建设中一定要采取相关措施，严守"生态保护红线"，河湖水系连通工程不得破坏生物多样性保育区、湿地生态功能区、生态旅游开放区、一般控制区的水生态环境，让河湖水系连通工程呈现出水清岸绿的美景。

5. 建立适合中国国情的用水权市场交易机制

用水权市场，如江河湖水体、地下水体以及人工水库、水渠的交易市场，这种用水权市场交易的是一定量的、不断供应的水资源的使用权，主要是一种水源即水体的使用权交易。用水权的这一特性决定了用水权市场是一个不完全的市场，是一个准市场。因此对它的培育和成长需要国家有关法律法规的支持和约束，需要政府的积极推动。首先，国家作为水资源的所有者，是水资源使用权（用水权）初始分配的主体，国家政府作为水市场的管理者和调控者，在水资源配置方面，应行使水行政管理和水行政执法职能，加强对用水权和用水权市场的管理。因此，水资源配置还需要政府的宏观调控。其次，用水权市场是一个新生事物，目前仍处于培育和发展的萌芽期，建设适合中国国情的用水权市场任重道远。毫无疑问，这些都需要法律、法规作为基础来推行用水权交易，使之稳步有序开展等。因此，制定用水权交易的有关法规，保护第三者在用水权交易中的利益，尽最大可能地防止其对环境带来负面影响，及时、合法、有效地解决河湖水系连通中的水事冲突等，这不仅能促进用水权交易制度的健康发展，还能够使用水市场不断得到发展和完善，保障用水权交易双方的切身利益。

综上，国家政府对水资源进行初始分配，实际上是一种对水资源所有权的利益分配。它既可以通过市场也可以通过非市场的形式来实现。就目前的形势来看，无论是哪一种方式均不能有效解决国家对水资源的垄断权。水资源初始分配方案不仅仅需要技术上、经济上的可行性，更需要的是政治上的可行性。总之，要在充分掌握水资源的使用形态及数量上，划定一定量的水资源初始分配量，分清用水权主体的相应权利范围，在加强流域和区域统一管理的基础上，通过引入准市场机制的思路来充分发挥水资源的价格信号的作用，实现水资源的可持续利用，通过不断的制度创新和制度变迁，形成比较成熟有效的新的流域水分配、水管理模式，并逐步将实践中好的经验好的做法以法律法规的形式加以固定化。

（四）突出公众参与

河湖水系连通工程涉及不同的层面和部门，涉及多方的利益。因此，在河湖水系连通工程相关政策、规划和项目的制定与实施阶段，利益相关方的广泛参与十分必要。在河湖水系连通战略的形成过程中，公众参与尤其关键。因为公众参与可以促使政府党政领导以及主管人员在政策环评过程中谨慎对待，认真履责，这样有利于防止党政部门领导为政绩、形象而追求短期经济利益的行为，有利于河湖水系连通工程兼顾各方利益。欧盟和美国在环境管理中高度重视发挥公众的作用，最近几年分别出台了相应的政策，以促进公众参与水资源管理。

1. 制定公众参与程序

为了保障与河湖水系连通相关公众的利益，公众参与程序是规划编制以及环境影响评价中不可或缺的部分。首先要扩大公众参与的主体范围和时间。公众对于依法进行河湖水系连通的规划都有通过法定程序了解相关信息的权利，因此公众参与的主体不应只限定为"利益相关者"，而是所有的公民都有权了解具体信息，并提出质询和建议。同时，公众参与应该贯穿规划制定的整个过程，规划编制机关和环评机关应在每个阶段都设置途径接受公众的质询和建议。其次，公众参与的方式和程序应该更进一步细化。对于公众的具体范围、环评信息的公布程序、公布途径等中国现有法律无具体规定，亟待进一步细化。除此之外，中国环境保护法律中规定的公众参与形式仅限于听证会、论证会、调查问卷或其他，公众参与的形式较少。应进一步扩大公众参与的途径，增加公众参与的形式，如社区组织说明会、一般公开说明会、记者会、回答民众疑问等等。

2. 最大限度地保证公众的参与度

公众参与作为环评中的重要组成部分，却是中国规划环评的薄弱环节。如果仅仅通过规划制定完成后才开始征求公众意见，公众难以彻底了解规划的具体内容，且所提意见难以改变已完成的规划。让公众参与到规划制定的整个流程中，且让规划编制机构充分采取措施向公众说明所做规划，是公众意见真正能被采纳的前提。将公众参与规划环评的时间从规划制定阶段贯彻到后期的规划实施阶段，最大限度地保证公众的参与度，是中国河湖水系连通甚至是所有水资源开发利用过程中都值得借鉴的。

3. 增加公众的归属感

河湖水系连通规划的编制是一个行政行为，其主体是政府。而环境影响评价的目的则在于对该行为进行监督和约束。然而政府一般在各类事务中占优势地位，难以有合适的监督主体对其产生监督和约束。对于公众而言，水资源归国家所有，且公众的环保意识还不足以使得公众重视国家财产，在未受到污染和损害之前，往往对河湖水系连通漠不关心，监督作用甚微。因此，要通过角色的转化，使得公众从被管理者的角度转化为管理者，增加公众的归属感，使得公众更积极主动地成为监督者。特别是环境保护组织，一般具有一定的专业知识和经验，对环境保护的监督有很积极的意义。通过赋予环境保护组织一定的地位和权利，使得环保组织在一定程度上对政府进行监督。

（五）完善水事纠纷处理机制

河湖水系连通工程在建设和使用过程中不可避免地会出现水事纠纷。水事纠纷是指因水资源配置，在使用过程中发生的纠纷。《水法》明确规定了两种处理方式：一是裁决，不同行政区域之间发生水事纠纷的，应当协商处理，协商不成的，由上一级人民政府裁决，有关各方必须遵照执行；二是部门调解或提起诉讼，单位之间、个人之间、单位与个人之间发生的水事纠纷，应当协商解决；当事人不愿协商或者协商不成的，可以申请县以上地方人民政府或者其授权的部门调解，也可以直接向人民法院提起民事诉讼。对水事纠纷，在未解决前，当事人不得单方面改变现状。随着用水权交易的试点的增多，可以肯定用水权纠纷将会逐渐增多，但现有的水事纠纷处理机制不能完全应对用水权交易纠纷，因此，完善用水权交易纠纷的处理方式势在必行。

1. 完善中国用水权纠纷处理方式

用水权纠纷是指在水权交易过程中对水资源的权属争议和水资源相关事项的纠纷。它主要有三种类型：一是水资源行政管理部门在水资源初始分配时与水资源权属主体之间出现的纠纷；二是用水权在市场交易时，出让方与购入方之间出现的纠纷；三是用水权交易过程中，出让方或购入方与其他利害关系人之间发生的纠纷。目前，用水权交易纠纷发生后，依照《水法》规定，只能先由双方协商解决，协商不成时请求上级人民政府裁决，地方政府部门在用水权交易纠纷中起到主要作用，这样的纠纷处理方式亟待完善。因为，用水权交易纠纷大多是不同行政区域之间发生的水事纠纷，其不是单纯的自然问题，更不是单一的社会问题；不是通过单纯技术就能处理的问题，更不是单一的制度设计能处理的问题，用水权纠纷处理问题是人与自然和谐共生的综合性问题，要解决这样一个综合性和复杂性集于一体的问题，就必须借助综合性方法来综合治理。

2. 完善中国用水权交易的行政处理机制

关于用水权交易中出现的纠纷，除通过双方协商解决外，还可由人民政府调解、人民政府行政裁决、行政复议、行政诉讼和民事诉讼等方式来解决。其中由人民政府予以行政裁决的纠纷处理方式在中国极其普遍，是在双方协商未果的情况下最常用的解决方式，因此，有必要对中国用水权交易纠纷行政处理机制加以完善。一是在立法中明确规定用水权交易纠纷处理机构及其职权范围。可以按照中央，省、自治区、直辖市，市、自治州、县这样四级来划分用水权交易纠纷行政处理机构，其用水权交易纠纷处理职权范围由行政职权范围来确定，行政职权的权限就是用水权交易纠纷处理的权限。二是对于本行政区域间的用水权交易纠纷处理，应当明确在上级人民政府做出裁决以后，如果用水权交易纠纷当事人一方不服，还能够提起行政复议或者直接提起民事诉讼。三是完善用水权交易纠纷的仲裁处理方式。可以在中央和省级政府所在地设立两级用水权交易纠纷处理仲裁委员会，处理专门的用水权交易纠纷案件，界定用水权交易纠纷仲裁的效力，规定经过用水权交易纠纷仲裁委员会仲裁的案件，当事人一方可以根据仲裁书依法申请法院强制执行。四是明确规定县级以上人民政府或县级以上地方人民政府水行政主管部门有权采取临时的用水权交易纠纷处理措施及采取该种处理措施的法律依据、性质、权限大小等。根据临时处理措施的性质，给予当事人以救济的权利和救济的方式方法。当临时处理的当事人不服该种临时处理措施时，给予救济制度保障，允许当事人向上级机关提起行政复议或者直接向人民法院提起行政诉讼。五是对在全国范围内产生了重大影响的用水权交易纠纷事件或者跨省级的用水权交易纠纷事件，可以依据其影响或危害程度、波及范围、交易纠纷发生地等来确定是由中央用水权交易纠纷处理机构处理，还是通过中央用水权交易纠纷处理机构决定交由省级用水权交易纠纷处理机构处理。同样在省、自治区、直辖市范围内有重大影响的用水权交易纠纷事件或者跨市级的水事纠纷事件，也可以依据纠纷发生地、危害程度、波及范围等确定由省级用水权交易纠纷处理机构处理，还是通过省级用水权交易纠纷处理机构决定交由市级用水权交易纠纷处理机构处理。

（六）完善水生态保护立法

中国现行的"一省一法""一市一法""一湖一法"，虽然能够解决区域性河湖水系保护管理问题，但并不能彻底解决其水环境生态的问题，因此，完善包括河湖水系在内的水生态保护立法势在必行。

1. 水生态立法应遵循生态规律和社会规律

生态保护法是调整人们在保护生态系统的结构和功能、保护生物多样性以及特定自然区域过程中所发生的社会关系的法律规范的总称。可是，我国目前对各类型生态系统的立法保护仅限于自然资源单行法中的少量规定。[①] 在河湖水系连通工程建设过程中，保护水生态就是要遵循生态保护法。生态保护法理应坚持非人类中心主义的法律观，从而确立能够顺应生态规律和社会规律的新的法律原则。生态法的基本原则应当包括物种平等原则、代际公平原则、生态优先原则、预防为主原则、合理开发利用原则、污染者付费原则、公众参与原则。其中以确立生态优先原则为宜的理由是：首先，生态优先原则是当今世界上生态法的发展趋势，如美国1969年通过的《国家环境政策法》；其次，协调发展原则在现实生活中往往成为"经济优先原则"的代名词，如日本在这方面的教训值得汲取[②]；最后，中国经济发展多年持续增长，但也给中国生态环境产生巨大压力，生态破坏和环境污染形势严峻，尚未得到有效遏制。

2. 水生态立法应转变立法模式

中国的生态保护立法模式，一是要实现由"点模式"向"关系模式"的转变，即由孤立的水、海洋等要素之间的点的、线性关系，向着立体多维复合的、非线性的关系转变，确立生态系统整体化管理的立法模式。二是要构建中国的生态保护法律框架，建立以保护或恢复某种生态系统的结构或功能为直接目的的专门生态保护法律法规，或为此目的在相关单行法中补充、完善生态保护法

---

① 梅宏. 论中国生态保护立法及其完善 [J]，中国海洋大学学报（社会科学版），2008（5）.
② 曹明德. 论生态法的基本原则 [J]，法学评论，2002（6）.

律法规。拟构建的法律框架，应是由生态保护综合性基本法和各种涉及生态保护的单行法、区域（流域、特定地方）生态系统保护法、生态保护标准共同构成的内部协调、外部统一的法律框架。尽快确立以《水法》为主的水资源生态保护立法体系，完善配套单行法规。制定与《水法》配套的单行法规，填补《水法》在水资源生态保护方面的一些立法空白。如水的许可证制度、水资源保护区制度等。三是立法时应强调保护水资源生态平衡的重要作用，使其必须形成有效的水资源生态保护机制，统一执法主体。建议再次修订《水法》，坚持"独龙治水"，不仅要把水质污染监督管理写进水法，而且需将执法权赋予水务部门。[①] 同时还需加大力度，加强操作性，并坚持自由裁量权适度的原则。根据违法者行为的不同情况，必须让其承担相应的行政责任、民事责任和刑事责任。对于已出台的水法系列规定，在法律责任部分，一方面要加强操作性，另一方面要适度使用自由裁量权。

3. 生态红线的法律保障

生态红线作为中国环境保护的制度创新，成为国家政策，并进入了法律层面成为法律制度。生态红线的法律保障涉及多方面立法，包括国土利用规划立法、生态保护立法、自然资源立法、污染防治立法、生物安全立法等。[②] 构建生态红线法律制度应有详细的框架，生态红线法律保障的基本原则包括保护优先兼顾发展原则、科学规划合理布局原则、管控结合分级保护原则；生态红线法律保障的主要制度包括生态红线的差异化管控制度、生态红线的监测与监察制度、生态红线的统一监管制度、生态红线的越线责任追究制度、生态红线维护的公众参与制度。

4. 建立水生态保护补偿制度

十八届三中全会《决定》明确提出实行生态补偿制度，这对大力推进水生态文明建设具有重要意义。水生态保护具有很强的正外部性，如果没有激励机制就会使保护者缺乏保护的积极性。因此，建立水生态保护补偿制度，是保护水生态和区域经济协调发展的重要手段。一是明确水生态补偿的政策支持对象。要把水生态补偿清晰地体现在水源涵养区、水资源保护区等重点补偿对象上。二是建立生态补偿的公共财政制度，建立"谁受益，谁付费"和"谁保护，补偿谁"的市场补偿办法，加大财政转移支持力度，整合优化财政补助结构，将生态建设和环保补助的相关专项资金逐步纳入生态补偿资金之中，建立健全以公共财政为主的生态补偿机制。三是明确生态补偿的重点投向领域。大力推进

---

① 梅宏．论中国生态保护立法及其完善［J］，中国海洋大学学报（社会科学版），2008（5）．
② 王灿发，江钦辉．论生态红线的法律制度保障［J］，环境保护，2014（4）．

以"百村示范、千村整治"和"生态公益林建设"等为代表的生态建设重点工程,并将其作为生态补偿资金投向的重点领域。四是建立生态补偿的行政责任机制。改革和完善现行党政领导干部政绩考核机制,提高生态环境保护工作在政绩考核中的比重,把环保工作实绩考核作为干部使用的一个重要依据,逐步增加其在考核体系中的权重,建立健全特殊生态价值地区领导干部政绩考核的指标体系。同时,必须严肃行政纪律、规范行政手段、执行行政问责,连续三年出境水断面水质达不到考核要求的政府有关领导进行行政问责,使经济补偿和行政问责有机结合起来。

5. 完善节水和污水再生利用制度

节水是解决水资源供需矛盾、提升水环境承载能力、应对水安全问题的重要举措,对社会主义生态文明建设具有重要意义。以水生态环境修复与保护为主的河湖水系连通,要在强化节水和严格防治污染的基础上,结合水资源配置体系,保障生态环境用水,修复河湖和区域的生态环境,重点提高水资源和水环境承载能力。一是强化河湖水系连通规划对节水的引领作用。河湖水系连通工程建成之后要统筹给水、节水、排水、污水处理与再生利用,以及水安全、水生态和水环境的协调。二是严格落实节水"三同时"制度。新建、改建和扩建建设工程节水设施必须与主体工程同时设计、同时施工、同时投入使用。三是大力推行低影响开发建设模式。河湖水系连通结合城市水系自然分布和当地水资源条件,因地制宜地采取湿地恢复、截污、河道疏浚等方式改善城市水生态。按照对城市生态环境影响最低的开发建设理念,控制开发强度,最大限度地减少对城市原有水生态环境的破坏,建设自然积存、自然渗透、自然净化的"海绵城市"。四是严控污水排入河湖水系,加快污水再生利用。没有经过净化处理的污水,不得进入河湖水系;对污水要经过再生处理后利用,合理布局污水处理和再生利用设施,按照"优水优用,就近利用"的原则,在工业生产、城市绿化、道路清扫、车辆冲洗、建筑施工及生态景观等领域优先使用再生水。五是加强计划用水与定额管理。要结合当地产业结构特点,严格执行国家有关用水标准和定额的相关规定。抓好用水大户的计划用水管理,科学确定计划用水额度,自备水取水量应纳入计划用水管理范围。要与供水企业建立用水量信息共享机制,实现实时监控。有条件的地区要建立城市供水管网数字化管控平台,支撑节水工作。

小　结

党的十八大把生态文明纳入了我国特色社会主义事业总体布局,使生态文明建设的战略地位更加明确。党的十八届三中全会把水利放在生态文明建设的突出位置,将水资源管理、水环境保护、水生态修复、水价改革、水权交易等纳入生态文明制度建设。[1] 水生态文明建设是生态水利工作的升华,它将生态水利与民生水利和资源水利三者之间的关系统一协调起来,三者的和谐发展是水生态文明建设的理论精髓。在当前河湖水系连通工程建设中不仅要保障生态用水安全、避免水利工程破坏水生态、协调好水利工程与水生态之间的关系,而且要发挥人的能动性,通过实施生态水利工程,修复或恢复水生态系统。[2] 因此,实施河湖水系连通工程一定要牢固树立尊重自然、顺应自然、保护自然的生态文明理念,践行以人为本、人水和谐的可持续发展治水思路,坚持生产生活生态统筹、水域水量水质并重、预防保护治理齐抓,大力推进河湖水系连通的立法工作,为河湖水系连通战略的顺利实施提供政策法律保障。

一是以生态文明理念为指导,建立健全河湖水系连通水资源管理、节约用水、水功能区管理等法律法规。对一批不合时宜、影响生态文明建设的法律要及时予以清理与修订。如目前正在修订的《水法》等法律,要考虑如何将"开展水资源使用权确权登记,建立国家用水权交易制度,积极培育用水权交易市场,推进流域、区域、行业和用水户之间的水权交易,健全水资源有偿使用制度,确立全面反映市场供求、资源稀缺程度、生态环境损害成本和修复效益的水资源价格形成机制"等内容写入法律之中。同时还要对一些较为抽象的法律条文或法律制度予以细化,方便执行。如要进一步细化《环境保护法》中有关生态补偿机制的内容,加快建立河湖水系生态补偿机制,推动河湖水系不同地区间开展横向生态补偿,使生态补偿制度真正落到实处。

二是强化监督执法,严惩违法犯罪行为。"徒法不足以自行",一定要以铁的手腕,严格执行法律法规,坚决杜绝"未评先建"的河湖水系连通工程,严格追究违背自然规律且已造成严重负面影响的"形象连通工程、政绩连通工程"主要负责人的行政、刑事责任,严厉打击非法取水、超标排放、侵占水域、违法设障、非法采砂等违法行为,维护好河湖水系连通工程建设与管理秩序。

---

[1] 陈雷. 加强河湖管理建设水生态文明 [N],人民日报,2014-3-22 (11).
[2] 许继军. 水生态文明建设的几个问题探讨 [J],中国水利,2013 (6).

第四部分

环境保护法前沿问题

- 刑法将修 "达摩克利斯之剑"已悬
  ——刑法修正案(八)(草案)的主要动机与要点释疑

- 环境执法中的责令停止建设与责令停止生产

- 保护生命水源 亟待法律健全

- "不防污染防监督"造就排污天堂

- 治理地下水污染 法律要有"法力"

刑法将修 "达摩克利斯之剑"已悬[①]

——刑法修正案（八）（草案）的主要动机与要点释疑

2010年8月23日，十一届全国人大常委会第十六次会议首次审议了《中华人民共和国刑法修正案（八）（草案）》（以下简称"刑法修正案（八）（草案）"），草案修改了重大环境污染事故罪的规定，删去了"致使公私财产遭受重大损失或者人身伤亡的严重后果的"构成条件，规定"违反国家规定，排放、倾倒或者处置有放射性的废物、含传染病病原体的废物、有毒物质或者其他有害物质，严重污染环境的，就要被追究刑事责任。"与现行条款内容相比较，新条款调整了重大环境污染事故罪的犯罪构成要件，降低了入罪门槛，增强了可操作性，强化了污染环境的刑事责任。

一、刑法修正案（八）（草案）第44条的由来

（一）重大环境污染事件频发

随着高科技工业和便捷交通的迅速发展，重大环境污染事件不断发生，一些企业片面追求利益，置他人生命健康和公共安全于不顾，肆意排污，动则造成了多人死亡、数百上千人身体健康受损、财产损失数万亿计的触目惊心的后果，给社会带来了极大的危害。虽然2005年的松花江水污染事件，给中国的环境保护应急机制敲了一记警钟，但警钟并未长鸣。2006年发生了广东北江镉污染、辽宁浑河抚顺段水质酚浓度超标、广西红水河天峨段水质污染、湖南湘江株洲和长沙段镉污染、河南巩义二电厂柴油泄漏污染黄河和江西赣江水域油轮起火共六起重大环境污染事件；2008年云南省发生了阳宗海水体污染事件；2009年相继发生了江苏省盐城市饮用水取水口水源污染、湖南省浏阳市镉污染、陕西省凤翔铅污染、湖南省武冈铅污染等事件。2010年1至8月，环保部共接报并妥善处置环境事件131起，仅7、8月份就发生28起，总量远远高于

[①] 本文刊载于《环境保护》（2010年第20期）。

2009年同期。江苏大丰、四川隆昌、湖南嘉禾、湖南郴州、甘肃瓜州、湖北咸宁等地相继发生了6起血铅超标事件，福建紫金矿业污水渗漏、大连海洋石油污染、吉林化工桶被冲入松花江、南京栖霞区化工厂爆炸事件。这些事件中，阳宗海事件、盐城饮用水事件、福建紫金矿业污水渗漏等事件污染的是人的饮用水，而湖南、陕西、江苏、四川、湖北等地发生的污染事件则直接威胁到人的生命或身体的健康。值得庆幸的是，2010年发生的重大环境污染事件虽然不少，但因处置及时，没有造成特别严重的后果。不过，每次处置都让人感到惊心动魄，处置起来也是一波三折。

（二）环境污染事件的成因复杂

上述重大环境污染事件频频发生，究其原因主要有如下四点：第一，对少数企业而言，科学发展观似乎只是个口号，其实质是见利忘法。少数企业为追求利益的最大化，置国家法律法规于不顾，无限制地索取资源，又千方百计向环境直接排污。企业的这种掠夺式经营超越了环境自身的最大承载量，因此，环境不断恶化，负外部性凸显，重大环境污染事件频发，导致人身伤亡或者公私财产遭受重大损失的严重后果。第二，环境污染问题与地方政府的保护有直接关系。表面看，环境污染事件的直接原因，或是由安全生产和交通事故引发，或是企业违规生产和排污导致。究其实质均为地方政府环境保护意识淡薄。某些地方政府领导为了提升自己的任内政绩，片面追求GDP，不惜以牺牲环境为代价，降低环保门槛，对企业的环境污染或视而不见，或充当污染企业的保护伞。第三，地方环保部门在夹缝中生存，无法行使权力和监督。地方环保部门只是地方政府的一个职能部门，人、财、物受制于本级政府，同时，又处在上级督办、地方政府干预、群众举报三层压力之下，难以履行神圣的职责，完不成上级任务"挨批"，得不到群众的信任"挨骂"，得罪了地方政府"挨整"，"里外不是人"，完全陷入了"困境"。第四，环境污染犯罪处罚明显偏轻。目前，现行刑法对环境犯罪规定并不十分完备，环境污染犯罪处罚明显偏轻。而且，无论是民法、行政法，还是刑法都难遏制住环境犯罪多发的势头，而刑法作为保护环境的最后一道防线，它所担负的打击污染犯罪的任务更为重要。因此，及时修改刑法，特别是升级刑法中有关重大污染事故罪的规定已迫在眉睫。

（三）现行重大环境污染事故罪存在缺陷

污染环境造成的危害是极为严重的，它使人类赖以生存和发展的环境日益恶化，危害人体健康、生命安全和生存条件，因此，对那些不顾人民身体健康、生命安全，恣意危害环境，造成公私财产遭受重大损失或者人身伤亡者，刑事惩罚是必不可少的手段。基于此，1997年刑法修订时，增设了重大环境污染事故罪。司法实践中，虽然运用此条款在惩处严重污染环境的犯罪行为中发挥了积极作用，但此条款也存在一些缺陷。一是定罪门槛高。重大环境污染事故罪属结果犯，只有造成环境污染的实害结果才能给予刑事处罚。也就是说，既要造成重大环境污染事故，又要有公私财产遭受重大损失或者人身伤亡的严重后果。后果和行为之间有因果关系，而且还要调查得比较清楚。这种以污染事故造成的后果严重程度来考量犯罪的门槛太高，较之其所造成的严重后果与其行为的恶劣程度，罪与罚明显不相适应，会导致很多危害很严重的污染环境行为最后定不了罪。二是未制定"严重后果"的判断标准。重大环境污染事故罪所要求的严重后果是指造成重大环境污染事故，致使公私财产遭受重大损失或者人身伤亡的结果。对于这一直接影响到案件罪与非罪定性的"重大环境污染事故"和"经济损失"，刑法却未制定统一的判断标准，这给案件审理中的法律适用造成了相当的难度。而且，在判断"严重后果"时，只注重对环境和人身的即时性、现实性的损害，忽视对环境和人身的长期性、潜在性、迁移性的损害。三是犯罪行为类型较窄。重大环境污染事故罪的行为对象是危险废物。所谓危险废物，是指列入国家危险废物名录或者国家规定的危险废物鉴别标准和鉴别方法认定的具有危险性的废物。具体包括放射性废物、含传染病病原体的废物、有毒物质或者其他危险废物。我国于2008年制定了《国家危险废物名录条例》，该条例明确规定了危险废物的类别、来源、常见国际危害组分或废物名称，危险废物可据此判定。现实生活中，严重污染环境的物质不仅仅只有危险废物，还有一些污染物。这些物质属于有害物质，但并不属于危险废物。如果将重大环境污染事故罪的行为对象限定为危险废物，则缩小了犯罪行为类型，不利于全面惩治环境污染犯罪。

此外，处罚明显偏轻，犯罪违法成本相对较低。

基于此，许多人大代表、法律专家和环保工作者紧急呼吁：我国的环境污染后果到了集中爆发的时期，这种爆发是诸多环境问题长期积累的结果。若不及时修正刑法，用重典来加以整治，后果将不堪设想。

二、刑法修正案（八）（草案）第44条的内容及其亮点

为了克服重大环境污染事故罪的上述缺陷，有效地运用刑罚手段同严重污染环境的犯罪行为作斗争，刑法修正案（八）（草案）第44条对其进行了修改。

（一）主要内容

修改后的条文为："违反国家规定，排放、倾倒或者处置有放射性的废物、含传染病病原体的废物、有毒物质或者其他有害物质，严重污染环境的，处三

年以下有期徒刑或者拘役，并处或者单处罚金；后果特别严重的，处三年以上七年以下有期徒刑，并处罚金。"从这一规定可以概括出该罪的概念是，违反国家规定，排放、倾倒或者处置有放射性的废物、含传染病病原体的废物、有毒物质或者其他有害物质，严重污染环境的行为。该罪的构成特征如下：（1）该罪侵犯的客体是国家对有害物质的安全管理制度。犯罪对象为有害物质，而非危险废物。（2）客观方面表现为违反国家规定，排放、倾倒或者处置有放射性的废物、含传染病病原体的废物、有毒物质或其他有害废物，严重污染环境。值得注意的是：只要实施了严重污染环境的行为，即使此行为未造成重大环境污染事故，或者未导致公私财产遭受重大损失或者人身伤亡的严重后果，也满足其犯罪构成要件。如果实施了排放、倾倒或者处置有放射性的废物、含传染病病原体的废物、有毒物质或者其他有害物质的行为，但未导致严重污染环境后果的，不构成犯罪，不能追究行为人的刑事责任。（3）犯罪主体为一般主体，自然人或者单位均可构成本罪。（4）主观方面由过失构成，即行为人违反国家规定，排放、倾倒有害物质是明知，但对于由此造成的严重污染环境的后果不是行为人所希望发生的。

（二）亮点

一是降低了入罪门槛。2009年《刑法》第338条相比较，刑法修正案（八）（草案）第44条主要修改了三处：第一处是将"造成重大环境污染事故，致使公私财产遭受重大损失或者人身伤亡的严重后果的"修改为"严重污染环境的"。由此观之，该罪不再将财产损失或人身伤亡等作为犯罪要件，只要"严重污染环境"就构成犯罪，很显然，该罪的入罪门槛降低了。第二处是不再将财产损失等作为犯罪要件，更突出了刑法对环境本身的保护，对环境犯罪的制裁。第三处是删除了"向土地、水体、大气"排放、倾倒或者处置危险废物的规定，不再限定排放、倾倒或者处置危险废物危险废物的场所，只要实施了排放、倾倒或者处置有害废物的行为，不论排放、倾倒或者处置的场所在哪里，只要严重污染环境的，就可以入罪。二是扩大了犯罪行为类型。本次修正案将"危险废物"改为"有害物质"，有以下两大好处：一是危险废物是根据环境保护部、国家发展和改革委员会2008年颁行的《国家危险废物名录》来认定的，危险废物的种类和名称均已确定，若《国家危险废物名录》中没有收录，即使某人违反国家规定，向土地、水体、大气排放、倾倒或者处置该物质，严重污染了环境，其行为也难以受到应有的制裁。中国没有有害物质名录的规定，只要是严重污染环境的物质都可以认定为有害物质，这样规定追诉的范围更宽。二是有些污染物能够严重污染环境，属于有害物质，但并不属于危险废物。这样的修改，扩大了犯罪行为的类型，也更突出对环境犯罪的法律强制。

刑法修正案（八）（草案）第 44 条体现出刑法更关注的是行为导致的"污染环境"的后果，而不再包括财产损失等其他后果。在污染环境的同时也造成严重的财产损失等后果的，可能同时触犯其他罪名，应当适用数罪并罚的有关规定。

环境执法中的责令停止
建设与责令停止生产[①]

在环境执法实践中,环境部门经常对未经环评审批或者未建成环境保护设施的建设项目等做出责令停止建设、停止生产的行政决定。对于这些行政决定的法律性质,环境实务界、法学界却一直存在着分歧。有人认为责令停止建设、停止生产是行政处罚,有人认为是行政强制措施,有人认为是责令改正的具体行政行为,还有人认为责令停止建设是行政强制措施,责令停止生产是行政处罚。

一、责令停止建设、停止生产的法律属性

(一) 行政处罚说

持这种观点的人认为,《行政处罚法》明确规定行政处罚种类有警告、罚款、责令停产停业、行政拘留等6种。其中"责令停产停业"就包含了"责令停止生产"。理所当然,责令停止生产是行政处罚。虽然《行政处罚法》没有明确"责令停止建设"为行政处罚种类,但其性质就是责令行政管理相对人为或不为一定行为,基于此,"责令停止建设"实际上也是一种行为罚。判定行政机关对行政管理相对人做出的具体行政行为是否属于行政处罚,关键要看该行为能否对行政管理相对人起到制裁作用。行政管理相对人从事某种违法行为,并从这种违法中得到利益。行政机关命令行政管理相对人停止这种违法行为,显然会使行政管理相对人的利益受到影响,这本身就是一种制裁。

(二) 行政强制措施说

持这种观点的人认为:第一,采取责令停止建设、停止生产的措施,并不是对环境行政管理相对人财产权利的剥夺,而仅仅是限制了该权利的违法行使,不会带来行政管理相对人的直接经济损失,明显不是一种行政处罚措施;第二,

---

① 本文刊载于《环境保护》(2009 年第 10A 期)。

如果认为责令停止建设、停止生产是行政处罚，那就必须遵循法定程序进行，无论是选择简易程序还是一般程序，在行政机关无权采取强制措施的情况下，行政管理相对人完全可以无视责令停止建设、停止生产的"行政处罚"，这样会导致财产和资源的无端浪费。

（三）责令改正的具体行政行为说

持这种观点的人认为，责令停止建设，是对当事人违反建设项目环境影响评价制度擅自开工建设的行为要求改正，是以违反环境影响评价制度为前提的。依据我国行政法理论，具体行政行为可分为行政执法行为和行政司法行为，责令改正并非所罗列的行为种类，而属于其他的具体行政行为。环境保护部于2008年9月3日公布的环函〔2008〕190号复函中也明确了责令停止建设属于具体行政行为，并没有强调其行为种类，如果当事人不履行具体行政行为，环保部门还可以依法定程序申请法院强制执行。

（四）行政强制措施与行政处罚说

持这种学说的人认为，首先，责令停止建设是为了避免可能造成的更大的损失而采取的一种临时性措施，而不是一种终了性的决定。根据《环境影响评价法》《建设项目环境保护管理条例》的规定，在对未经环评审批或者未建成环境保护设施的建设项目等进行实质认定后，可以责令限期恢复原状或者补办环评审批文件（这二者才是终局性的决定）。其次，从这种行为所要求的要件来看，只要建设项目没有取得环评审批或者未建成环境保护设施即可，不需要证明对建设项目有不利影响，因此其要件较为宽松，不需要有确定的危害性。综上，责令停止建设是环境行政强制措施。另外，《行政处罚法》明确规定的6种行政处罚措施中有责令停产停业。因此，责令停止生产是环境行政处罚。

笔者赞成行政处罚说。行政处罚是行政主体为达到对违法者予以惩戒，促使其以后不再犯，有效实施行政管理，维护公共利益和社会秩序，保护公民、法人或者其他组织的合法权益的目的，依法对行政相对人违反行政法律规范尚不构成犯罪的行为（违反行政管理秩序的行为），给予人身的、财产的、名誉的或其他形式的法律制裁行为。其处罚的种类通常有人身罚、财产罚、行为罚和申诫罚。责令停止建设、停止生产在性质上应当属于行政处罚中的行为罚。虽然《行政处罚法》没有规定责令停止建设是行政处罚。但不能一概认为，行政处罚实行处罚种类法定主义。《环境影响评价法》第31条、《建设项目环境保护管理条例》第24条、第25条规定的责令停止建设等在体例上隶属于第四章"法律责任"部分，而且与处以罚款、限期恢复等并列规定，不容置辩，罚款属于行政处罚，因此，可以认为责令停止建设是环境保护法规定的行政处罚的一种。

二、责令停止建设、停止生产的异同

责令停止建设、停止生产都是责令改正环境违法行为的行政处罚。其相同之处主要有以下三点。第一，都是行政处罚措施。因为责令停止建设、停止生产是行政处罚，所以需要严格按照行政处罚的程序，经过立案、调查、听证、决定处理意见、处罚告知、制作行政处罚决定书等环节进行处理。环境部门在做出这种处罚决定之前，必须慎重考虑环境违法行为的社会危害性、执行的必需性和执行后果。第二，目的相同。责令停止建设、停止生产的目的是督促违反建设项目环境影响评价制度擅自开工建设的单位、企业立即停止违反环境影响评价制度的违法行为，及时补办建设项目环境影响评价手续。第三，适应的法律依据大致相同。均适用《环境影响评价法》第31条、《建设项目环境保护管理条例》第24条、第25条、《行政处罚法》和《中华人民共和国行政诉讼法》等法律法规。

不同之处有以下两点。第一，概念不同。责令停止建设是指环境保护行政主管部门在对正在建设的项目履行监督检查职责时，发现该项目的环境影响评价文件未经批准或者未经原审批部门重新审核同意，建设单位擅自开工建设的，可以采取责令其停止正在进行的违法行为的措施。责令停止生产则是指环境保护行政主管部门在对建设项目履行监督检查职责时，发现已建成投产的建设项目违反环境影响评价制度的，可以采取责令其停止正在进行的违法行为的措施。第二，适应前提条件不同。责令停止建设的适应前提是：违反建设项目环境影响评价制度，没有履行环评手续；已经擅自开工建设，建设项目尚未全部完工。责令停止生产的适应前提是：建设项目没有履行环评手续，已经完工且已投入生产。建设项目已经完工但未投入生产的，也应采取责令其停止生产的行政强制措施。

三、做出责令停止建设、停止生产决定时应注意的问题

第一，要履行处罚告知程序。对违犯环境法律的单位做出责令停止建设、停止生产的行政决定时，必须要严格履行行政处罚程序，要经过立案、处罚告知、听证、制作行政处罚决定书等程序。在执法实践中，要特别注重处罚告知程序。环保部门处罚告知程序中不仅要严格按照《行政处罚法》第31条规定，在做出行政处罚决定前，应告知当事人处罚的事实、理由及依据，还应告知当事人处罚的种类和幅度。只有告知当事人处罚的种类和幅度，才便于当事人行使其享有的陈述和申辩权利。环保部门做出处罚决定的处罚种类和幅度可以与

告知当事人的不一致，但不得做出比告知的处罚更重的处罚。因为《行政处罚法》第 32 条第 2 款规定，行政机关不得因当事人的申辩而加重处罚。

虽然法律没有明确规定环保部门在做出处罚决定前多少天履行告知程序，但实践中应把握一个合理的间隔期限。这个间隔期限至少应当能够保证当事人针对被告知的违法事实、理由和依据、处罚的种类和幅度进行陈述和申辩。

第二，要重视听证程序。在环境执法实践中，有些环保部门要求当事人必须以书面形式提出听证的请求，否则视为放弃听证的权利。这种限制当事人权利的行为在程序上与法律规定的立法精神相悖。根据《行政处罚法》第 42 条第 1 款第（1）项规定，当事人要求听证且在行政机关告知后 3 日内提出的，环保部门就有义务举行听证。因《行政处罚法》没有明确规定当事人应以何种形式提出听证，故采取书面申请，还是口头申请完全由当事人决定。

第三，责令停止生产、停止建设的处罚决定由环境保护行政主管部门做出，无需报请县级以上人民政府做出。虽然 1996 年 8 月发布的《国务院关于环境保护若干问题的决定》中有"对没有执行环境影响评价制度，擅自建设或投产使用的新建项目，由县级以上环境保护行政主管部门提出处理意见，报县级以上人民政府责令其停止建设或停止投产使用"的规定，但这一规定与 1998 年 11 月国务院发布的行政法规《建设项目环境保护管理条例》第 28 条内容不一致。依据新法优于旧法的原则，且上述决定不是正式的行政法规，而只是一项规范性文件，其效力也不能与正式的行政法规相比。因此，责令停止建设、停止生产的处罚由环境部门做出，无需报县级以上人民政府决定。

第四，在制作责令停止建设、停止生产决定的法律文书时应当注明当事人享有申请复议和诉讼的权利。《行政处罚法》第 45 条规定了当事人对行政处罚决定可申请复议或者提起行政诉讼。《关于贯彻执行〈中华人民共和国行政诉讼法〉若干问题的意见》第 41 条规定了公民、法人或者其他组织的诉权或者起诉期限，即起诉期限从公民、法人或者其他组织知道或者应当知道诉权或者起诉期限之日起计算，但从知道或者应当知道具体行政行为内容之日起最长不得超过两年。因此，不注明申请复议和起诉权利和期限，会导致诉讼时效的延长，影响行政执法效率。

保护生命水源　亟待法律健全[①]

自2005年松花江水污染事件发生以来,我国水污染事件频繁发生。水污染事件一次又一次向社会亮起了红灯,敲响了警钟。就在国内大面积雾霾天气还在成为公众茶余饭后热门话题时,媒体转载"山东潍坊许多化工厂、酒精厂、造纸厂将污水排到1000多米的水层污染地下水"的消息,再度压迫着公众敏感的神经,让公众面对每况愈下的生存环境,陷入极度的忧虑之中。

2013年2月17日,虽然潍坊市环保局回应已排查715家企业,暂未发现地下排污的问题,但公众对此事的官方回应仍存在质疑。随着公众关注及官方调查的持续深入,真相有望浮出水面。

客观地说,随着公众环保意识的增强和水污染事故的频发,公众对湖泊江河等看得见的地表水的污染比较重视,然而对地下水的污染,由于公众看不见,感受不深,相对而言关注不够。但是,地下水是水资源的重要组成部分,是人类生存、生活和生产活动的宝贵资源。据新华网报道,全国地下水占水资源总量的1/3,90%的地下水遭受了不同程度的污染,其中60%污染严重,基本清洁的城市地下水只有3%。这些残酷而冰冷的数据,让公众遽然惶恐之余,不免黯然感喟,如果连作为生命之源的地下水都惨遭污染,人类生存将何以维系?

暂且不说潍坊地下排污的真相,但潍坊地下排污事件的确给立法者和执法者提了一个醒:保护生命水源,法律亟须健全。

我国规范地下排污方面的法律并不太多,除了《环境保护法》《水法》有些原则性规定外,最主要的就是2008年修订的《水污染防治法》。该法与1996年修订的《水污染防治法》相比,虽然在明确政府责任、界定违法界限、强化总量控制、加大处罚的力度等10个方面"亮点"频现,但在水污染防治方面,特别是在防止地下水污染方面仍有许多亟须完善之处。

一是处罚力度亟需加大。"守法成本高、违法成本低"一直是水污染治理的瓶颈。2008年修订《水污染防治法》时,决策者基于对经济发展影响的忧

[①] 本文写作于2012年,发表于《东方早报》(2013年2月25日A23版)。

虑，没有采纳"按日计罚制"，认为"按日计罚制"会对企业的经济效益产生重大的负面影响，如果巨额罚款致使排污企业无法生存，就会造成一些人就业困难的问题，从而影响社会的安定团结。因此，《水污染防治法》修订时将处罚最高限额由以前的 20 万元升至 100 万元，增加了 4 倍。并且对一些严重违法行为还增加了限期治理、限期处理、停产整顿等行政处罚手段。虽然处罚力度较以前有了很大的改变，但仍不够。如果曝光的潍坊化工厂、酒精厂、造纸厂这些向地下排污的企业情况属实，最高处罚额仅 50 万，远低于其防治水污染的成本。这样的处罚力度，不仅起不到法律的震慑作用，相反还可能会纵容企业的违法行为。只有规定最严格的"按日计罚制"，才能让企业树立"不是企业消灭污染，就是污染消灭企业"的环境意识，真正履行企业的环境责任。

二是法律空白亟须填补。地下排污有三种类型，一是渗坑、渗井排放；二是浅井水层排放；三是高压深井排放。但是，见诸法律并被禁止的，只有第一种排污方式。2008 年《水污染防治法》第 76 条第 7 项规定："禁止利用渗井、渗坑、裂隙和溶洞排放、倾倒含有毒污染物的废水、含病原体的污水和其他废弃物的"，有关处罚的法律规定也仅限于"渗坑、渗井、裂隙和溶洞排放"，并未包括"浅井排放、深井排放"。依此法律，即便曝光的潍坊企业被查获实施了浅井排放、深井排放，但无论其实施了哪一种地下排污方式，因无法律明文规定，均无法追究其法律责任。因此，对于浅井水层排放或深井排放，则应通过立法调研来确认是否允许这种方式排放，如果允许则要确定其排放的标准、审批的程序等；另外，还需与《刑法》《侵权责任法》等部门法有机地衔接，对于地下排污，不仅要追究深井排污企业及其主管人员的行政责任、刑事责任，而且还要追究其民事责任。

三是行政问责亟须导入。地方政府官员只追求政绩、不治理污染的畸形政绩观是环境问题最主要的症结。虽然《水污染防治法》明确规定县级以上人民政府对本行政区域的水环境质量负责，对有未依照本法规定履行职责的直接负责的主管人员和其他直接责任人员依法给予处分等，但这些规定只是针对一些政府和政府的领导在执行《水污染防治法》时，由于措施不力、执行不到位，导致目标未能实现的行政责任，而对于地方政府和政府的领导未履行职责或履行职责不到位以致水环境质量未达标时，应该追究谁的责任？追究责任的范围如何？责任的种类和形式如何？该法却未涉及。目前出现的各种水污染问题中，违法主体逐步由企事业单位转向政府。一些地方政府的主要决策者仍在盲目追求 GDP 增长，把政绩留给自己，把污染留给社会，把治理留给下一任政府，地方保护主义已成为当下环境执法的最大障碍。因此，必须强化行政问责制，对造成污染事故的决策官员，除了撤职罢官外，还应依法追究其刑事责任。

四是监管责任亟待明确。虽然2008年修订的《水污染防治法》第2条明确规定"本法适用于中华人民共和国领域内的江河、湖泊、运河、渠道、水库等地表水体以及地下水体的污染防治",将地下水保护纳入了水污染防治的范畴,但是,综观整部法律,它只提出了地下水保护的一般原则,既没有具体明确地下水环境保护的责任划分,也缺乏地下水环境保护的具体内容。目前,我国的地下水管理与保护涉及多个部门,各管理部门的管理权限不仅有交叉重复的地方,而且地下水污染防治的监督管理的责任分工也不明确,各管理部门之间又缺乏有效的综合协调机制,人为地将一种资源的开发利用与保护割裂开来,造成多头管理,使得地下水污染防治的监管责任无法明确。这一现象亟待改变。

五是环境监督亟须到位。无论多么完善的法律,一旦离开强有力的司法体系的支撑就是一纸空文。目前,从国内的环境监督体制来看,削减污染排放势必会对当地经济产生负面影响,其弊在行政机关;而作为行政机关管辖下的地方环境部门,或是顺理成章,或是无可奈何,做着环境监管的"纸老虎"。有报道指出,山东潍坊当地环保部门"曾通知相关企业,做好应对媒体暗访的准备"。网友普遍质疑认为,此举是当地环保部门向相关企业通风报信。在美国,环境部门与行政部门分权而立,各级环保部门都只接受上级部门的管理和指导,统一由美国环保署垂直管理。虽然实行环境保护部门的"垂直管理",并不是《水污染防治法》所能解决的问题,但是,考虑其在水污染治理中的重要作用,应该从这方面做些努力与尝试。

六是救济途径亟须通畅。虽然《环境保护法》《水污染防治法》《侵权责任法》等法律规定了环境损害赔偿责任,2012年修订的《民事诉讼法》第55条也规定"对污染环境、侵害众多消费者合法权益等损害社会公共利益的行为,法律规定的机关和有关组织可以向人民法院提起诉讼",但是,能够提起环境公益诉讼不能是地下水被污染后的当地民众。当地民众可以要求法律规定的机关和有关组织依法追究污染企业的民事赔偿责任。不过,法律规定的机关和有关组织具体有哪些,不得而知,还需等待最高法院的司法解释。另外,若法律规定的机关和有关组织不向污染企业提起诉讼,当地民众还可以依据什么法律来寻求司法救济等等问题仍需通过立法来解决。

此外,法律还要赋予公众以更多的法律手段来监督企业排污和环保,在水污染事件频发的当今,只有更多的公众自觉维护自己的环境权益,参与此类维权活动中,才能有效扼制水污染蔓延之势。

值得一提的是,潍坊市政府部门以对子孙后代高度负责的态度,表态彻查问题,并悬赏10万元征集地下排污井线索。但愿潍坊市政府部门的表态不仅会落实到查实"地下排污"问题上,更会贯彻落实到各领域的环境保护行动之中。

"不防污染防监督" 造就排污天堂[①]

据《新京报》报道，地处蒙、宁交界的腾格里沙漠腹地出现巨型排污池，池中遍布黑色污水和泥浆状沉淀物，臭气熏天，刺鼻难闻。当地牧民说，企业将未经处理的废水排入池中，让其自然蒸发，然后将黏稠状沉淀物用铲车铲出，直接埋入沙漠。为防范不明身份人员接近排污池，化工园区安排有摩托车巡逻队，轮流看守。

此事披露次日，当地某领导称，央视前年曾对腾格里开发区违规生产进行曝光，随后15家企业停产，另外6家有污染预处理设备的企业仍可生产。至于沙漠中散发刺鼻气味等情况，该领导回应说："这可能是监管上不太到位，企业出现了偷排漏排的现象。"

领导一席话，信息量不可谓不大。一方面透露出开发区内确实出现过违规生产并被央视曝光的事实，同时确认，此次事件的污染源就是该化工园区内的企业。另一方面也表明，当地政府对这些情况早已了如指掌，可就是"监管上不太到位"。既然曾被央视曝光，为何企业还能肆无忌惮地违法排污？既然排污池气味刺鼻，令人窒息，数公里开外都能闻得到，为何当地政府和环保监管部门却视而不见？

企业非法排污何以达到此种地步，众目睽睽之下，竟如此明目张胆，无所顾忌？莫非是我国法律不够健全，企业因此有了可乘之机？非也。众所周知，2011年《刑法修正案（八）》针对原《刑法》第338条"重大环境污染事故罪"，将构成要件中的犯罪结果修改为"严重污染环境"，将排放、倾倒或者处置的物质范围最终限定在"有害物质"，这样，大大地拓宽了范围，降低了环境刑事犯罪的门槛。为依法惩治有关环境污染犯罪，2013年6月，两高《关于办理环境污染刑事案件适用法律若干问题的解释》降低了污染环境罪等罪名的入罪标准，明确将"私设暗管或者利用渗井、渗坑、裂隙、溶洞等排放、倾倒、处置……有毒物质的"，列入"污染环境罪"的立案、定罪标准之中。

[①] 本文发表于《北京青年报》（2014年9月15日B9版）。

2014年4月通过的《环境保护法》第42条第4款明确规定："严禁通过暗管、渗井、渗坑、灌注等逃避监管的方式违法排放污染物。"上述法律和司法解释已公布多日，媒体也广为宣传，人民法院还据此审理了多起影响较大的污染环境案件，对此，企业焉能一无所知？

莫非是企业为了追求经济利益最大化而铤而走险？也不尽然。腾格里沙漠之所以沦为排污天堂，主要是因为该地区属于无人区，加之有巡逻队轮流值守，污染行为不太容易被发现。事实上，沙漠排污成本过低。一是国家征收的排污费标准较低，只有治污成本的一半而已。二是排污费征收效率低，排污者申报数据的准确性、真实性难以保证。三是对企业污染行为的罚款标准低，有时甚至不予处罚。如媒体披露的宁夏某染化有限公司，十几年来一直违法排污，却很少受到处罚。对此，中卫市环保局解释称："很少开罚单是因为认为只有搬迁才能解决根本问题，一般的整改没太大实质效果。"

政府和环保监管部门本应是监督环境违法的主体，但实践中却不尽如人意，有时面对企业违法排污现象，非但不依法履行监管职责，还积极帮助污染企业弄虚作假，放纵排污。企业之所以敢于公然无视国家法律法规和社会道德，工业废水之所以未经净化处理径直排向沙漠，而沙漠之所以成为企业的私家垃圾桶，政府和环保监管部门的不作为和乱作为，不能不说是其中一个重要原因。

个别政府的不作为和乱作为，或许出于四个方面的考虑：一是政绩。发展靠GDP，GDP靠企业，抓住了企业，即使有一些环境污染，危及一些长远利益，也可以忽略不计。二是民生。关停污染企业，会导致大量工人失业，会影响安定团结，最终影响仕途，因之，不敢采取果断措施。三是利害纠葛。污染企业的拍板上马、通过环评，离不开政府的"支持"，反过来，保护污染企业，又有助于掩盖自己的失责。四是善意"创举"。在某些官员眼中，沙漠排污或许是"创举"，可以"变废为宝"，于是，就有了组织专门力量日夜巡查，而反映情况的牧民却反遭调查。地方上这种"不防污染防监督"的扭曲行为，充分暴露了当地领导环保优先理念的迷失，有意无意助长了企业偷排漏排乱象的蔓延和泛滥。

在这一大的格局之下，环保等监管部门自然不敢也不想有所作为了。当然，并不能排除其中有些部门与这些违法排污企业之间存在着某种利益输送。有媒体曾就中部多个省份的污染情况作过调查，个别环保部门对污染企业的污染环境行为是睁一只眼闭一只眼。中部地区尚且如此，西部地区的情况又当如何呢？

西部经济固然要发展，但绝不能重蹈"先污染后治理"的覆辙。在这方面，邻国日本有过惨痛的教训，值得我们借鉴。20世纪六七十年代，日本经济处于腾飞时期，随之而来的环境污染令人触目惊心，20世纪全球"八大公害事件"中，日本就占了四起。70年代末开始，日本政府痛定思痛，举国治污：政府制定严苛的法律惩罚排污企业；民众依法索取的巨额赔偿足以使企业陷入万劫不复之地；法院依法适用举证责任倒置等原则支持受害者的巨额赔偿请求；受害者代理律师乐于受理名利双收的公害赔偿案件；媒体也勇于推波助澜，义正词严。80年代以后，日本很快从公害大国一跃成为环保先进国家。

"他山之石，可以攻玉"。我国立法部门要完善治理污染的法规体系，加强对政府环境责任的监督，加大处罚力度，激励企业通过创新来实现节能环保。各级政府要恪守环境质量责任，严格环境保护目标责任制和考核评价制度，向社会公开考核结果。环境监督和执法部门要依法行政、严格执法，彻底改变"违法成本低、守法成本高"的状况。企业自身要树立"不是企业消灭污染，就是污染消灭企业"的环保意识，真正履行企业的环境责任。公民要自觉履行环保义务，充分利用法律武器维护自己的合法权益。新闻媒体要客观真实全面和富于深度地报道每一起环保事件，激发全社会的共同良知与责任心。

党的十八大以来，为了推进生态文明建设，建设美丽中国，我国出台了许多法律法规来遏制环境污染，但污染事件仍频频发生，屡禁不止。污染事件直接关系到人们的生活，关系到人们的健康，关系到长治久安，关系到千秋万代，因而务必引起高度重视，采取强有力的治理措施，努力防范和杜绝腾格里沙漠污染之类事件的再次发生。

治理地下水污染　法律要有"法力"[1]

访谈者：王石川（青评论[2]主持人）
受访者：冷罗生　北京师范大学法学院教授　博士生导师

一、立法严重滞后，监管责任不明

青评论：近日，地下水受污染的新闻备受关注。一项调查显示，全国90%的地下水遭受了不同程度的污染，其中60%污染严重，基本清洁的城市地下水只有3%。这些数字的背后很多人认为是监管的缺失，也有人认为这是相关法律的缺位造成的，对此您怎么看？

冷罗生：我国地下水污染严重与相关部门监管责任不明有关。《中华人民共和国水法》（2002年）和《中华人民共和国水污染防治法》（2008年）均对地下水的监管作出了明确的规定。水利部门负责包括地下水在内的水资源的综合利用规划的制定，环保部门负责流域的水污染防治规划的制定，还负责包括地下水环境在内的水污染防治的监督和管理工作。不过，在《水污染防治法》中鲜有防止地下水污染的措施与内容，这样的立法理念就使得地下水的开发利用与保护严重脱节。

国务院颁布的《取水许可和水资源费征收管理条例》（2002年）也规定，包括地下水在内的水资源取用与保护，由各级水行政主管部门按照分级管理权限，负责组织实施和监督管理。而且，在许多地区地下水管理条例与规定中，地方水行政主管部门负责本地区地下水的开发、利用与保护，但大多没有明确具体的监管责任和防治措施，这使得地下水的保护很难落实。

从中可以看出，在地下水的管理与保护中，各管理部门的管理权限不仅有交叉重复的地方，而且地下水污染防治的监督管理的责任分工也不明确，各管理部门之间又缺乏有效的综合协调机制，人为地将一种资源的开发利用与保护

---

[1] 本文发表于《北京青年报》（2013年3月1日E3版）。
[2] 本文所指"青评论"即《北京青年报》的"每日评论"版。

割裂开来，造成多头管理，使得地下水污染防治的监管责任无法明确。

青评论：您曾经说过，我国规范地下排污方面的法律依据主要是《水污染防治法》，但是这部法律却因为科技含量高、立法中难以把握、固定而"严重滞后"。那么如何从立法上防止地下水污染？

冷罗生：要从立法上防止地下水污染，一是要明确其立法宗旨。防止地下水污染必须以预防为主，这是由地下水污染的特性所决定的。地下水污染一般不容易发觉，且污染持续时间长、范围大，许多情况下难以逆转。这种教训屡见不鲜。美国、加拿大、英国等一些发达国家，已从地下水的污染治理转向了地下水资源的全面保护。二是明确监管责任，设置防治措施，严格法律责任，加大制裁力度，为保护地下水环境提供完备的法律支撑。三是要加大对地下水环境监测基础设施的投入，建立完备的国家地下水监测网络，统一地下水监测的有关技术规范，不断完善水环境监测体系。对现有多部门建设的监测网络进行有效集成，建成国家地下水监测数据公用平台。四是建立全国地下水污染预警与应急预案，实现大区域范围内的地下水污染信息进行实时监控，对地下水污染严重的地区及时预报，掌握地下水污染的情况，及时采取措施控制污染的蔓延。五是提高公众环保意识，确保公众参与落到实处。

二、"不是企业消灭污染，就是污染消灭企业"

青评论：各地企业利用渗坑、渗井排污已近20年。您如何评价企业的地下排污行为？有些地方政府悬赏10万元求举报，发现企业地下排污很难吗？

冷罗生：2008年《水污染防治法》明令禁止利用渗井、渗坑、裂隙和溶洞排放、倾倒含有毒污染物的废水、含病原体的污水和其他废弃物，因此，企业利用渗井、渗坑、裂隙和溶洞排污的行为违法。因地下排污存在着排污时间、数量、污染物浓度以及污染地下水的范围等证据难以固定，造成的直接损失难以计算等障碍，实践中，很难适用2008年《水污染防治法》第83条第2款的规定对企业加大处罚力度，而只能依据2008年《水污染防治法》第76条的规定，对违法企业处以50万元的最高额罚款。这样的处罚力度，不仅起不到法律的震慑作用，相反还可能会纵容企业的违法行为。因此，对于地下水污染，一定要加大处罚力度，让企业一想到"倾家荡产"的后果，就不敢实施地下排污行为。"守法成本高、违法成本低"这一水污染治理瓶颈，是到该改变的时候了！只有规定最严格的处罚制度，才能让企业树立"不是企业消灭污染，就是污染消灭企业"的环境意识，真正履行企业的环境责任。

只要当地政府与违法企业不"合谋"，不打击报复检举、揭发的当地民众，地方政府悬赏与否，都不会影响渴望生存环境得到改善的当地民众，特别是企业的职工积极提供线索。基于此，发现企业地下排污并不困难。

青评论：大多数发达国家也遭遇过严重的地下水污染状况，这些国家在20世纪六七十年代制定了相关的水污染防治法律后，水污染状况得到了改善，那么这其中有没有值得我们借鉴之处？

冷罗生：美国、苏联等大多数发达国家曾遭遇过严重的地下水污染。这些国家从20世纪六七十年代开始治理，到80年代进行预测防治，现如今以风险评价为基础，走过了一段漫长的地下水污染治理道路。

有以下值得借鉴的经验：一是通过风险评价，实施管理战略，识别减轻污染途径，来保护地下水资源。二是制订综合性预防及消除污染措施。美国地质调查所特别重视水文研究工作。水质规划是水资源研究中发展最快的部分，从而促进了水质保护和研究工作的发展。三是注意解决地下水的综合利用和合理开发问题，制定保护措施，从直接影响和间接影响两个方面研究人类对地下水的影响。四是为预防和及时消除地下水水质恶化的因素，在地下水污染具有潜在危害的工业区内，对地下水水质进行长期观测具有重要意义。一些欧洲国家如英、法、瑞士等国也都建立了监测网站，进行地下污染监测工作。

青评论：您曾指出，防治地下水污染，现在的法律不够用。能否对其简要地说明？

冷罗生：我国规范地下排污方面的法律并不太多，有法律空白。2008年《水污染防治法》明令禁止"渗坑、渗井、裂隙和溶洞排放"，并未禁止包括"浅井排放、深井排放"。对地方政府和政府领导未履行职责或履行职责不到位以致水环境质量未达标时，应该追究谁的责任、追究责任的范围如何、责任的种类和形式如何等问题，该法却未涉及。行政机关管辖下的地方环境部门，或是顺理成章，或是无可奈何，做着环境监管的"纸老虎"。这种环境监督体制不利于严肃执法。诸多问题，需要立法或制定实施细则来加以解决。

三、受害者的"权利贫困"亟待改变

青评论：面对环境污染严重的现状，一些民间机构和力量一直发挥着重要作用，但是缺少法律支持依然是环境公益诉讼的最大绊脚石。具体到治理地下水污染上，又如何推动这种公益诉讼呢？

冷罗生：虽然《环境保护法》《水污染防治法》及《侵权责任法》等法律规定了环境损害赔偿责任，2012年《民事诉讼法》第55条也规定"对污染环境、侵害众多消费者合法权益等损害社会公共利益的行为，法律规定的机关和有关组织可以向人民法院提起诉讼"，但是，能够提起环境公益诉讼的主体，还不是地下水被污染后的当地民众。当地民众可以要求法律规定的机关和有关

组织依法追究污染企业的民事赔偿责任。

不过,法律规定的机关和有关组织具体有哪些,不得而知,还需等待最高人民法院的司法解释。另外,若法律规定的机关和有关组织不向污染企业提起诉讼,当地民众还可依据什么法律来寻求司法救济等问题,仍需通过立法来解决。

此外,还要呼吁立法等机关赋予公众更多法律手段来监督企业排污和环保部门的相关行政执法。在水污染事件频发的当今,只有更多民众自觉维护自己的环境权益,才能有效推动这种公益诉讼。

青评论:环境诉讼承担了一些重要的功能,比如为那些污染的受害者提供一定程度的补偿等,但是在现实生活中能拿到这样补偿的人并不多。水污染受害者的"权利贫困",尤其是诉权和诉讼能力方面的"贫困",成为水资源保护的一个瓶颈,这个问题你怎么看?

冷罗生:尽管在诉讼程序方面,民事诉讼法律对污染受害者设计了无过错责任、举证责任倒置等保障制度,但由于水污染赔偿诉讼取证难、损失的认定难等现实问题的存在,现实生活中即使通过诉讼,能拿到赔偿的污染受害者并不多。如污染受害者想要维权,首先要证明有污染,而当事人因为缺乏监测资格,即使有检测仪器和设备拿出了监测结果也不被法律认可。若污染受害者证明不了有污染,就没办法起诉。

好在民事诉讼法修改已经确立了公益诉讼这一条款,尽管还需司法解释增强其可操作性,但它为我国环境公益诉讼开启了一扇大门,使我国公益诉讼制度迈出跨越性一步。

青评论:对环境诉讼来说,环境法庭应该说是一个积极的进展。近年来,我国的多个城市和省份建立起了至少77个专门的环境法庭、法律小组或者巡回法庭。那么它们在实际解决涉及环境的案件时是不是能真正有所作为呢?

冷罗生:对环境诉讼来说,环境法庭的设立的确是一个积极的进展。不过,在目前这样的执法环境下,它彰显的意义大于它的实践作用。环保法庭目前面临着"门前冷落鞍马稀"的尴尬。一面是环境纠纷的频频发生,一面是环保法庭无米下锅。在受理案件方面,环保法庭非常积极,而民众对提起环境诉讼并不积极。即使有案件诉至法庭,这些案件通常不涉及重大的环境问题。

第五部分

新环境保护法的热点问题研究

- 新环保法实施中环境报告制度的困境与突破

- 论我国林权流转制度的不足与完善
  ——以恶意收购林权证贷款不还现象为例

- 反思环境公益诉讼中的举证责任倒置
  ——以法定原告资格为视角

- 论环境侵权法律救济体系之构建
  ——以《环境保护法》第64条为核心的评析

新环保法实施中环境报告
制度的困境与突破[①]

为强化各级政府的行政职责以及人大对政府落实环境保护的监督作用，2015年实施的环保法（以下称之为"新环保法"）第27条明确规定了"县级以上人民政府应当每年向本级人民代表大会或者人民代表大会常务委员会报告环境状况和环境保护目标完成情况"，首次以法律条文的形式明确规定了政府应当每年向人大履行环境报告的义务。至2018年新环保法实施已逾三年，县级以上人民政府是否依法按年度向同级人大或其常委会报告本地区环境状况和环境保护目标完成情况（以下称之为"环境报告制度"）？本文试图从各级人大常委会、各级人民政府的官方传媒资料中收集、整理环境报告制度落实情况，发现一些普遍性的问题，提出一些合理化建议，以便相关部门采取措施加以克服，保障环境报告制度的有效运行。

一、环境报告制度落实的现状

新环保法自2015年1月1日开始实施，按照环境报告制度的相关要求，县级以上人民政府向同级人大及其人大常委会履行环境报告制度的次数应该有2次。

（一）2016年环境报告制度落实的现状

2016年4月，国务院总理李克强委托原环保部部长陈吉宁代表国务院向全国人大常委会作了2015年度的环境报告，全国人大常委会在2016年开展的环境保护法执法检查中对环境报告制度落实情况也作为一项重要内容进行了执法检查。

2015年11月，广西壮族自治区政府率先向区人大常委会作了环境报告。2016年1月，江西省政府向省十二届人大五次会议作了2015年度环境报告。宁

[①] 本文刊载于《东北大学学报》（社会科学版）（2018年第6期）。

夏回族自治区人大常委会对全区贯彻实施新环保法和自治区环境保护条例进行了执法检查，并开展了环境保护工作专题询问。湖南省政府向省人大常委会作了 2015 年度环境报告，省人大环资委还开展了环境保护工作的专题调研。截至 2016 年 12 月底，河北、辽宁、山西、江苏、吉林、江西、湖南、河南、湖北、广西、重庆、云南、甘肃、宁夏、山东、海南、贵州、西藏共 18 个省、自治区、直辖市人大常委会依法听取和审议了省级政府的环境报告。其中，湖北省政府向同级人大常委会作了书面环境报告。北京、天津、上海、黑龙江、陕西、福建、浙江、安徽、四川、青海、广东、内蒙古、新疆等 13 个省、自治区、直辖市政府，未按照新环保法规定，向同级人大或其常委会作环境报告。①

据不完全统计，只有武汉、贵阳和银川三个市级政府向同级人大或其常委会作了环境报告。② 县级政府向同级人大常委会作环境报告的微乎其微。

（二）2017 年环境报告制度落实的现状

2017 年，国务院及其部委共计三次向全国人大及其常委会报告了环保工作情况：李克强总理代表国务院所作的《政府工作报告》中含有 2016 年环境保护工作的简要概括和 2017 年环境保护工作的重点任务；原环境保护部部长受国务院委托向全国人大常委会作了环境报告；农业部部长受国务院委托向全国人大常委会作了草原生态环境保护工作情况的专项报告。真正意义上的环境报告应该是原环境保护部部长向全国人大常委会所作的报告，其汇报模式是在第二年度对前一年度环保工作情况进行的汇报。

全国 31 个省、自治区、直辖市政府（港澳台除外）都向同级人大常委会作了上年度或当年度的环境报告。福建、山东不仅作了 2016 年度环境报告，而且还作了 2017 年度环境报告。江西、湖北、湖南等 17 省、自治区、直辖市也作了 2016 年度环境报告，贵州、上海、广西等 6 省、自治区、直辖市作了 2017 年度环境报告。黑龙江、天津、四川、甘肃、青海省、自治区、直辖市政府向同级人大常委会报告的信息不全，只收集到了陕西省政府相关职能部门接受人大常委会对全省 2016 年度环境报告进行专题询问的信息。

全国 338 个地市级政府中的 259 个政府向同级人大常委会作了环境报告。能够从网络媒体上查找到完整版环境报告的政府有黄山、沈阳、长春、大理、贵阳、漳平、杭州及延边朝鲜族自治州。此外，绍兴、常州、蒲田等 13 个政府的环境报告能从官网媒体上查到，但报告时间不详。湖南、北京、内蒙古等 25

---

① 殷泓. 说好的年度环境报告，为何"爽约"[N]，光明日报，2016-12-08 (5).
② 程思炜，王秀中，常蕾. 新环保法实施两年政府履行职责堪忧：13 省份未作环境报告 [N]，南方都市报，2016-12-08 (1).

省、自治区、直辖市中的238个市（州、盟）能从政府部门的报告、会议简报、官媒等处获悉环境报告的信息，但大多只是简单地提及。

全国2860个县级政府中，仅有湖南安化县、嘉禾县，江西彭泽县，安徽泾县，甘肃肃南裕固族自治县，新疆墨玉县、托克逊县、吉木乃县，浙江杭州市余杭区、温州市洞头区，广西桂林市临桂区政府能在其官媒上查到2016年度完整版环境报告。总之，从上级环境保护部门的报告和其他资料中得知，绝大多数的县、市、区政府向同级人大作了环境报告。

除了县、市、区政府外，有些地方乡镇政府也向同级人大主席团报告了环境保护工作情况，如福建泉州洛江区马甲镇、浙江省淳安县梓桐镇。

综上，可以得出如下结论：环境报告制度落实情况，中央政府做得较好，省级政府参差不齐，市县级政府虽逐年好转，但仍需加强。可喜的是，一些乡镇政府虽然没有报告的义务，但也向同级人大主席团报告了环境保护工作情况。

二、环境报告制度成效的评估

（一）报告主体数量逐年增加

从中央政府层面来看，2016年，仅环境保护部受国务院委托，向全国人大常委会作了环境报告；2017年，除环境保护部受托作环境报告外，农业部也受国务院委托，就草原生态环保工作情况向全国人大常委会进行了专项报告。从省级政府层面来看，2016年，全国有北京等13个省、自治区、直辖市未按照环保法要求履行环境报告；2017年，几乎所有的省、自治区、直辖市政府都按要求向同级人大常委会作了环境报告。从地级市和县级政府层面来看，2016年落实环境报告制度的信息很少，2017年落实环境报告制度的资料较多。截至2016年5月，湖南省14个地级市政府中已有6个作了环境报告，7个列入计划，1个没有列入计划；在125个县市区（管理区委员会）政府中，2015年已有14个做了报告，2016年已有27个做了报告，46个列入计划，仍有52个没有列入计划。[1] 2017年湖南下辖的县市区以上政府大都向同级人大做了环境报告。[2]

（二）报告者多为环保部门的领导

政府向同级人大或人大常务委员会作环境报告，法律并未硬性规定必须由政府负责人报告。实践中，报告者既有政府负责人，也有接受委托的政府部门

---

[1] 程思炜，娜迪娅. 地方环境报告的"爽约"危机 [J]，浙江人大，2017（1）.
[2] 湖南省2016年环境保护工作年度报告 [N]，湖南日报，2017-01-20（14）.

负责人。中央政府是委托环保部、农业部部长向全国人大常委会作环境报告，部分省级政府由分管环保工作的副省长作环境报告，多数省级政府则是委托环保厅长向人大常委会代行其职。2017 年，河北、海南等 8 省级政府的负责人向其人大常委会作了环境报告，湖南、北京等 12 个省、自治区、直辖市均委托环保厅长作了环境报告，上海则由市政府副秘书长向人大常委作了环境报告，江西省委托省发展与改革委员会主任向人大常委会代行其职，其他省、自治区、直辖市因所掌握的资料所限，无法确定报告的主体。市县级政府大多由环保厅局长向同级人大或其常委会作环境报告。

（三）报告内容逐渐规范

2016 年，有些地方政府的环境报告未严格按照法律规定进行。如青海省政府委托环保厅厅长向省人大常委会环保法执法检查组汇报了相关情况，[1] 北京市政府则向同级人大常务会提交了关于《大气污染防治条例》实施情况的书面报告[2]等。这些报告虽然涵盖了环境状况和环保目标完成情况，或从各个方面反映了大气污染的相关问题，但这些并非新环保法规定的环境报告，只能算是专题性环境报告。另外，每年政府工作报告也包括以上两部分内容，但政府工作报告不能替代环境报告。2017 年的环境报告基本上符合新环保法的要求，大多是从全方位来汇报环保工作的，还有一些报告纳入了环境保护工作的下一步安排等内容。特别值得一提的是，2017 年 8 月，浙江省为规范环境报告内容，发布了《关于全面建立生态环境状况报告制度的意见》，该意见明确环境报告的内容为生态环境保护领域的重点工作和重大环境问题，确立了报告的内容和方式有三种：综合性报告、专项报告、重大环境问题报告。[3]

（四）报告时间基本体现了年度的限制

新环保法第 27 条在确定"定期"报告，还是"每年"报告时出现了争议，立法机关基于当前我国环境形势整体严峻，认为应该从严规定一个清晰、明确的时间段，能够让各方有一个稳定的预期，最终采纳了"每年"报告。[4] 按照一般程序，人大常委会应将环境报告的听取列入议事议程。具体时间要与政府沟通。不过，浙江省发布的《关于全面建立生态环境状况报告制度的意见》对

---

[1] 娜迪娅，王秀中. 为何有政府不依法向人大作环境报告？[N]，南方都市报，2016-12-08 (7).
[2] 同上注.
[3] 朱智翔，晏利扬，江帆. 我省全面推行生态环境状况报告制度 [J]，浙江人大，2017 (9).
[4] 全国人大常委会法制工作委员会行政法室编著. 中华人民共和国环境保护法解读 [M]，中国法制出版社，2014，p96.

环境报告的时间进行了规定,原则上每年必须报告一次,一般是当年一季度要报告上年度生态环境状况的情况。① 2017 年的环境报告时间基本上是在本年度范围内进行的,报告的模式大多采取是在第二年度对前一年度环保工作情况进行汇报。但有些省在同一报告年度内不仅作了上年度环境报告,而且还作了本年度环境报告。如福建、山东、贵州、上海、西藏、宁夏、广西等省、自治区、直辖市报告的时间接近年末。

三、环境报告制度存在的问题及其原因

作为依法治理环境的制度性安排,环境报告制度是我国环境法律制度体系中的一项重要创新。它不是一个可有可无的动作,而是一项法定义务。政府应向同级人大报告环保工作,人大应对同级政府环保工作进行监督。该制度落实与否,反映的是各级政府依法治理环境的决心和信心。近年来,面对这样一项全新的制度,尽管各级政府、人大及其常委会狠抓落实,取得了一定成效,但仍存在一些亟待解决的问题。

(一) 存在的问题

目前,环境报告制度落实的情况整体很好,只有极少数的地市县级政府未严格落实该制度。已经落实的地方政府还或多或少地存在以下一些薄弱环节。另外,一些地方人大或常委会也未确立相应的程序规则来保障该制度的运行。

(1) 环境报告形式不明晰。新环保法实施之初,一些地方政府对环境报告的形式不甚明了,就连权威机关编纂的环境法学习读本中也认为"可以是在政府工作报告中说明,也可以专门单做报告"。② 2016 年 12 月,全国人大环资委公布的关于依法落实环境报告制度有关情况的报告中,虽然明确了环境报告必须专门单做报告,但立法部门并没有理顺与之相关的法律。《各级人民代表大会常务委员会监督法》规定各级人大常委会"听取和审议人民政府、人民法院和人民检察院的专项工作报告"。③ 环境报告应该是立法动议时计划的与"政府工作报告、计划报告和预算报告"④ 一样的报告,而不是《各级人民代表大会常务委员会监督法》中所规定的"专项报告"。如果将环境报告定位为专项报

---

① 魏一骏.浙江建立生态环境状况报告制度 [N],经济参考报,2017 - 08 - 28 (3).
② 全国人大法制工作委员会行政法室,环境保护部政策法规司编.中华人民共和国环境保护法学习读本 [M],中国民主法制出版社,2014,p136.
③ 同上注。
④ 陈丽平.全国人大常委会委员建议人大加强对环保工作的监督—人大应每年听取环保工作报告 [N],法制日报,2013 - 11 - 12 (3).

告,但《全国人民代表大会组织法》《地方各级人民代表大会和地方各级人民政府组织法》并未将其纳入人民代表大会的职权范围。

(2) 环境报告公开不充分。听取和审议环境报告向社会公布,是人大常委会实行公开监督原则的具体体现。目前,浙江、福建、贵州、湖南等 24 个省、自治区、直辖市公开了环境报告的内容,如浙江的环境报告还登载在《浙江人大》上,① 福建、贵州等省、自治区、直辖市登载在政府或人大的官网上。但仍有黑龙江、天津、青海、甘肃、四川、广东等省、自治区、直辖市的环境报告没有公开,只是在某个会议简报上简单地提一句或在官报的文章中一笔带过。② 地级市、县市区层面公开环境报告的情况参差不齐。浙江杭州市等地级市、湖南安化县等县市区的环境报告原原本本公开在其官网上或登载在新闻媒体上,山西方山县政府的环境报告仅在官报上刊登一篇短小报道,③ 新疆石河子市政府等的环境报告内容以简报的形式出现在新疆维吾尔自治区环境保护厅的官网中。

(3) 政府工作的主动性仍有提升空间。环境报告制度创设的初衷是依据新的法律让政府的环境治理工作更加规范、有序和持久。否则,政府上一年度在环境保护工作方面上采取了什么措施,落实到了什么程度,哪些方面予以了改进,都无从知晓。而且,政府也可以通过环境报告的形式将落实环境保护措施的过程中遇到的各种困难呈现给人大代表或委员,可以与人大就更多的环境治理细节进行面对面地交流与沟通,这也有利于立法者和执法者之间的融通、配合。④ 因此,各级政府更应该主动履行环境报告的职责,主动与人大沟通如何落实报告、采用何种形式报告、报告内容中的专业数据如何让委员们听懂理解等。报告完毕后,政府应针对委员、代表提出的审议意见进行研究处理,并将研究处理情况向大会或者常委会提出书面报告。大会或者常委会认为有必要对政府的环境报告作出决议时,将决议转交政府处理,在决议规定的期限内,政府应当将执行决议的情况向人大或者人大常委会报告。⑤

---

① 方敏. 关于 2016 年全省环境状况和环境保护目标完成情况的报告 [J],浙江人大(公报版),2017 (2).

② 刘佳. 主动作为助推治蜀兴川再上新台阶——省十二届人大常委会五年工作回眸 [N],四川日报,2018 - 01 - 24 (1).

③ 李静. 县人大常委会就 2016 年度全县环境状况和环境保护目标完成情况进行调研 [N],今日方山,2017 - 08 - 07 (1).

④ 南都社论. 政府向人大报告环境工作没有理由拖延敷衍 [N],南方都市报,2016 - 12 - 08 (2).

⑤ 全国人大常委会法制工作委员会行政法室编著. 中华人民共和国环境保护法解读 [M],中国法制出版社,2014,p97.

(4) 地方人大缺乏对政府的督办机制。人大常委会的监督，一般分为经常性监督、例行监督、在特定情况和条件下启动的监督。① 听取和审议环境报告作为一种经常性的监督形式，应当有计划地开展。人大常委会应当依照组织法、监督法等法律的规定，结合本地实践，细化环境报告的程序规则。从目前基层实际执行情况看，环境报告制度仍有一些落实不到位。部分市县级人大未抓人大监督常态化机制建设，也未及时督促同级政府积极履职，更不用说综合采取定期报告、执法检查、专题询问、代表视察、专项调研、重大事项决定等多种形式，及时发现同级政府及其生态环境部门工作中面临的困难和问题，深入推进各项工作扎实有效开展。② 值得推荐的是江苏省人大常委会，其在审议省政府 2016 年度环境报告时，建议省政府督促各县市区政府尽快实施这一法定制度。③

(5) 法律责任缺失。根据法律规定，人大常委会应将听取和审议政府环境报告列入议事议程。并与政府沟通报告的具体时间和具体内容。至于由谁来向人大或其常委会做报告，则由政府自己决定。④ 政府要按照人大规范的报告内容做好报告准备。未依法作环境报告，政府需要负主体责任。不过，政府对人大负责，宪法和法律都没有设定相应的法律责任，更没有设定追究法律责任的程序，人大对政府这种缺失法律责任的监督，客观地说发挥不了应有的威慑力量。2016 年之所以有如此多的省、自治区、直辖市未做报告，有可能是对法条理解错误，有可能是因为疏忽，也可能是因环境治理没有明显改善而不为。对于这些未做报告的省、自治区、直辖市，全国人大环资委相关部门也只进行了公布，至今并未区分情况追究这些政府领导的相应责任。

(二) 问题的成因

上述问题的形成，主要有如下原因。

(1) 立法调研不充分。2013 年 10 月，人大常委会第三次审议环境保护法修订草案时，一些常委委员认为应当进一步加强各级人大及其常委会对环保工作的监督，建议在政府工作报告、计划报告和预算报告之外，再增加一个环境

---

① 李飞. 中华人民共和国各级人民代表大会常务委员会监督法释义 [M]，法律出版社，2006，p32.

② 娜迪娅，王秀中. 为何有政府不依法向人大作环境报告？[N]，南方都市报，2016 - 12 - 08 (7).

③ 程思炜，王秀中，常蕾. 新环保法实施两年政府履行职责堪忧：13 省份未作环境报告 [N]，南方都市报，2016 - 12 - 08 (1).

④ 娜迪娅，王秀中. 为何有政府不依法向人大作环境报告？[N]，南方都市报，2016 - 12 - 08 (7).

保护报告。① 环境保护法修订草案第四次送审稿中增加了此内容。众所周知，此前的任何一项环境法律法规之中，均未有此类似规定，地方实践中也只有个别地方政府开展过此项工作的尝试，② 全国绝大多数地方政府并无此项工作的制度实践。在这么短的时间内，草案起草小组不仅要增设一些全新的法律制度，还要修订该法的其他条文，很难对这些全新制度进行反复研究与论证。

（2）部分领导环保法治意识淡薄。有些地方政府的领导干部环保法治意识淡薄，贯彻落实中央和省级环保决策部署不够坚决，对环境保护工作的认识深度、重视程度、工作力度存在偏差，仍认为经济发展是硬任务、环境保护是软指标，环保执行力不足的问题比较明显。还有的市直部门和县政府环保职责不清，尽责不力，存在慢作为、乱作为问题，落实"党政同责""一岗双责"力度不够，责任落实不到位，导致环境保护责任落实不到位。③ 既然法律已经明确规定各级政府定期向人大报告环保工作情况是一项法定义务，各级政府就应该严格依法办事，这是法治的硬规定，而不是"效仿"的软要求。由此而言，一些地方政府对于环境报告，工作态度不端正，不向人大会或人大常委会报告、说明、解释，这充分暴露了地方政府领导环保法治意识的淡薄。地方政府领导法制意识不够，人大监督功能不显现，这是造成部分地方政府违反新环保法的深层原因。

（3）环境报告制度实施时间较短。2015年1月1日，新环保法才开始实施，到2016年底也只有两年，在这么短的时间内，有些地方政府对于新环保法规定的环境报告制度难免会出现一些认识偏差。浙江、新疆、广东等省、自治区政府认为在每年人大会议的政府工作报告中对环境保护情况进行报告；安徽等省政府认为在向人大环保执法检查等汇报中已经包涵了环境保护状况的内容；内蒙古自治区政府结合环保督查的反馈意见认真整改，整改正在进行之中，故未向自治区人大作环境报告。殊不知，这些与新环保法要求的环境报告相距甚远。因此，环境报告制度的设计初衷与现实存在一定的距离，需要边实践，边摸索，使其日臻完善。

（4）环境报告制度尚无程序规则。环境报告制度作为一项全新的制度安排，从全国人大到省市县级人大，都需要制定简便易行的程序规则。明确规定人大应对环境报告提出要求，确定环境报告的主体、结构框架、主要内容、报

---

① 陈丽平. 全国人大常委会委员建议人大加强对环保工作的监督—人大应每年听取环保工作报告 [N]，法制日报，2013-11-12（3）.

② 全金平. 张家界：人大监督环保工作有劲道 [J]，人民之友，2016（5）.

③ 陈静涛. 生态环境保护存3大问题6个月内报告整改落实情况 [N]，华商报，2018-01-05（Y1）.

告形式与报告的时间等细节,并与政府进行沟通。还应将报告列入人大会或常委会议程。若人大代表或常委会委员对同级政府环境报告不满意,可以直接在审议环境报告时提出意见,要求政府反馈意见,也可以通过人大议案的形式,要求生态环境部门按时履行法定职责。对于因当地环境治理没有明显改善或环境目标未能完成而不想报告、不敢报告的地方政府,人大应当加大执法检查力度,通过定期报告、执法检查、专题询问、专项调研、代表视察、重大事项决定等多种执法形式促进政府积极作为。这方面全国人大和部分省、自治区、直辖市已经做了很好的示范,也许对尚未落实此项制度的省市县级人大将起到一定的促进作用。

四、完善环境报告制度的建议

事实上,人大监督和政府依法履行环境报告是落实新环保法的"一体两面",更是倒逼环境治理有效实现的法治举措,不能对法律规定视而不见,更不能患上"拖延症"。建议采取下述措施,克服上述问题。

(一) 构建政府对人大负责的法律责任体系

新环保法第 27 条规定的环境报告制度有着充分的宪法、法律依据。从理论上来看,现行宪法、组织法、监督法、环保法规定人大监督政府的方式较为全面,然而在实践中,环境报告形式不明,且各法律规定不一致,因此,有必要通过修订法律的形式加以明确,使上述法律条文之间有效衔接,避免法律适用上的混乱。另外,应从立法上完善环境报告制度的相关法律,构建政府对人大负责的法律责任体系和追究程序,以改变人大监督"重形式、轻实质"的现状。建议加紧修订《各级人民代表大会常务委员会监督法》,增设"法律责任"一章,为各级人大常委会监督政府环境报告建立责任追究机制。

(二) 给政府领导戴上法律责任的"紧箍"

长期以来,个别地方政府的领导环保法治意识淡薄。动用财政资金代重污染企业缴纳罚款,这种"以罚代法"的行为是对国家法律的一种误解。环保督察中发现有些领导对待环保督察认认真真、接受环保监督诚诚恳恳,整改落实则马马虎虎甚至推三阻四。对待这些"以罚代法""以拖代法"的地方政府领导,如果不能在法律执行上、执行监督上给其戴上"紧箍",环境治理的法治化就会沦为摆设。[1] 从这个意义上说,政府向人大报告环境状况不能因为当地环境治理未明显改善或未能完成目标而不想报告、不敢报告。当然,政府向人

---

[1] 李洪兴. 环保法治须亮出执行利剑 [N],法制日报,2016-12-13 (7).

大报告，不是简单地"走一遭"形式，而是应经得起人大代表的质询、有助于环境治理，是把人大监督转化为环境治理的内生动力。因此，从根本上来说，政府向人大报告环境工作不在乎"形式"，更在乎"行动"。基于此，建议在环保法修订或在制订环保法实施细则时，增加与环保法第27条内容相对应的法律责任，根据未履行环境报告制度所导致的影响与损害程度，对直接负责的政府领导设定相应的行政、刑事责任。

（三）落实"大环保"相关部门的责任

环境报告并非生态环境保护主管部门的年度工作总结，也不单纯是政府生态环境保护主管部门一家的事，而应该是开展了环保工作的政府多个部门的年度工作总结。从这个意义上说，环境报告是与政府工作报告相类似的综合性的"大环保"报告。因此，各级政府的相关领导应该高度重视，指挥与"大环保"相关的多个部门，共同采取行动，统一治理环境，努力改善生态环境状况，及时达成生态环境保护目标。之后，共同草拟环境报告。众所周知，环境报告中所涉环境数据较多，制作报告的时候，一定要认真考虑如何让每一位人大常委会委员，尤其是公众能够看得懂，听得明白。政府环境报告中要特别注意一些环境质量状况的表述，尽量使其与公众切身的环境感受相一致。政府主管领导要身先士卒，积极主动向同级人大或人大常委会做环境报告。能亲自做报告的，就不要委托给其属下的职能部门的领导来做报告。即使政府主管领导抽不开身，委托给生态环境行政主管部门等领导代表政府做环境报告，自然资源、水利、农业、住建等与"大环保"相关的部门也应派人列席会议或各小组讨论会。

（四）强化人大监督常态化机制建设

环境报告属于综合性的"大环保"工作报告的范畴。从人大监督的程序来说，主导作用在人大，主体责任在政府。人大应积极履职，将政府环境报告列入常委会议程，进一步统筹抓好监督常态化机制建设，不断强化人大监督责任落实和政府主动接受监督意识，把环境报告规定制度化，如会前将各方面对环保工作的意见汇总，交由政府部门处理，明确报告中要有这些意见的处理情况等，防止有些地方政府报喜不报忧，最好由全国人大常委会出台指导性文件，地方根据实际情况参照执行。还有各地大多是政府代表汇报，常委会委员们听听、评评，多数不表决，没有表决程序，报告的约束力不强，政府部门就不会认真来做，报告就会流于形式。另外，既然审议同级政府环境报告是人大的一项监督工作，除了严格按照新环保法的规定执行外，还必须遵守监督法的相关规定，至少还要有一个处理审议意见情况的反馈报告。此外，人大常委会还应综合采取定期报告、专题询问、执法检查、专项调研、代表视察，重大事项决定等多种形式,及时发现基层环保工作面临的困难和问题,深入推进各项工作扎实有效开展。[1]

(五)完善环境报告信息发布机制

各级人大及其常委会监督同级政府环境报告工作的情况,应该一律向社会公开,包括公开会议举行的日期,允许公众旁听和新闻媒体报道,并对外公布监督结果等。将环境报告、审议意见、审议意见处理情况报告或执行环境报告决议的情况向社会公布,是增强监督行为的公开透明度的重要体现。因此,各级政府和人大常委会应严格依照《政府信息公开条例》和《环境信息公开办法(试行)》的规定,通过公报、报刊、官网等载体,以"公开是常态,不公开是例外"为原则,推进环境报告信息的公开。[2] 建立完善环境报告、审查评议信息发布机制,健全环境报告信息内容更新及反馈报告追踪的保障机制,提高发布时效,进一步完善公众意见收集、处理、反馈机制,及时回应社会各界的关切,结合公众使用习惯,不断改进和创新服务功能,提高政府和人大官网、官媒的服务水平,强化应急处置,落实安全保护责任,确保官网、官媒安全可靠运行。

结　语

环境报告制度作为人大监督政府依法治理环境的一项制度性安排,考验着地方政府严格治理环境的决心。地方政府决不能懈怠环境报告的义务,更不能因为当地环境状况没有明显改善或环境治理尚未达标而不想报告、不敢报告。环境报告制度落实与否,不是一个可有可无的动作,而是一项法定义务。现在,中央政府和省级政府及大多数地方政府已经向其同级的人大报告环保工作,这是很好的示范,那些还没有做环境报告或者没有认真做环境报告的地方政府领导应该有一种紧迫感。今后,除了及时公开环境报告信息、完善政府不依法履行职责的责任追究机制和公众参与途径之外,更应该进一步强化人大监督常态化机制建设,明确环境报告的结构框架、主要内容与报告形式等细节,加强人大与政府的联系与沟通,确保环境报告制度有效贯彻落实。

---

[1] 程思炜,王秀中,常蕾.新环保法实施两年政府履行职责堪忧:13省份未作环境报告[N],南方都市报,2016-12-08(1).

[2] 彭波.让政务运行更加透明[N],人民日报,2017-04-12(17).

论我国林权流转制度的不足与完善[①]

——以恶意收购林权证贷款不还现象为例

引 言

集体林权流转是我国经济发展中的一个重要环节，它不仅有利于解决一些贫困林区林农的贫穷现象，还有助于充分利用我国丰富的森林资源。新一轮集体林权制度改革进程中产生的"集体林权抵押"是我国农村金融领域发展的创新，也是一项重要的强农、惠农政策。目前，集体林权抵押已在全国多个地区逐步展开，这在一定程度上拓宽了林业融资渠道，缓解了林农、林业企业的资金瓶颈，但与此同时，在我国云南、四川等贫困林区，出现了一些不法企业，利用集体林权流转中的制度漏洞，假借林业开发之名，恶意低价收购林农的林权证，从银行套取巨额贷款，逾期不还，最终使林权证作为抵押物归银行所有。从初衷来看，国家允许林权自由转让，是为了优化林地投资条件、促进林业发展，而不法企业恶意低价收购林权证抵押贷款逾期不还的行为则与国家初衷背道而驰。因此，探究集体林权流转中存在的法律隐患，从完善立法和制度方面入手，弥补集体林权流转中特别是集体林权抵押贷款中出现的漏洞，对解决林区恶意低价收购林权证套取贷款不还现象有着十分重要的意义。

一、我国集体林权流转与抵押制度的法律分析

随着集体林权制度改革的进一步深化，关于林权流转的研究逐步升温。规范集体林权流转作为中国集体林权制度改革的一项重要配套政策，关乎整个林权制度改革的实际成效。集体林权流转问题是我国集体林权制度改革研究中不可缺少的重要内容。《中华人民共和国宪法》规定，集体林地所有权归集体所有，其民事权利性质非常明确。1998年修正后的《中华人民共和国森林法》第15条，授权国务院制订林权流转的具体办法，2003年6月25日发布的《中共

[①] 本文刊载于《河北法学》（2019年第3期）。另一作者为王朝夷。

中央国务院关于加快林业发展的决定》第 14 条再次明确要求："国务院林业主管部门要会同有关部门抓紧制定森林、林木和林地使用权流转的具体办法，报国务院批准后实施。"2008 年 6 月 8 日，《中共中央国务院关于全面推进集体林权制度改革的意见》要求："规范林地、林木流转。在依法、自愿、有偿的前提下，林地承包经营权人可采取多种方式流转林地经营权和林木所有权。"党的十八大以来，中央明确提出要逐步建立集体土地所有权、承包权、经营权"三权分置"并行的新型土地权利体系。2015 年以来，中央层面集中颁发了许多指导性文件，将"三权分置"从政策理论上升为制度安排。2016 年国务院办公厅印发了《关于完善集体林权制度的意见》，要求全面深化集体林权制度改革。经过多年的探索与实践，这一改革取得了明显成效。

集体林地被包含在"大农业"范畴内，同样应当将原有的林地所有权、林地使用权、林木所有权和使用权在经营层面分离为林地所有权、承包权、经营权和林木所有权和使用权。在调整生产关系和经营模式层面上，集体林地"三权分置"的体系，一方面，能严格保护林农承包权，防止林农失山失地，有效保障林农生产资料在二次流转中得到科学合理的调配；另一方面，也有利于大量新型林业经营主体通过流转集体林地经营权，进行适度规模化集约经营。[①] 基于我国国情，我国林地仅属于国家和集体所有，我国的林权流转，更多的是林地经营权流转，是林地经营权与林地所有权分离、将林地经营权通过一定方式转移到非所有人手中的行为。集体林地经营权的权源是林地承包经营权或林地所有权。而与林地承包经营权不同的是，集体林地经营权是一种纯粹的财产性权利，其制度功能在于破解林地流转的障碍，实现林地规模经营，发掘林地的融资潜力。[②] 但我国现行法律中既没有单独规定经营权，也没有承认林地承包经营权中可以分离出独立的经营权。[③]《中华人民共和国物权法》将林地承包经营权确立为用益物权，赋予了林农和其他经营者长期而有保障的林地使用权。如果林地承包经营权与集体林地经营权虽同属用益物权，但其客体相异，则两者排斥的矛盾就会迎刃而解。[④] 从经营权流转的角度看，物权性流转可以满足受让方抵押贷款的需要，而债权性流转中，经营主体只能以租赁方式获得经营权。目前，林权抵押融资试点正在全国部分地方展开，试点地区经人大批准允

---

① 杜翠萍. "三权分置"背景下山西集体林权流转现状分析 [J]，林业经济，2018 (9).
② [德] 曼弗雷德·沃尔夫. 物权法 [M]. 吴越、李大雪译，法律出版社 2002 版，p473。
③ 楼建波. 农户承包经营的农地流转的三权分置——一个功能主义的分析路径 [J] 南开学报，2016 (4).
④ 蔡立东、姜楠. 承包权与经营权分置的法构造 [J]. 法学研究，2017 (3).

许突破现行法律，这种行为本身就可以验证经营权作为物权性的存在。①

林权抵押是指林权所有者不转移林权的占有，而以该林权作为债权的担保，当债务人不履行债务时，抵押权人依法享有该林权折价或处置该林权的价款优先受偿的权利。林权抵押贷款是林业融资渠道中一种新兴的金融产品，即金融机构允许借款人将自己或第三方拥有的合法森林资源资产作为抵押物获取贷款，能够抵押的包括森林、林木和林地使用权。从是否有媒介的角度进行区分，我国的林权抵押贷款可以分为有媒介和无媒介两种林权抵押贷款模式。其中，有媒介的林权抵押贷款模式是在林农直接抵押贷款模式的基础上创新出的适合林业企业和林业大户的贷款模式，这种模式既能有效盘活林区森林资源，又有利于解决单个林农融资难的问题。② 本文所探讨的恶意收购林权证套取银行贷款的现象，看似满足有媒介的林权抵押贷款模式条件，但实际上，它既空耗了林区森林资源，又让林农的收益落空，难以发挥林权抵押贷款的正向外部性。根据外部性理论，个体或企业所做出的经济行为可能让其他人或企业也受到影响。其中，正向外部性指的是经济行为人给他人带来了收益，自身没有因此受益。森林资源作为公共资源，同时具有经济效益和社会效益，因而林权抵押贷款行为具有很强的正向外部性，有媒介的林权抵押贷款模式更是如此。由此看来，在林权抵押贷款主管部门制定政策的过程中，需要立足长远的经济发展、环境效益、社会协同发展等各个层面。

二、我国林权流转制度运行的现状与不足

为了拉动林区经济发展、合理利用森林资源，国家将林地的使用权划拨给林农集体所有，由政府核准颁发林权证。同时，国家鼓励林木所有权、林地使用权有序流转，以促进林业发展，帮助林农脱贫致富。目前，全国集体林地"明晰产权、承包到户"已基本完成。据国家林业局发布的信息，截至2017年7月，全国确权集体林地27.05亿亩，发放林权证1.01亿本，明晰产权、承包到户改革任务基本完成；林地流转、林权抵押贷款、森林保险等政策不断完善；集体林业发展活力逐步显现。③ 2006年至2017年，云南省宁蒗县共流转林地100多万亩，甘孜藏族自治州共流转林地20多万亩，四川省共流转林地60万 –

---

① 杜翠萍．"三权分置"背景下山西集体林权流转现状分析［M］．林业经济，2018（9）。
② 田刚、刘亚男．河北省林权抵押贷款现状及对策研究［M］．商业经济，2018（4）。
③ 2017看过来——踏石留印抓落实（关注改革最后一公里·特别策划）［N］．人民日报，2017 - 12 - 17（2）。

70 万亩。① 可以预想，在理想状态下，如果林权有序流转，林农将手中的林权证转让给有资质的林业开发企业，由这些承包经营林地的企业进行实际的林业开发，如发展旅游业，对林木资源进行整体地、大规模地开发，合理规划利用等，可以提供更多就业机会、拉动地区经济发展、促进农村地区经济增长。然而实际情况却大不相同。林农作为独立的个体，对林地的使用不能形成规模，又缺乏资金投入，很难通过有效的运作产生更大的效益。因此，仅仅持有林权证并没有给林农带来预想中的收益。如云南省鹤庆县金墩乡新庄村，林农对林地的利用仅限于捡捡柴火、松针、蘑菇等，每户每年依靠林地的收入只有七八千元。②

在这种情况下，一些不法企业以贫困地区林权证为目标，假借林业开发之名，恶意从林农手中以极低的（远远低于实际价值和市场价格的）价格收购林权证③，然后使用林权证在银行抵押贷款，套取巨额资金，取得资金后并不进行实际的开发林业行为，贷款到期不还。于是，林权证作为抵押物即归银行所有。这种恶意低价收购林权证贷款逾期不还的现象在全国森林资源丰富的省份都有发生。如上海某林业股份有限公司在 2014 年用 26 457.3 亩林权作为抵押物，从福建某中信银行融资 3 亿元，却从未对这些林地进行实际的开发工作。④类似这样的林权流转案例，不仅危害了国家林权制度改革，扰乱经济秩序、金融秩序，也让林农利益受到损失，违背了国家通过森林资源拉动贫困林区经济发展的初衷。

上述现象的存在，足以说明我国林权流转制度在运行过程中还存在以下不足之处。

---

① 央视网："林权没了希望断了"，[EB/OL]，（2017 – 07 – 17）[2018 – 10 – 10]，http://tv.cctv.com/2016/07/17/VIDEA55ywYQm6PeUY4BiTwmm160717.shtml。

② 同上注。

③ 这些企业通常没有合法的主营业务，成员大多通过隐秘手段"介绍"，平日里游手好闲、不务正业，没有长期、稳定的职业和收入来源，却妄想通过一些不合法手段获取高额利润。这些成员分散在有大量森林资源的地区，主要业务就是劝说农民将手头的林权证转让出来。他们有时从村里的干部入手，劝说农民"林子在你们手中也没什么用处，不如卖给我，换点现钱"。在这样的鼓动下，原本不知道如何使用手中林权证的农民渐渐动心了。就这样，大量的林权转让到了这些不法企业手中。同时，收购林权证的价格极低：每亩 90~150 元即可购买林地 30 年的使用权，平均每亩林地一年 3~5 元。

④ 央视网.林权没了希望断了.[EB/OL]，（2017 – 07 – 17）[2018 – 10 – 10]，http://tv.cctv.com/2016/07/17/VIDEA55ywYQm6PeUY4BiTwmm160717.shtml。

(一) 村干部为私利力推林权流转

林改前，一般由村委会代为管理和经营村民集体所有的林地，在实践中，村干部和林业站管理人员实际掌握着林地的所有权和经营权，林农基本没什么发言权。[①] 明晰产权之后，林农虽然重视"自家的"林地，但因地处偏僻，加之信息不对称，仍然离不开村干部的帮助。而部分村干部存在素质不高的情况，极易受到诱惑，以自利性行为取代应有的公利性行为。这种现象和集体成员的民主权利超越村干部的集中权力的综合结果，正在逐步瓦解集体组织公共性，造成集体土地所有权虚化。[②] 作为农村集体组织法人代表的村干部，由于缺乏有效的监督和制约程序，其中少数人无法抵御利益的诱惑，利用自身权力，采取各种自利性行为。在全国森林资源丰富的省份中，一些地方的村组干部与不法的涉林企业勾结，利用林农对村干部的信任，在明知不法的涉林企业手续不完备、程序不合规的情况下，仍向林农推荐不法的涉林企业，致使法律意识不强的林农将林权证流转给恶意收购的不法企业，自己从中拿取好处费。正是这些村干部的自利性行为，削减了林农的集体利益。

(二) 林农利用林权证抵押贷款困难

林农是林改利益最直接的利益相关者，也是林改的积极参加者。如果不开发林下经济，林农获得的林权证就只是一张纸而已，无法实现致富增收。而要发展林下经济，林农感到最棘手的就是资金问题。应运而生的林权抵押贷款，作为解决"三农"问题的一大创新之举，本应当很好地解决这一问题，让林农可以用自己的林权证去金融机构贷款，将资金用于林木的生产和经营。但实践中，林权抵押贷款的对象主要集中于林业大户和林业企业[③]，高昂的林权评估费也将部分林农"拒之门外"，导致一部分林农排斥抵押贷款。[④] 即使林农有幸获得抵押贷款，其贷款额度一般也不会超过林权证认定的评估价值的50%，金融机构最终将以实际评估抵押物价值的35%向林农发放贷款。[⑤] 如此低的贷款额度，很难满足林农继续生产或扩大生产的意愿。这样一来，许多林农迫不得已只好将林权证低价流转给恶意收购的不法企业，离开林区，外出打工，或过

[①] 郭细卿、陈华威、许接眉. 社会稳定中的林农利益维护机制研究 [J], 东南学术, 2011 (5).

[②] 孙敏. 农村集体土地所有权式微的实践逻辑及其困境——基于宁海县×镇近郊土地开发历程的思考 [J], 北京社会科学, 2018 (11).

[③] 乔月. 基于林农视角的林权抵押贷款需求及影响因素分析 [D], 北京林业大学, 2014.

[④] 徐晓波、杜静. 集体林权抵押贷款中农民的失地风险及其管控 [J], 理论观察, 2016 (7).

[⑤] 耿凯丽、张晓萍、王铁. 林权抵押法律制度问题与对策 [J], 安徽农业科学, 2016 (7).

着拮据的务农生活。

(三) 登记审查制度缺乏可操作性

《中华人民共和国土地管理法》第 11 条和第 15 条明确了政府对承包经营的单位或个人有进行审核的权利与义务,但这仍然只是一个初具雏形的审查制度。审查一般分为形式审查和实质审查两种:形式审查只对登记的申请进行程序法上的审查,实质审查还需要对申请是否与实体法上的权利义务关系一致进行审查。[1] 根据我国法律规定,可以看出,我国对于林权流转的登记审查要求为实质审查,但在具体的制度建设上,我国的林权证流转登记审查制度只有最基础的内容,即集体所有的林地和个人使用的林地需由政府发放的证书确认所有权、使用权,没有对实际登记审查的操作进行详细的规定,这使得政府在执行上缺乏明确、具体的依据。因此,政府虽然有审查的权利,但其相关部门通常只要求企业提供一份林地开发计划书,而具体如何审查计划书、对企业进行哪些方面的审查等,则缺乏具体的实施细则,实际的审查流程也因此变成了一个空壳。

(四) 规范林权流转的新政策效果不佳

面对恶意收购林权证套取银行贷款的现象,国家林业局于 2016 年发布了《国家林业局关于规范集体林权流转市场运行的意见》。该《意见》相比于已失效的《国家林业局关于进一步加强集体林权流转管理工作的通知》和《国家林业局关于切实加强集体林权流转管理工作的意见》在管理程序上有新的突破。其中,第 4 条指出:"严格林权流入方资格条件。林权流入方应当具有林业经营能力,林权不得流转给没有林业经营能力的单位或者个人。家庭承包林地的经营权可以依法采取出租、入股、合作等方式流转给工商资本,但不得办理林权变更登记。"可以看到,这一意见通过加强对林权流入方的资格审查,进一步完善了对农村集体林权流转的监管,给予政府进一步审核林权流入方林业经营能力、监督林权流入方切实进行林业发展的权利,明确限制了不具有林业经营能力的"恶意收购林权证套取银行贷款企业"哄骗林农低价出售林权证,保证了林农享有林权并因林权收益的权利。但是,这一指导意见也只是给出了一个限制条件,真正切实有效的具体规范林权流转的审查制度仍没有建立起来。

(五) 林权流转的监管流于形式

林权流转程序环节的监管是林权管理的最大难点,目前,全国部分林区的状况是监管流于形式,林权流转呈"自由交易"状态。主要表现在三个方面:一是政府监督力度不够。对于一些不法企业恶意收购林权证套取贷款的行为,

---

[1] 张龙文. 民法物权实务研究 [M],台北汉林出版社,1983,p38.

政府的监督稍显弱势。这也体现了执法方面的力度不足。对于国家林业局2016年下发的《国家林业局关于规范集体林权流转市场运行的意见》中提出的严格林权流入方资格条件的意见，地方相关政府部门在实际执行中不够重视。对于已经低价收购了林权证、前来办理手续却不具有林业经营能力的企业，政府部门的办事人员却在明知道对方收购价格不合理、没有明确的开发计划的情况下，不知道用什么法律规定或政策来限制对方，也不将这种现象及时向上级报告，放任其自由发展。这首先说明政府的工作进行的不到位，对于法律法规和中央的政策不够了解。二是监督流程缺乏操作性。监督机制本应是林权流转制度中的重要一环，对于一些提交了林地开发计划书却不进行实际开发的企业，政府没有进行后续的监督，从而放任这些企业逍遥法外。三是社会监督难以真正参与。在林权流转交易中，社会上缺乏帮助林农对林权流转交易进行监督的组织机构。当林农产生林权流转的需求时，他们较难寻求到社会上的帮助，缺乏真正参与到林权流转交易中的法律援助和经济指导。从社会现实来看，较少存在有效的渠道帮助林农判断在林权流转的交易过程中是否受骗，指导林农如何通过合法、正当的途径利用林权证发家致富。

三、林权流转制度运行不足的成因

综上，我国林权流转制度运行过程中存在村干部素质不高、林农抵押贷款难、林权登记审查制度缺乏操作性、规范林权流转的新政策仍未解决制度漏洞、林权流转的监督流于形式等方面的不足，主要有以下原因。

（一）基层组织建设的原因

基层组织建设是我党的执政之基、力量之源。要大力提升林区基层组织的能力，充分发挥林区基层组织在乡村振兴中的领导作用，就必须对基层组织的干部特别是村干部进行"选优配强"。在贫困的僻远林区，现有的一些村干部"领头雁"作用发挥得并不好。有的村干部不熟悉基层工作、不会做林农的工作；有的带头致富和带领群众致富能力不强，在推动林区产业转型方面思路不新、措施不力、办法不活、成效不佳；有的干部私心过重，经受不住利益诱惑，损害林农的合法利益，甚至走上了违法犯罪的道路。虽然林区各级党委组织部门和乡镇党委在基层组织建设方面想方设法选配能人担任村干部，但仍有"一厢情愿"的无奈，许多林区的村干部普遍存在"能者看不上、弱者干不了"的现象。

（二）林农自身建设的原因

随着时代的发展，偏僻林区的年轻人都纷纷涌向城市，留在林区的大多都是中年人和老年人，他们没有受过良好的教育，文化程度不高，追求安稳生活就是他们最大的向往。这些人不懂得上网，也不关心林改政策的信息，许多党的政策全部依赖村干部的传达，因此，在一定程度上阻碍了其维护自身合法权益。另外，大多数林农对法律法规不感兴趣，基本上不知道自己享有的权利，也不知道通过什么样的方式来加以保护，维护自己林权的法律意识薄弱，即使出现了林权流转纠纷，往往会出现"求诉无门""求诉无法"等现象。还有在偏远的林区，林权抵押贷款的政策宣传不到位，加之评估手续繁琐且费用高昂，林农怕麻烦，参与度不够高，甚至不敢参与。

（三）立法"部门化"的原因

在我国各层次的立法中，长期以来一直存在一种极不正常的现象，即立法"部门化"倾向。[1] 各个行政主管部门对自身利益最大化的倾向将不可避免地造成部门之间的倾轧和间隙。一方面，立法部门化倾向源于不同部门的博弈。一些部门不断为本部门增设审批权、许可权、收费权、处罚权等权利，却不关注如何规范本部门行政内容。[2] 这也许是林权流转制度的具体操作规范难以出台的原因。另一方面，立法部门化倾向源于部门主导的立法体制。由于行政立法大多由行政主管部门负责起草，行政主管部门在这一过程中的主导地位就难以撼动。[3] 各部门都以本部门利益为首要考虑制定行政法规，较少从公共利益最大化的角度出发，不考虑其他部门的需求、不考虑其他部门和本部门的关系，使得不同部门出台的行政法规或彼此冲突，或留下漏洞。

（四）林业政策方面的原因

从政策制定的出发点来看，将林权分给林农、鼓励林农进行林权流转不仅可以提高营林水平，还可以拉动当地经济、推动扶贫工作开展。但是，林权流转的相关政策，仍然只是一些过于理论性的"指导"，如仅仅"鼓励林农进行林权流转"，或空说一句"严格林权流入方资格条件"，但在"鼓励"的同时，没有设置相应的配套措施与机制，从而使林权流转中的双方没有同样获取信息的能力与资质，产生了信息不对称的现状，在"严格"的同时，没有规定细致的林权登记审查流程，因此无法解决林权登记审查过程中可能面临的具体问题。同时，在政策执行上，太过注重执行的广泛性[4]，却忽视了执行的针对性，对

---

[1] 李克杰.《立法法》修改：点赞与检讨——兼论全国人大常委会立法的"部门化"倾向[J]，东方法学，2015（6）.

[2] 朱虹. 关于克服行政立法部门化倾向的思考[J]，行政管理改革，2011（10）.

[3] 湛中乐. 政府立法亟须突破"部门起草"[N]，人民日报，2016 – 1 – 20（17）.

[4] 杨超、宋维明. 林权改革条件的林农选择：营林行为与营林规模[J]，改革，2015（11）.

各地不同的林业的发展情况、各个不同的林业经营主体（如林业经营大户、个体林农、林业企业等），没有考虑到其不同需求，从而缺乏执行的灵活性和适应性。

（五）林权流转配套服务方面的原因

林权流转制度的不完善也部分源于其配套服务制度改革滞后的限制。首先，林业金融支持力度不足。尽管国家给予林农大量林业补贴，希望改善林业生产经营中的资金短缺问题[1]，银行等金融机构也对林业提供信贷支持，为林农经营提供了更多可能，但林农在生产经营资金上依然面临严峻的形势，缺少来源于金融市场的资金。[2] 其次，林权流转的市场化中介服务体系不够完善。目前，各地还缺乏一系列的林权流转服务机构[3]，包括林地流转管理机构、森林资源资产评估服务机构、经济仲裁机构、法律咨询机构等。[4] 缺乏相应的会计部门对林权流转进行经济上的审计、管理、统合。再次，林地流转市场发育也相对滞后。各级政府虽然注重通过分配林地资源等途径依法给予林农林地的使用权，即林地流转的"第一市场"[5]；但是，对于林地、林权在市场中的流转，亦即林地流转的"第二市场"，则不够重视，使经过"第一市场"分配的林地很难进行二次流转，林地流转被局限在单次流转中，无法进行大规模、循环式的流转。

四、完善我国林权流转制度的建议

国家鼓励林农对林权进行流转，本意是希望能够通过林权流转促进林农发家致富，然而"恶意收购林权证套取银行贷款"这一行为却让期待落空。为了解决这一问题，本文提出以下几点粗浅意见。

（一）完善农村集体林地所有权立法

保障农村集体林地所有权，是保障林农集体利益的重要环节。在坚持农村集体林地所有制的同时，应当进一步丰富集体林地所有权的权能体系。现阶段集体林地所有权仍停留在物权法上传统的所有权理论的背景之下，被概括为"占有、使用、收益、处分"的抽象权益，有必要从立法上适当丰富农村林地

---

[1] 雪明、武曙红、程书强. 国际气候制度下的林业政策研究 [J]，林业经济，2012 (3).
[2] 周训芳. 所有权承包权经营权分离背景下集体林地流转制度创新 [J]，求索，2015 (5).
[3] 陆琴雯、雷敏. 我国集体林权流转制度改革与制度完善——以云南林权流转改革实践为例证 [J]，甘肃政法学院学报，2013 (4).
[4] 孔凡斌、杜丽. 集体林权制度改革中的林权流转及规范问题研究 [J]，林业经济问题，2008 (5).
[5] 同上注。

所有权权能体系，以能够更好的实现与保障农民群体林地利益为目标赋予农村集体林地所有权更为具体的权能，从而也能使得抽象权能更好地实现。建议立法中充分赋予与保障农民集体对承包地多元化的具体权能，保障农村集体林地主体发包权、监督权、收回权、获得补偿权、适度处分权、管理权等具体权利[①]的实现，从而使得林地权利主体能够更好地维护自身土地利益，营造更加健康的林权流转秩序，推动农村经济发展。

（二）精心"选"好村干部

村干部是村级班子的带头人，要避免村干部的自利性行为，维护农村集体利益和农民个人利益，一定要精心选好村干部，并对其进行有效监督。所谓提衣提领子，牵牛牵鼻子。要实施林区振兴，必须抓牢、抓好林区村干部的队伍建设。挑选村干部要拓宽选人视野，注重从林区致富能手、外出务工经商人员、本乡本土大学毕业生、复员退伍军人等群体中选拔带头人，把综合素质好、群众威信高、致富能力强的优秀党员选拔出来。同时，不仅仅在选择上要注意，在管理上也要推进制度化，完善管理与监督机制。要积极推行村"两委"班子成员交叉任职，鼓励党组织书记通过法定程序担任村级组织负责人。在村级组织中实行"分工负责、分层落实、目标管理"，对村干部进行"设岗定责""亮岗履职"。建立村干部动态调整机制，把不胜任、不称职的村干部及时调整下来，严肃惩处违纪违法的村干部，切实保护林农的合法权益。

（三）提升林农的综合素质

作为林权流转的主体，林农自身硬件条件不高是阻碍其顺利进行的因素之一。建议林区主管部门要强化对林农的法制宣传教育工作，增强林农的法治观念，促进其自觉学法用法，做到知法、懂法、守法；林农平时也应知晓林权流转的政策，做到心中有数。林区主管部门要通过有效的宣传，让林农意识到可以通过哪些渠道了解有关林权流转的最新价格动态，乐于主动去相关机构部门了解情况。通过增强林农自身的法律意识，使其遇到恶意低价收购林权证的不法企业时可以冷静处理，勇于、善于运用法律手段来维护自身的合法权益。同时，林农要在思想上保持与时俱进，多接触新鲜事物，学会利用科学手段对林木进行生产和管理等，积极争取以转包、出租入股等形式吸引社会资本发展林下经济，拓展林业发展空间，增加增收致富渠道。

---

① 管洪彦、孔祥智."三权分置"下集体土地所有权的立法表达[J]，西北农林科技大学学报（社会科学版），2019（1）.

(四) 出台林权流转登记审查实施细则

要遏制恶意低价收购林权证抵押贷款不还的现象，还需政府部门出台具体的林权流转登记审查细则，对林权流转交易流程进行严格的核定。如林权流转申报是否规范、林权流转审核过程是否严谨等。实际工作中，可以引入一些实质审查的前置程序。首先，引入公证人程序。由公证机关对契约的真实性和有效性进行审查，出具公证书，并对公证的结果负责。其次，对于权利客体物理状态，可以由所有权人和相邻人提供必要的证明。一方面，所有权人掌握更多其所拥有资源的信息，另一方面，所有权人也更倾向于保护自己的财产权利。同样地，相邻人为了防止不实登记侵犯自身利益，也会认真核实，以确保边界清晰。最后，代理拟订合同的律师，也应当对合同的合法性进行审查，承担相应法律后果。

(五) 制定对林企和林农有利的林权流转政策

林区山多地少，可以看到，困难在山，贫困在山，脱贫出路也在山。各级政府部门应该自觉践行绿色发展理念，对于因故不能经营林地的林农，坚持依法、自愿、有偿原则，在不改变林地集体所有性质、不改变林地用途、不损害林农权益的前提下，鼓励其林权证转让、抵押，或作为出资、合作条件，科学经营林地，提高森林质量和综合效益。对于购买林权证的企业，政府除严格监管其林业生产举措外，还应鼓励和扶持其开展经营，帮助其积极更新森林资源，调整林份结构，提高林份质量。只有更新快，单位面积产出率高，才能使林地真正成为林企和林农的经济源头，促进林区经济发展。这样的林权流转才会对林企和林农产生足够的吸引力，从而促进林业生态建设的科学持续发展。

(六) 构建多层次多主体的林权流转监督机制

林权流转过程较为复杂，涉及包括林农、林业管理部门、评估机构以及金融机构等诸多主体。在对林权流转的监督上，政府、社会、个人可多方参与、多措并举。一方面，政府部门要加强对林业开发的监督。对于林业开发的后续执行情况，要对流转后的林权证进行切实的监控、跟踪，保证林权证抵押贷款资金真正用于林业开发。不仅要实地核实验证，还要从资金上加强监督，定期考察资金动向。另一方面，可以鼓励社会、个人也参与到林权抵押贷款的监督中来。除了规范会计师事务所、律师事务所及森林资源评估机构等的准入条件、资质认证程序、合理的收费标准外，还需激励这些配套服务机构积极参与到监督工作中来。利用媒体将恶意收购林权证的不法企业曝光，列入黑名单管理。同时，建立一套有关林权基础信息综合管理与监督的平台，提升信息的透明度，实施便民服务，方便公众监督，对监督举报的个人及组织进行奖励，增设举报信箱等多种投诉渠道。还可以建立协会保护积极参与举报的个人的合法权益。

结　语

从我国林区存在的恶意收购林权套取银行贷款现象看我国林权流转制度，可以窥见我国林权流转过程中仍然存在村干部素质不高、林农法律意识淡薄、林权流转法律不完善、林权流转监督机制不健全等漏洞。要克服林权流转制度运行中的不足，迫切需要强化基层组织的队伍建设，提升林农自身的素质，同时需要政府、林农和金融机构等多方的相互协调和助力，也需要立法部门完善林权流转立法、相关部门完善相应的配套制度为林权抵押贷款中林农权益的保障扫除障碍。合理、有效地保障国家和林农的权益，这对于推动集体林权抵押制度的完善和进一步推动林权制度改革向纵深发展具有重要作用。

反思环境公益诉讼中的举证责任倒置[①]

——以法定原告资格为视角

当前我国面临着经济发展与环境保护的双重压力，作为国家保护环境、实现环境权益的重要手段，环境公益诉讼应运而生。2012 年修订的《中华人民共和国民事诉讼法》（以下简称《民事诉讼法》）第 55 条[②]增设了公益诉讼条款，从而为我国环境公益诉讼提供了明确的法律依据。作为特点鲜明的新生事物，对于其具体的适用问题，目前尚无法定的程序规则，如何进行诉讼实务并没有明确的法律依据，而环境公益诉讼的独特性又决定了其在诸多程序性事项的规则上与一般环境诉讼案件不同，不能机械地套用立法的现有规定。就证据方面而言，就缺乏明确、系统的环境公益诉讼证据规则，其中举证责任分配是当前制约我国环境公益诉讼发展的难点问题之一，直接影响着案件的审理能否顺利进行并达到保护环境公共利益的目的。其中所涉及的举证责任倒置是民事诉讼中重大的理论和实践问题，本文拟从环境公益诉讼原告主体的变化这一角度，透过近些年已经出现的典型案例，管窥环境公益诉讼司法实践中所面临的相应问题，对在环境公益诉讼中实行举证责任倒置规则的变化进行初步探索与反思。

一、我国环境公益诉讼中举证责任倒置的司法适用

在举证责任分配领域，以德国学者罗森贝克"规范说"为重心的"法律要件分类说"是该领域的通说。大陆法系的许多国家和地区均将该说作为具有法律意义的证明责任分配一般标准，理论界及实务界承认其作为证明责任分配的正置标准。[③] 罗氏根据实体法规范与权利的关系，将实体法规范分为相互对立的两类：一类是产生权利的规范；另一类是与产生权利规范相对的规范，包括

[①] 本文刊载于《中国地质大学学报》（社会科学版）（2015 年第 1 期）。第一作者为徐淑琳。
[②] 2012 年《中华人民共和国民事诉讼法》第 55 条规定："对污染环境、侵害众多消费者合法权益等损害社会公共利益的行为，法律规定的机关和有关组织可以向人民法院提起诉讼。"
[③] 肖建国，包建华. 证明责任. 事实判断的辅助方法 [M]，北京大学出版社，2012，p99.

权利妨碍规范、权利消灭规范、权利受制规范。① 在此基础上，罗氏提出举证责任的分配原则，即主张权利存在的人，应就权利发生的法律要件事实负证明责任；否认权利存在的人，应对存在妨碍权利的法律要件、权利消灭的法律要件或权利受制的法律要件事实负证明责任。② 而举证责任倒置则是指按照法律要件分类说在双方当事人之间分配举证责任后，对依此分配结果原本应当由一方当事人对某法律要件事实存在负举证责任，转由另一方当事人就不存在该事实负举证责任，③ 是对依法律要件分类说分配举证责任所获得结果的局部修正，④ 是举证责任分配的特殊规则。

我国受大陆法系影响深远，在举证责任分配上也深受法律要件分类说的影响。在环境侵权这一特殊侵权领域，我国适用无过错责任原则，侵权责任由损害结果、违法行为和因果关系三个要件事实构成，受害方应就其环境污染损害赔偿请求权的发生要件事实负举证责任。而由于环境侵权纠纷的特殊性，加害行为与损害结果之间的因果关系的证明就成为决定环境侵权诉讼是否成立的最重要的争点。⑤ 为了保证受害方得到充分有效的救济，减轻原告的举证责任，矫正因遵守传统的"谁主张，谁举证"一般原则进行举证责任分配而产生的不平衡，立法和司法解释对因果关系的举证责任做出了特别安排，在当事人之间进行了一种强制性的分配，即在环境侵权领域中引入"举证责任倒置"。例如1992年最高人民法院《关于适用〈中华人民共和国民事诉讼法〉若干问题的意见》第74条、2001年最高人民法院《关于民事诉讼证据的若干规定》第4条、2009年《中华人民共和国侵权责任法》第66条的规定。⑥ 在一些环境保护单行法中也确定了举证责任倒置规则，例如2004年修订的《中华人民共和国固体废物污染环境防治法》第86条、2008年修订的《中华人民共和国水污染防治法》

---

① 李浩. 民事证明责任研究 [M]，法律出版社，2003，p116.
② [德] 罗森贝克. 证明责任论 [M]，庄敬华译，中国法制出版社，2002，p103-124.
③ 李浩. 举证责任倒置. 学理分析与问题研究 [J]，法商研究，2003 (4).
④ 江伟. 民事诉讼法 [M]，高等教育出版社，2007，p193.
⑤ 马栩生，吕忠梅. 环境侵权诉讼中的举证责任分配 [J]，法律科学（西北政法学院学报），2005 (2).
⑥ 2008年的最高人民法院《关于适用〈中华人民共和国民事诉讼法〉若干问题的意见》第74条规定："在诉讼中，当事人对自己提出的主张，有责任提供证据。但在下列侵权诉讼中，对原告提出的侵权事实，被告否认的，由被告负责举证……（3）环境污染引起的损害赔偿诉讼……"《关于民事诉讼证据的若干规定》第4条："下列侵权诉讼，按照以下规定承担举证责任……（三）因环境污染引起的损害赔偿诉讼，由加害人就法律规定的免责事由及其行为与损害结果之间不存在因果关系承担举证责任……"《中华人民共和国侵权责任法》第66条规定："因污染环境发生纠纷，污染者应当就法律规定的不承担责任或者减轻责任的情形及其行为与损害之间不存在因果关系承担举证责任。"

第 87 条的规定。① 这些规定将原本应当由主张权利的受害方负担证明因果关系存在的举证责任，改由否认权利的加害人就因果关系不存在负举证责任，这就是环境侵权诉讼中因果关系举证责任倒置，其在保护受害人的环境权益方面也确实起到了不容忽视的作用。然而，虽然这些内容在立法中有比较详细的规定，但就环境公益诉讼中所应适用的举证责任分配机制而言，目前并没有相对应的具体规定。

自 2007 年以来，我国贵州、云南、江苏等地相继成立了专门的环保法庭，并在环境公益诉讼制度研究和设计方面做出了一系列理论知识与诉讼规则上的突破，创设了地方性规范以指导环境公益诉讼司法活动，在一定程度上解决了环境公益诉讼司法实践缺乏规范依据的困境，其中也对举证责任进行了规定，并且大多采用了举证责任倒置规则。在 2010 年云南省昆明市法检两院联合出台的《关于办理环境民事公益诉讼案件若干问题的意见》中明确了环境民事公益诉讼证据规则，规定了"环境民事公益诉讼案件的损害事实、损害后果由公益诉讼人（原告）承担举证责任，其侵权行为与损害后果之间的因果关系由被告承担举证责任"②。在 2011 年云南省玉溪市中级人民法院与玉溪市人民检察院联合制定的《关于办理环境资源民事公益诉讼案件若干问题的意见（试行）》中也规定了"环境资源民事公益诉讼案件的侵权行为与损害后果之间的因果关系由被告承担举证责任"③。2011 年海南省高级人民法院出台的《关于开展环境资源民事公益诉讼试点的实施意见》第 14 条也对举证责任分配问题进行了相似的规定，即"环境公益诉讼案件的原告对污染损害行为、污染损害事实承担举证责任。环境公益诉讼案件的被告应当就法律规定不承担责任或者减轻责任的情形及行为与污染损害后果之间不存在因果关系承担举证责任"④。此外，在各地方法院系统审理的一系列环境公益诉讼典型案件中，也展现了司法实践中环境公益诉讼举证责任倒置的适用情况。例如，在广州市海珠区人民检察院诉

---

① 2008 年《中华人民共和国固体废物污染环境防治法》第 86 条规定："因固体废物污染环境引起的损害赔偿诉讼，由加害人就法律规定的免责事由及其行为与损害结果之间不存在因果关系承担举证责任。" 2008 年《中华人民共和国水污染防治法》第 87 条规定："因水污染引起的损害赔偿诉讼，由排污方就法律规定的免责事由及其行为与损害结果之间不存在因果关系承担举证责任。"
② 参见昆明市法检两院联合出台《关于办理环境民事公益诉讼案件若干问题的意见》。http://www.gy.yn.gov.cn/Article/xwgj/xwgc/201011/20926.html，访问日期：2014 年 3 月 21 日。
③ 《关于办理环境资源民事公益诉讼案件若干问题的意见》解读 [N]，玉溪日报，2011-3-2(3)。
④ 参见海南省高级人民法院《关于开展环境资源民事公益诉讼试点的实施意见》。http://www.hicourt.gov.cn/spgc/details/gyss20110815.htm，访问日期：2014-3-21。

陈忠明水域污染损害赔偿案①、广州市番禺区人民检察院与卢平章水域污染损害赔偿纠纷案②中，法院均采"由加害人就法律规定的免责事由及其行为与损害结果之间不存在因果关系承担举证责任"。

通过对国内试点所出台的规范性文件、指导性文件以及案件审理情况的资料查阅和分析总结，可见，在环境公益诉讼司法实践中基本均借鉴现有的有关"环境污染"特殊侵权案件中举证责任分配的规定，适用举证责任倒置。虽然环境公益诉讼与普通环境侵权诉讼有诸多共同点，从表面上看应当也适用相同规定，但也要考虑到两者的实质区别，包括起诉主体不同、诉讼目的不同、请求救济的内容不同和受益主体是否确定也有所不同。其中对比显著的一点体现在原告类型上，具体而言，是指在两种类型的诉讼中，被告的社会地位相对固定，而环境公益诉讼的原告具备一定特殊性，使得两类诉讼中不同类型的原告在举证能力等方面存在差异，原告与被告之间不再像在普通环境侵权诉讼中那样进行诉讼的能力不对等。因此，应当对在环境公益诉讼中是否适用举证责任倒置这一问题加以考虑。

二、普通环境侵权民事诉讼适用举证责任倒置的因素探微

虽然法律要件分类说具有很强的操作性，但也不断受到批判与挑战，这主要集中于该理论的功能缺陷，即一味地拘泥于法律条文对权利规定的形式要件上，而无法估计这种形式要件上的硬性责任分配是否完全能体现法律对公平或权利救济上的价值因素。③ 为了追求举证责任分配的合理性和妥当性，大陆法系国家和地区通过探讨举证责任分配的特殊法理，提出了诸如危险领域说、盖然性说等学说，来设置举证责任倒置规范④，以作为举证责任分配一般规则的例外，用来修正与调整法律要件分类说本身固有的缺陷，以平衡当事人双方的举证能力、方便证据的收集、保障当事人的程序权利，体现了由一般公正到特殊公正的适应过程。就环境侵权诉讼的举证责任分配问题，其他国家和地区，例如德国、日本、美国等已经有较为成熟的理论学说和实践，并且其中的基本指导思想都是共通的，即"达到双方当事人举证责任的基本平衡，以有利于实

---

① 参见广州市海珠区人民检察院诉陈忠明水域污染损害赔偿案（2008）广海法初字第382号判决书。http://www.pkulaw.cn/fulltext_form.aspx? Db = pfnl&Gid = 117826228，2013年12月5日访问。
② 参见广州海事法院"广州市番禺区人民检察院与卢平章水域污染损害赔偿纠纷裁判文书"。http://www.gzhsfy.org/showjudgement。php? id = 4367，访问日期：2013 - 12 - 5.
③ 毕玉谦.《最高人民法院关于民事诉讼证据的若干规定》释解与适用 [M]，中国民主法制出版社，2002，p23.
④ 陈刚. 证明责任法研究 [M]，中国人民大学出版社，2000，p174 - 226.

现诉讼的公平与正义"①。如前文所述，我国现行立法确立了环境侵权诉讼中因果关系举证责任倒置规则，形成的原因主要体现在以下几个方面。

（一）确保当事人诉讼地位平等

当事人诉讼地位平等是民事诉讼法的基本原则，体现在证据法上，一方面是当事人在诉讼中主张事实的能力是平等的，另一方面是当事人使用证据资料的能力、接近证据的风险是平等的。而对比传统侵权纠纷，环境侵权中的主体具有特殊性，加害人多为具有特殊经济地位及科技与信息能力的企业等，受害人则多是在诸方面都处于弱势地位的普通民众。两者在地位上存在明显差异，不具有平等性，更不能够互换。② 另外，根据有关涉及环境民事案件的调查③，在身份、年龄以及聘请律师等方面的对比情况也显示出当事人之间力量的不对等。并且，加害方往往是在进行工业生产经营等活动的过程中对环境造成侵害，这可以视为是发展地方经济、创造社会财富的附带性产物，同时还涉及环境行政许可，这就使得这些企业等与政府产生联系。这种复杂性令诉讼双方在人力、物力、财力、信息、技术等方面的优劣势对比明显，当事人间攻击防御能力的差距悬殊，这就呈现出诉讼构造上两造对抗的失衡性。为了避免受害人在无力举证的情况下承担举证不能的败诉后果，平衡因当事人力量不对等而可能导致的诉讼结果不公平，体现公平与正义等法律价值与精神，确保实现法律所规定的当事人诉讼地位平等，矫正诉讼结构，实现诉讼双方实质平等，从而实行了因果关系的举证责任倒置。

（二）平衡当事人举证能力

在环境诉讼的调查取证中，受各种阻力的影响而存在取证困难，尤其对原告而言，这种状态更为明显。这一方面由前述当事人力量的不对等所造成，另一方面是受到当事人举证能力的影响。当事人的举证能力一般受到收集证据能力的强弱、距离证据的远近、取得证据本身的难易程度等因素的影响。首先，因受自身能力的限制，受害方缺乏必要的收集证据的条件。环境诉讼具备高度的专业性，调查取证、确认事实通常需要借助于专门的技术和手段，而原告一般不具有相应的专业背景知识，同时，由于受到经济能力的限制，如果投入更多的经济成本寻求鉴定机构的帮助，举证成本将超出原告所能承担的范围。因此，原告获取信息能力的有限性使其收集证据的能力明显弱于被告。其次，受

---

① 张睿. 环境侵权民事诉讼举证责任分配之比较研究 [J]，河北法学，2009 (3).
② 张梓太. 环境法律责任研究 [M]，商务印书馆，2004，pp62－63.
③ 吕忠梅. 理想与现实. 中国环境侵权纠纷现状及救济机制构建 [M]，法律出版社，2011，pp19－22.

害方距离因果关系方面的证据较远。就证据距离①而言,在环境纠纷中存在证据偏在②现象,而举证的可能性则是由证据与当事人距离的远近决定的。被告往往掌握着或者更为接近与环境损害行为相关的证据和资料,例如污染企业独占地拥有从污染物质的基本构造到生产流程的全部信息等,而原告却欠缺这些资料、信息与便利条件。并且,作为加害者的企业等还往往从保护产品的知识产权角度出发,"以保守商业和技术秘密的理由,不对外公布其生产设施、工艺流程与生产原理,"③ 行为实施过程中的不透明使得原告难以了解污染物产生和排放情况,对于污染损害行为产生的机理基本无法收集证据。可见,双方在案件信息的占有上存在量与质的区分。而举证能力的悬殊将使原告诉讼风险负担过重,可能导致诉讼结果偏离。主张举证责任分配"盖然性说"的德国学者莱纳克认为,举证责任分配应考量举证可能性,拥有更多的举证可能性的一方当事人,应负该事实的举证责任。④ 德国学者霍普斯的"危险领域说"也是站在危险领域在加害方的控制之下这一角度而提出的。作为英美法系举证责任分配的普遍标准的"利益衡量说"也将证据距离这一因素纳入衡量的范围。因此,举证责任倒置这一解决路径的设计就是用来扭转诉讼当事人之间所存在的严重的证据不平衡情形⑤。

"在权衡各种社会主体权益总体保障机制的情况下,就各种社会利益集团与个人利益保护的优先性而言,法律通常在体现一视同仁的前提下,为了实现特定价值的衡量,不得不更加顾及或侧重保护弱者的权益,以维护法律争议上的最高价值,在诉讼上实行举证责任倒置,在相当程度上正是考虑到了这一原本实际存在着的失衡状态。"⑥ 可见,立法在环境侵权诉讼中确立举证责任倒置规则,以作为减轻受害人的举证负担而采取的一种保护措施,也是在程序法中贯彻实体法上的立法者之价值判断,体现立法上的利益衡量与权衡,在诉讼价值上体现导向性和社会性。

---

① 证据的距离是指当事人控制证据的可能性的度量。参见王利明. 论举证责任倒置的若干问题 [J],广东社会科学,2003(1).
② 龙云辉. 现代型诉讼中的证明负担减轻——日本的理论研究成果及对我国的启示 [J],法律科学(西北政法大学学报),2008(3).
③ 吴勇. 环境诉讼举证责任分配探析 [A],资源节约型、环境友好型社会建设与环境资源法的热点问题研究——2006年全国环境资源法学研讨会(年会)论文集 [C],2006.
④ 王利明. 举证责任倒置应具备的条件 [N],人民法院报,2002-12-27(3).
⑤ 刘永祥. 现代型诉讼对民事证据理论的冲击与反思 [J],当代法学,2002(5).
⑥ 毕玉谦.《最高人民法院关于民事诉讼证据的若干规定》释解与适用 [M],中国民主法制出版社,2002,pp24-25.

三、环境公益诉讼原告的特殊性

环境公益诉讼是一个全新的领域，与普通环境侵权民事诉讼存在明显的差别，这在原告范围方面尤为显著。环境公益诉讼的鲜明特点赋予了其多元化的原告主体，目前在立法上，《民事诉讼法》第 55 条仅规定了"法律规定的机关和有关组织"可以作为环境公益诉讼的原告，而关于原告的具体范围尚未有清晰的界定。在理论探讨上也对原告类型一直存有争议，讨论的主要问题在于环保行政机关、检察机关、环保组织、公民个人这四类主体是否应作为环境公益诉讼的适格原告。结合我国有关环境公益诉讼的司法实践来看，在近年来已受理的案件中，原告也主要涉及这几种类型：一是环保行政机关，典型案例有 2007 年贵阳市"两湖一库"管理局诉贵州天峰化工公司案、天津市海洋局起诉"塔斯曼海"油轮船东索赔案；二是检察机关，典型案例有 2011 年昆明市检察院诉昆明三农公司污染案、2009 年广州市番禺区检察院起诉某皮革厂偷排废水造成海域陆源污染案；三是环保组织，典型案例有 2009 年中华环保联合会诉江苏江阴港集装箱有限公司环境污染侵权纠纷案、2010 年中华环保联合会及贵阳公众环境教育中心诉贵阳市乌当区定扒造纸厂案、2014 年中华环保联合会诉江苏宁沪高速公路股份有限公司噪声污染案等；四是公民个人，虽然在一些地方的司法实践中许可部分公民提起环境公益诉讼，例如无锡环保法庭公开宣称受理公民个人所提起的环境公益诉讼，但法院一般是作为私益案件予以受理。《民事诉讼法》并未把公民个人纳入提起公益诉讼的原告范围，未肯定其诉讼资格。而从法条的内容看，环保行政机关、检察机关、社会组织均具备成为环境公益诉讼原告的可能性。因此，本文仅以法定原告资格作为视角进行探讨。既然原告类型与一般环境侵权诉讼不同，那么从主体视角分析，原本适用举证责任倒置时所考虑的主要基础因素是否也有所变动，环境"私益"诉讼中举证责任倒置适用的合理性是否同样满足于环境"公益"诉讼，下文将从多元化原告主体出发进行分类讨论。

（一）承担原告角色的公权力机关

首先，它处于普通民事主体难以与之抗衡的强势地位。一方面，就环保行政机关而言。环境保护行政主管部门作为对环境保护实施统一监督管理的机关，在环境保护方面负有主要职责，代表国家行使日常的环境监督管理权，对违反环境法律法规，破坏环境资源的行为进行监督检查。根据《中华人民共和国环境保护法》（以下简称《环境保护法》）的规定，环境保护行政主管部门"制定环境质量标准""制定污染物排放标准""建立监测制度，制定监测规范"

"对管辖范围内的环境状况进行调查和评价",针对环境违法者,监管部门有权依法追究其行政违法责任。作为行政权的行使者,环保行政机关不仅监管着企业从成立到生产的全过程,也是行使行政制裁权的部门。对于污染企业,环保行政机关可以依职权调查污染情况,采取责令停产停业、罚款等行政措施。可见,环保行政机关通过行使行政权力、运用行政资源来保护环境公共利益。另一方面,就检察机关而言。从检察机关的职能分工及属性来看,其作为我国法律规定的监督机关,以国家及社会的公共利益为最终目的。这也是检察机关可以作为环境公益诉讼原告的制度理论依据和权力来源。作为我国的司法机关,检察机关拥有一支诉讼能力较强的司法队伍,工作人员具备专业的法律素养。在长期的司法实践中,检察机关不仅积累了大量的办理刑事案件的司法经验、法庭辩论技巧,基于其民事、行政检察部门的工作职责和范围,也积累了大量处理民事诉讼案件的经验,为进行环境公益诉讼打下了基础。相比较普通环境侵权诉讼中的原告主体以及环境公益诉讼中的被告,检察人员具备较强的法律专业素养,对诉讼程序、诉讼方法、庭审技巧更加熟悉。可见,相比较普通环境侵权诉讼种的原告,环保行政机关与检察机关作为国家机关,拥有普通当事人所没有的权力和地位优势,环境公益诉讼中原告的诉讼地位得以巩固。

其次,依据国家权力实施证据收集行为,具备较高的举证能力。一方面,环保行政机关获取信息便利。作为环境管理者,环境保护行政主管机关拥有一支由熟悉环保技术、业务和环境政策、法规的专业人员组成的队伍,具备日常环境管理的技术力量,掌握了采集证据的技术手段、监测工具和专业设备,对高度专业化的工艺流程有所了解,在追查环境污染源方面具有较强的技术能力。同时,环保行政机关在管理和执法过程中,可直接接触和了解环境事件,掌握着有关环境评价、环境监测、检验、评估报告、现场检查记录等方面的资料与信息,对于被告排污情况包括排放污染物的种类、原告生活区域内的环境质量、环境状况变化等有据可查。例如,环保部门实施环境行政处罚时必须注重证据调查,《中华人民共和国行政处罚法》《环境行政处罚办法》以及《环境行政处罚证据指南》对调查取证做出了规定,明确了行政处罚机关有调查收集证据的职权。环保行政机关的执法专业性可以保障通过多种途径收集证据以准确认定环境损害的事实及原因,其也在实践中积累了大量对抗环境损害案件的经验。因此,处于管理者和监督者地位的环保行政机关拥有其他机构或个人无法比拟的专业优势,尤其是在对环境损害行为已经进行查处的情况下,环保行政部门已经掌握了大量的事实和证据,当出现争议时,有能力也有条件提供相关证据。就诉讼经济能力而言,其参与诉讼所耗费的成本可支配财政资金,由政府负担,所以环保行政机关具有承担诉讼成本的能力。这些优越条件自然赋予了环保行政机关在调查取证方面所具有的得天独厚的优势，强化了诉讼中作为原告的举证能力。另一方面，检察机关擅长法律技术，能够有效地运用法律手段维护环境权益。在刑事诉讼中，我国检察机关是侦查（自侦案件）、公诉等工作的主要承担者，承担着揭露、指控犯罪的主要职责。根据《中华人民共和国刑事诉讼法》第49条的规定，公诉案件中被告人有罪的举证责任由人民检察院承担。传统的刑事诉讼理论要求公诉一方提出被告一方有罪的排他性证据，因此，以环境污染犯罪为例，诉讼目的是维护公共利益，严厉打击污染环境犯罪，追究污染环境者的刑事责任。这必然需要发现、收集、获取确凿的污染环境的犯罪证据加以证明。在司法实践中，关于环境犯罪案件的侦查主体存在一种跨部门协作的模式，即环保机关、公安机关和公诉部门联手协同进行侦查和准备起诉。其中可以寻求环境保护行政主管部门的配合，以进行资源收集、鉴定涉案证据。可见在打击刑事犯罪中，检察机关已然承担着直接的举证责任，当然必须而且应该具有强大的调查、取证能力。[1] 这些办案经验也有利于检察机关在环境公益诉讼中对环境损害行为进行调查取证。另外，检察机关民事检察调查取证权是近年来理论界与实务界关注的热点问题，并已有部分实践探索[2]和诸多的研究成果为其提供支撑，这也是检察机关参与环境公益诉讼必备的保障措施。《民事诉讼法》第210条强化了检察机关的监督手段，规定了民事检察调查核实权[3]，虽然立法明确规定了检察机关行使调查核实权必须是因履行民事法律监督职责提出检察建议或者抗诉的需要，但是这也为是否赋予其在公益诉讼中的调查取证职能做了铺垫，为建立科学、系统、完备的民事检察调查取证权制度打下了基础。可见，对比普通环境侵权诉讼中的原告，检察机关具备非常强的举证能力，并且相较于被告而言应当说不会处于弱势，完全可以在诉讼中发挥自身擅于调查取证的特长，在收集证据方面处于有利地位。在已经审结的环境公益诉讼案件中，检察机关几乎百分之百的胜诉率，也在一定程度上说明了这一点。

---

[1] 洪浩，邓晓静. 公益诉讼制度实施的若干问题 [J]，法学，2013（7）.

[2] 例如浙江省嘉兴市检察院、市环保局《关于环境保护公益诉讼的若干意见》第9条的规定："市检察院办理涉及侵害环境公益的民事案件可以依法向有关单位或个人调查取证。市环保局及其下属依法负有环境监督职责的部门应当向市检察院提供涉及侵害环境公益的监测、化验等技术资料或者数据。"

[3] 2012年《中华人民共和国民事诉讼法》第210条规定："人民检察院因履行法律监督职责提出检察建议或者抗诉的需要，可以向当事人或者案外人调查核实有关情况。"

（二）承担原告角色的环保组织

首先，自身的公益特征赋予环保组织优势地位。我国环保组织①的发展历史已达30余年，非政府性、非营利性、专业性、合法性等突出特征赋予了其不可替代的公益优势。环保组织之所以能够具备环境公益诉讼原告资格，其中一个重要的因素就是其拥有充分的信息资源、较强的技术背景、专业人员以及资金力量和一定的社会影响力。从其专业性看，近年来环保组织的活动特点之一是存在大规模成员专家化趋势。这些专业人士能够提供科技与法律等专业技术与知识，熟悉鉴定程序等取证方式，有利于应对环境公益诉讼所涉及的大量技术性、复杂性问题，以便充分掌握诉讼所需的信息和证据。从其资金力量看，环保组织有自己筹集资金的渠道和能力，可以支持其诉讼活动并负担诉讼成本。② 这包括通过申请基金、会费、捐赠、政府财政资助等途径。例如，根据2006年中华环保联合会的调查，"32.9%的政府部门发起成立的环保民间组织拥有相对固定的经费来源"③。从协作角度看，环保组织还可以与政府部门、企业以及其他民间环保组织等进行沟通、合作，以获取更多资源。④ 可见，比起个人的力量，环保组织参与民事诉讼的力量雄厚，有能力与污染者对抗。

其次，发动环境公益诉讼的环保组织参与诉讼的能力较强。截至2012年年底，我国民间环保组织已达7881个，共有4家环保组织尝试以原告身份提起环境公益诉讼，占2012年民间环保组织总数的万分之五。⑤ 可见，由于我国环保组织综合能力参差不齐，大多数环保组织存在发展障碍，目前还不足以成为环境公益诉讼的原告主体。也许正是考虑到这一因素，最高人民法院曾以"高民智"名义给出学理性解读意见，主要从参与诉讼的能力方面对提起民事公益诉讼的"有关组织"进行资格限制。⑥ 在《环境保护法修订案（草案）》的四次审议稿中，关于环境公益诉讼主体范围的规定一直是争论的核心。2014年4月24日十二届全国人大常委会第八次会议表决通过了《环境保护法（修订草

---

① 根据中华人民共和国环境保护部文件环发〔2010〕141号《关于培育引导环保社会组织有序发展的指导意见》，环保社会组织是以人与环境的和谐发展为宗旨，从事各类环境保护活动，为社会提供环境公益服务的非营利性社会组织，包括环保社团、环保基金会、环保民办非企业单位等多种类型。
② 李挚萍.欧洲环保团体公益诉讼及其对中国的启示[J],中州学刊,2007(4).
③ 中华环保联合会.中国环保民间组织发展状况报告[J],环境保护,2006(10).
④ 例如，在司法实践中就存在环保组织间联合起诉的情形，贵阳市乌当区定扒造纸厂案即为中华环保联合会及贵阳公众环境教育中心共同提起，曲靖铬矿渣污染案件是由自然之友与重庆市绿色志愿者联合会联合起诉。
⑤ 郄建荣.法院受理环境公益诉讼53起[N],法制日报,2013-12-04(6).
⑥ 高民智.关于民事公益诉讼的理解与适用[N],人民法院报,2012-12-7(4).

案)》，新法第 58 条①将拥有原告资格的环保组织的条件划定为"依法在设区的市级以上人民政府民政部门登记"和"专门从事环境保护公益活动连续五年以上且无违法记录"，将有资格提起环境公益诉讼的环保组织数量扩至三百余家。② 可见，由于自身发展缺陷以及外部环境的约束，大多数环保组织已经被立法排除在外。本文在此基础上进行一个初步探讨。

　　从司法实践中看，不论是在新修订的《民事诉讼法》生效前环境公益诉讼"无法可依"的情形下，还是在生效后"有法可依"的状态下，也不论案件是否被受理，积极进行环境公益诉讼的环保组织数量都屈指可数。目前我国民间环保组织大概有自上而下和自下而上的两种发展途径，按内部管理模式进行分类，前者主要是指由政府部门发起成立的环保组织，后者主要是指由民间自发组建的环保组织。因此，从这两个层次进行分析。一方面，具有政府背景的环保组织是目前国内环保组织的支柱性力量。在我国现有的由环保组织提起的环境公益诉讼案件中，90% 以上的案件均是由政府部门发起成立的环保民间组织提起。③ 其中最为活跃的当属中华环保联合会。作为由国务院批准，民政部注册，环保部主管的全国性社团组织，中华环保联合会从 2009 年起开始尝试开展环境公益诉讼实践活动，仅在 2013 年就提起 8 起环境公益诉讼（虽然均未被受理），从其中一些典型案例的法律效果和社会效果看，为我国环境公益诉讼制度的发展提供了经验。就专业性看，中华环保联合会内设了环境法律服务中心、法律咨询委员会、维护环境权益项目管理部、维护环境权益专项基金和环境律师事务所等专门机构，并有自 2005 年以来招募并组建的一支由 233 名律师和 77 家律师事务所组成的环境维权志愿律师团队。④ 就资金来源看，基于其半官方身份，中华环保联合会主要经费来自于政府财政支持。实践中也可以利用环保公益基金资助环境公益诉讼，例如中华环保联合会诉贵阳市乌当区定扒造纸厂案就得到贵阳市"两湖一库"基金会的资助以进行检测和鉴定。⑤ 另一方面，

---

① 《中华人民共和国环境保护法》第 58 条第 1 款规定："对污染环境、破坏生态，损害社会公共利益的行为，符合下列条件的社会组织可以向人民法院提起诉讼．（一）依法在设区的市级以上人民政府民政部门登记；（二）专门从事环境保护公益活动连续五年以上且无违法记录．"

② 司晋丽．最严环保法．让更多的公众参与到环境监督中区 [N]，人民政协报，2014-4-25 (8)．

③ 乔刚．论环境民事公益诉讼的适格原告 [J]，政法论丛，2013 (5)．

④ 中华环保联合会．扛起环境维权旗帜、保障和改善民生 [N]，人民政协报，2013-03-10 (B01)．

⑤ 根据贵州省贵阳市中级人民法院和清镇市人民法院出台的《关于大力推进公益诉讼制度的意见》的规定，环境公益诉讼的原告如果诉讼经济能力弱，其检测费用和鉴定费用可以申请公益基金资助．

就草根型环保组织而言，典型代表为中国文化书院·绿色文化分院（简称自然之友）。在 2012 年修订的《民事诉讼法》生效后，自然之友就联合自然大学共同起诉中国神华煤制油化工有限公司、中国神华煤制油化工公司鄂尔多斯煤制油分公司。于 1994 年成立的自然之友是中国最早在民政部门注册成立的民间环保组织之一，历经 20 多年的发展，成为我国具备良好公信力和影响力的环保组织。目前自然之友的注册会员超过 1.5 万人，而且近年来每年获得各类资金四五百万元，其来源包括公益性的基金会、企业捐赠、个人捐赠以及政府购买社会服务的经费。① 从上述描述可以看出，就参与诉讼的能力、社会影响力等而言，作为积极进行环境公益诉讼的典型代表，中华环保联合会、自然之友具有很强的自身优势，目前可以与它们实力相近的环保组织数量极有限。

实际上，虽然依据新《环境保护法》的规定筛选出的环保组织数量有所增多，但条件仍然严苛，而且进行环境公益诉讼的难度较大，需要消耗大量的时间、精力，承担诉讼压力，面临败诉风险，这就要求有诉讼资格的环保组织具备必要的资质以获取实际参与诉讼的能力。而诉讼能力的取决因素往往涉及法律专业知识的掌握程度与资金的保障程度。② 因此，实践中真正进行环境公益诉讼的环保组织都是近年来社会影响力较大的、具有较强的实际诉讼能力的环保组织，正如前述提及的中华环保联合会和自然之友。这些具备较高知名度的环保组织在地域分布上，主要集中在北京、上海等经济比较发达的全国性中心城市，管理规范，综合素质相对较高，能够协调多方面的资源以对峙强大的环境侵害方。就诉讼经济能力而言，其在资金支持方面的优势使其能够负担高昂的鉴定费用和庞杂的诉讼成本，突破阻碍环境公益诉讼的经济制约因素，从而支撑其获得进行诉讼所必需的确切证据。可见，更加完善的组织机构、先进的技术设备、众多的人力资源以及充分的资金支撑等使这些环保组织具备相应的诉讼活动能力，不是其他环保组织所能企及的，相对于普通私权主体而言他们也在知识储备和专业能力方面具有力量上的优势，而这些优势因素也对诉讼效果有重要影响。

四、环境公益诉讼不宜适用举证责任倒置规则

从关于原告特殊性的描述看，不论是有公权力支持的国家机关还是组织性

---

① 刘毅.20 年，"自然之友"越来越多 [N]．人民日报，2014 - 04 - 26 (10)．
② 参见中华环保联合会．《环保民间组织在环境公益诉讼中的角色和作用》调研报告摘要．http：//www.acef.com.cn/zhuantilanmu/2013hjwqtbh/huiyinarong/2014/0303/12495.html，访问日期：2014 - 3 - 3．

更强的环保组织,环境公益诉讼加强了原告的权威性和代表性,它们不仅各自发挥着独特的优势,而且可以通过协作方式形成维护环境权益的合力以弥补自身的不足,这对诉讼双方的抗衡关系产生一定影响。由于环境公益诉讼中原告具有区别于普通环境侵权民事诉讼的特殊性,因此在是否实行举证责任倒置的设计上也应当有所体现。

(一) 举证责任倒置的主要适用基础发生变化

首先,"当事人诉讼地位失衡"发生改变。角色多元的原告使得环境公益诉讼中当事人之间的优劣势地位并非与传统的环境侵权纠纷一致。环境公益诉讼的提起者不仅在专业知识、经济实力和资源支持方面均具备优越条件,而且"社会公益组织与政府机构运用法律规则的技术能力具有优势。①这种优越性是具备有限资源和信息的公民个人所不能相比的,比普通环境侵权纠纷中由公民个体等普通民事主体作为原告的力量更加强大,拥有着可与被告抗衡的实力以达到诉讼地位的平衡。尤其是当作为国家机关的环保行政机关、检察机关成为原告时,具有强大、雄厚的权力资源作为支撑。而被告通常是处于被管理、被监督地位的环境损害行为人,其所享有的环境权利属于私权利。可见,原告与被告之间并不是完全平等的民事主体之间的关系,相较于原告的优势地位,被告有着与之完全不对等的进攻、防御武器,甚至会在诉讼实力方面与原告无法抗衡。根据中华环保联合会不完全统计,截至2013年年初,我国各级法院近年来已经受理环境民事公益诉讼至少17起,其中有6起案件原告为检察机关,8起案件原告为环保组织,3起案件原告为环境保护等行政机关,这些案件均为原告胜诉。②可见,从司法实践中案例的审理情况来看,这些主体作为原告提起环境公益诉讼效果明显,较高的胜诉率也使诉讼目的得以实现。因此,从原、被告的相互关系来看,双方强弱对比并非悬殊,我国设定因果关系举证责任倒置的决定因素之一,即"诉讼地位不对等"等诉讼构造上的不平等问题,在环境公益诉讼两造当事人对峙模式中并不突显,在普通环境侵权诉讼中主体之间平等结构受到的冲击有所缓解。

其次,"原告举证困难"发生改变。环境公益诉讼的原告主体所具有的优势、所拥有的诉讼武器强化了其举证能力,存在取得证据的可能性,可以运用专业的证据收集方法和技术手段对环境损害程度进行鉴定、对损害后果进行定量、对因果关系进行判定。在一定程度上改变了因证据偏在而产生的举证困难,

---

① 杨武松. 尝试抑或突破. 我国环境公害诉讼司法实践实证分析 [J],河北法学,2013 (4).
② 别涛. 环境公益诉讼立法的新起点——《民诉法》修改之评析与《环保法》修改之建议 [J],法学评论 (双月刊),2013 (1).

使其在就一些事由的主张立证方面所存在的障碍并非难以逾越，自身力量足以支撑其完成证据的收集。例如，在一般环境侵权诉讼中所存在的举证妨碍方面，如前文所述，企业有可能以保护产品的知识产权为由拒绝公布生产流程等，而环保行政机关在项目竣工验收以及日常管理中，对于企业的生产工艺、环境污染状况等拥有较为翔实的资料与环境监测数据。这在一定程度上就扭转了"信息不对称"情形。另外，环境保护逐渐成为一种综合协调的行为，几类原告主体可以通过沟通协作的方式共同进行环境维权，就案件信息进行共享，拉近了原告与证据的距离，这对确保高效地进行调查取证和及时进行诉讼救济也有一定助益。例如检察机关可以与环保行政机关进行合作，利用其信息资源共同调取涉案证据，办理环境违法案件，典型案例有广州市番禺区检察院诉博朗五金厂水域污染纠纷案。再例如《最高人民法院关于审理环境民事公益诉讼案件适用法律若干问题的解释（征求意见稿）》第10条关于支持起诉人的规定："检察机关、负有环境保护监督管理职责的部门及其他机关、社会团体、企业事业单位通过提供法律咨询、提交书面意见、协作调查取证等方式支持社会组织依法提起环境民事公益诉讼的，人民法院可以将其列为支持起诉人。"并且，不论是否都符合提起诉讼的条件，各环保民间组织也逐渐向交流合作、协同配合方向发展，凝聚分散力量共同参与环境公益诉讼。并且，《民事诉讼法》第79条规定了专家辅助人制度[1]，这对处理环境公益诉讼所涉及的专业问题具有重要意义。可见，相较于普通环境侵权诉讼，不论是从诉讼双方在案件信息占有上量与质的对比，还是取证能力的强弱，以及当事人与证据距离的远近来看，在环境公益诉讼中均发生变化，原告胜诉的概率有所提高。

（二）符合诉讼公正的要求

诉讼公正是民事诉讼的根本价值追求，它包括诉讼程序的公正和诉讼结果的公正，而程序公正的内容之一便是当事人双方的平等性，当事人平等的实现程度是衡量程序公正乃至诉讼公正程度的公认的天平之一。[2] 在对抗制下，由于受到经济能力、获取信息的能力、辩论能力等影响，当事人参与诉讼的实际能力有差异，从而使双方在诉讼地位上存在实质上的不平等。如何协调与衡平当事人参与诉讼的能力以保障实质正义的实现是一个需要考量的问题。在普通环境侵权诉讼中，正是由于当事人之间悬殊的实力对比，为了保障实现双方实

---

[1] 2012年《中华人民共和国民事诉讼法》第79条规定："当事人可以申请人民法院通知有专门知识的人出庭，就鉴定人作出的鉴定意见或专业问题提出意见。"

[2] 陈桂明. 诉讼公正与程序保障—民事诉讼程序优化的法哲学探讨 [J]，政法论坛（中国政法大学学报），1995 (5).

质上的诉讼平等，在举证责任分配方面采取了举证责任倒置。但是，在环保行政机关、检察机关与环保组织作为原告的环境公益诉讼中，综合考察当事人双方的实际诉讼能力，原告与被告势均力敌，甚至超越被告，双方以对等的力量进行攻击和防御，有效平衡了诉讼主体的地位。那么，如何保护双方当事人的诉讼利益这一问题再次出现。在诉讼双方能力均衡的状态下，如果继续原则化地参照普通环境侵权民事诉讼，实行举证责任倒置这一匡正措施，就会矫枉过正，对于被告方显失公平，不利于被告诉讼权益的保护，重新出现当事人诉讼地位实质上的不平等，对诉讼结构的稳定与平衡产生冲击，有可能导致案件的处理出现不公正，影响诉讼公正的实现。另外，从被告的角度看，在举证责任倒置下，就消极事实进行举证本身就具有相当困难度，被告的负担有所加重。如果在环境公益诉讼中，不考虑双方抗衡关系，一味重苛，不考量由于被告的社会角色会不会因此导致严重的社会问题，则难免导致新的不公平现象出现，尤其是原告的这些优势地位超越被告时。例如在面对中小型私营企业时，很可能会产生反向的失衡状态，若这些企业继续履行承担更重的举证责任等诉讼义务，诉讼权利义务的严重失衡将使其处于明显的弱势地位。这还尤其体现在诸多主体联合进行环境维权时，例如，在昆明市环保局诉昆明三农农牧有限公司案件中，原告是环保机关，检察机关支持起诉，加上法院共三个国家机关，而被告则是一家私营企业，三个国家机关对付一个私营企业，[①] 诉讼格局显然不符合当事人平等原则。因此，在实质正义的理念下，考虑到当事人诉讼地位平等、风险平等，为维持民事诉讼的公信力，在环境公益诉讼中不宜适用举证责任倒置。

同时，为了保障当事人实现实质平等，还需要考虑到环境公益诉讼的特点和初生环境，结合一些独特因素进行考量，这里主要是指防止滥诉。公益诉讼在各国司法实践中一个最突出的问题就是诉权滥用。在环境公益诉讼的起诉资格由传统的"直接利益"审查标准降低到"相关利益""环境公共利益"后，由于处理不当而产生起诉资格滥用这一问题的可能性增大。因此，多数学者对环境公益诉讼原告主体进行探讨时就提出需要考量防止滥诉这一因素。如果当事人滥用提起诉讼的权利，并且不排除有些当事人利用有关环境公益诉讼的规定，不仅会使对方当事人受到诉讼之累，而且可能给其造成损失，或者使其为产生的不利益所困扰。环境公益纠纷的侵权一方往往是企业等生产经营者，在排污的同时也在追求经济利润，创造着社会财富和提供更多的就业机会。如果

---

① 龚学德．环境公益诉讼的角色解读与反思［J］，河南师范大学学报（哲学社会科学版），2013（2）．

卷入诉讼,耗时耗力,使企业名誉受到影响,可能会侵害企业利益。考虑到企业经营行为的正当性,如果担负着经济发展重任的企业有可能时常遭遇环境公益诉讼的威胁,这种骤然施加的严厉环境保护措施必然对其造成影响。如何进行举证责任分配就是规制滥诉的一个选择方式。如果不加区别地完全按照原有规定适用举证责任倒置,具备优越条件的原告的举证负担得以减轻,则有可能造成滥诉等失控现象,以至破坏诉讼平衡,影响当事人诉讼地位实质平等的实现。因此,为了可以在一定程度上有效地控制滥诉和恶意诉讼,在环境公益诉讼中不宜适用举证责任倒置。

公平、正义是法律制度的价值目标,举证责任倒置的设计同样在这一理念的指导下进行,以维护弱势方的合法权益,实现责任公平化,利益均衡化,实质上也是通过诉讼对社会关系的调节,从而达到相对利益均衡的社会良性运行状态。相较于普通环境侵权民事诉讼,在环境公益诉讼中,诉讼的目的、范围、主体发生了变化,所对应的社会关系产生了改变,适用举证责任倒置规则的主要基础及合理性也已经有所消解。而是否实行举证责任倒置与这些因素具有密切联系。因此,为了使举证责任分配能够更好地适应社会生活中出现的新问题,在面对以环境保护为目标、具有一定司法创新性的环境公益诉讼时,当原本传统环境侵权诉讼举证责任倒置的主要适用基础发生变化时,其适用也应随之适当调整,并不能完全按照现有的规定在司法实践中予以运用。

五、结语

环境公益诉讼,作为一种强调预防性目的、在一定程度上能够克服诉讼的事后救济和个案救济的局限性的新型的诉讼手段,同时回答了对于司法创新性质和环境保护效果的双重质疑,[1] 与传统环境诉讼具有本质意义上的不同,起诉动机和目的是为了保护环境公益。我国实体法和程序法并未明文规定环境公益诉讼在举证责任分配方面同样实行举证责任倒置,立法规范中的举证责任倒置针对的是因环境污染引起的传统的民事诉讼,属于环境私益诉讼,它从本质上来说,只能解决环境公益外溢的那一部分——"环境私益"的救济。[2] 综合考量环境公益诉讼原告范围的特殊性和多元原告主体的角色性质,其相对于一般民事诉讼主体而言更具实力,扭转了原本社会个体作为原告的弱势地位,尤

---

[1] 高洁. 环境公益诉讼与环保法庭的生命力——中国环保法庭的发展与未来 [N], 人民法院报, 2010-01-29 (5).

[2] 张式军,田捷. 环境公益诉讼基本概念、范围的界定与原告类型的设定 [A], 生态文明与环境资源法——2009年全国环境资源法学研讨会论文集 [C], 2009.

其随着我国环境公益诉讼制度的愈加完善，各项配套措施的跟进，例如环境公益诉讼专项基金制度的建立等，原告主体在进行环境维权时就更具备便利条件。举证责任倒置规则在其中的适用存在一定局限性与不合理性，不能苛求同样适用有关普通环境侵权诉讼的规定。本文初步认为，结合原告的多样性与特殊之处，对于环保行政机关、检察机关这样的公权力机关和环保组织等私法主体提起的环境公益诉讼，不宜适用举证责任倒置。合理的环境举证责任制度是环境公益诉讼制度的内在需求，当然，如何进行举证责任的合理性分配，构建适用于环境公益诉讼的特别规则，仍需要结合多重因素加以考量。

论环境侵权法律救济体系之构建[①]

——以《环境保护法》第64条为核心的评析

面对目前严峻的环境危机，我国对环境保护的立法规制日益重视并逐渐完善，已经初步形成了环境保护法律体系。其中，新的《中华人民共和国环境保护法》（以下简称《环保法》）已于2015年1月1日起实施，第64条就环境损害的民事责任作出了规定，这是对因污染环境和破坏生态而承担侵权责任的规定。一方面为了保证在法律适用上的准确性，另一方面从立法技术要求文字简练的角度考虑，修订后的环境保护法规定了此衔接性的条款。[②] 取了类似于国际私法中"转致"的立法技术，不再具体规定归责原则、免责事由等，而是直接适用《中华人民共和国侵权责任法》（以下简称《侵权法》）的相关规定。[③] 该条款彰显了我国立法对环境侵权民事责任的进一步强化。但是，这其中依然面临着诸多问题和挑战，结合《环保法》的整体修改进行斟酌，关于此条款的适用并非简单地参照《侵权法》的相关规定即可，仍然有一些问题需要加以说明。例如对于生态破坏型侵权以及涉及环境公益的问题可否适用《侵权法》中关于"环境污染责任"的专章规定？可见，《环保法》和《侵权法》在沟通和协调方面存在一定缺漏和脱节。本文结合两法的相关规定，拟就这一问题进行探讨。

一、环境侵权损害救济的现状

目前，在环境侵权法律救济体系构建中，最主要的法律是《环保法》和《侵权法》，而这两部法律在沟通和协调方面存在一定缺漏和脱节，主要表现在调整范围上的不对应致使部分责任规则缺失。

[①] 本文刊载于《东北大学学报》（社会科学版）（2016年第1期）。另一作者为徐淑琳。
[②] 袁杰主编. 中华人民共和国环境保护法解读[M]，中国法制出版社，2014，pp225-226.
[③] 信春鹰主编. 中华人民共和国环境保护法释义[M]，法律出版社，2014，p224.

（一）《环保法》框架下的环境侵权

纵观《环保法》全文，可以发现其中增加了诸多关于生态保护的内容，足以彰显新法对生态保护的重视。例如，第29条有关"生态保护红线"的规定、第30条有关"保护生物多样性"的规定、第31条有关"生态保护补偿制度"的规定等。并且，新法第64条将生态破坏型侵权纳入承担环境侵权责任的原因行为类型，这就使得我国立法中关于环境损害侵权责任问题产生了显著变化。另外，第66条删除了原第42条中的"污染"一词。结合各条文的规定①，《环保法》中的环境损害含义有所扩张。而《侵权法》仅对环境污染型侵权作出回应，并没有涉及生态破坏型侵权。为了能更清晰且理性地分析本文所讨论的关键问题，应当从环境侵权的界定着手进行梳理，以厘清完整的环境侵权概念及其中的相关子概念。

在环境法上，人为原因引起的环境问题可以划分为环境污染和生态破坏。环境污染主要是指由于工农业生产和城市生活将大量污染物排入环境，使环境质量下降，以致危害人体健康，损害生物资源，影响工农业生产。生态破坏是指由于不合理地开发利用资源或进行工程建设，使生态和资源遭到破坏，引起一系列环境问题，如水土流失、土壤沙化、盐碱化、资源枯竭、气候变异、生态系统失衡，等等。② 这两个概念既是环境侵害的方式也是侵害环境的结果。实际上，就概念的具体界定而言，理论上有不同的表述，从中可以总结出两者之间的联系和区别。就联系而言，环境污染和生态破坏具有复合效应，两者均会对环境本身造成损害，均可能对他人人身和财产权益造成损害。就区别而言，一方面，最主要的一点表现在两者对环境造成不利影响的方式不同，环境污染是排放型的行为方式，而生态破坏是索取型的行为方式。另一方面，两者所引起的危害后果也不同。由于环境污染和生态破坏均为人类不合理开发、利用环境的结果，二者互为因果、相互作用，不能截然分开。③

环境侵权行为通常即是指因产业活动或者其他人为原因，致生态自然环境的污染或破坏，并因而对他人人身权、财产权、环境权益或公共财产造成损害或有损害之虞的事实。④ 因此，从本质上而言，环境侵权行为，不仅包括污染

---

① 从《环境保护法》其他条款的构建也可看出，例如有关企业环境保护义务的条款、有关针对环境违法行为之举报权的条款、有关环境公益诉讼的条款和有关环境影响评价的条款等。
② 金瑞林主编.环境法学（第三版）[M]，北京大学出版社，2013，p10.
③ 吕忠梅.环境法学（第二版）[M]，法律出版社，2009，p3.
④ 王明远.环境侵权救济法律制度[M]，中国法制出版社，2001，p13.

环境的侵权行为类型而且还包括破坏环境的侵权行为类型。① 可见，作为环境侵权的子概念，环境污染和生态破坏是环境保护法律体系指向的两部分重要内容，而环境侵权责任也由之构成。

(二)《侵权法》救济范围的局限性

环境侵权在侵权责任法中是一个新问题，通常被视为一种特殊侵权行为，侵权责任法在解决环境纠纷方面担任重要角色，然而我国《侵权法》条文内容并未包括生态破坏。《侵权法》第65条至第68条针对环境污染责任做出了规定，但并未对污染环境一词做出具体定义，这就赋予了其相当的概括性，使得该条款具备了宽泛的适用范围。那么，该条款是指向狭义的环境侵权还是包括生态破坏侵权在内的广义环境侵权，学者对此持有不同看法。有的学者认为生态破坏未纳入环境侵权的范畴，《侵权法》采用"环境污染责任"的概念，应当解释为环境污染侵权责任。②《侵权法》仅涉及环境污染类型，对因生态破坏造成的损害付之阙如，不能不说是立法的一大疏失。③ 有学者在《侵权法》草案征求意见过程中曾提出修改建议，认为草案中的"环境污染责任"无法涵盖对"环境破坏"或"生态破坏"的救济，称为"环境侵权责任"更合适。④ 另一种观点主张将"污染"扩大解释，包含生态破坏侵权。《侵权法》颁布后，全国人大法工委在《侵权责任法释义》中指出："本章所指的环境污染，既包括对生活环境的污染，也包括对生态环境的污染。对大气、水体、海洋、土地等生活环境的污染属于环境污染，对生物多样性的破坏、破坏生态环境和自然资源造成水土流失等生态环境的污染也属于环境污染。"⑤ 在《侵权法（草案）三审稿和四审稿》第65条均曾规定："因污染生活、生态环境造成损害的，污染者应当承担侵权责任。"但后来经表决通过后的法条却将原因行为的限定语改为"因污染环境造成他人损害的"。有学者认为，虽然正式颁布的《侵权法》第65条和征求意见稿不同，但应当从广义上理解环境侵权责任所保护的环境概念，将生态环境也包含在其中。⑥ 另外，也有学者总结根据《民法通则》的规

---

① 罗丽.再论环境侵权民事责任—评《侵权责任法》第65条 [J]，清华法治论衡，2011 (1).
② 王利明.侵权责任法研究（下）[M]，人民大学出版社，2011，p425.
③ 张宝等.环境侵权的微观与宏观——以〈侵权责任法〉为样本 [J]，中国地质大学学报（社会科学版），2010 (3).
④ 王树义等.环境污染责任的立法特点及配套机制之完善 [J]，湘潭大学学报（哲学社会科学版），2011 (3).
⑤ 王胜明.中华人民共和国侵权责任法释义 [M]，法律出版社，2010，pp324-325.
⑥ 中国社会科学院语言研究所词典编辑室编.现代汉语词典（第六版）[M]，商务印书馆，2012，p1371.

定，我国在追究环境侵权责任人的侵权民事责任时采取"两分法"，其中对于生态破坏侵权造成他人损害的情形可以归类于一般侵权行为，排除在特殊侵权行为之外，适用《民法通则》第 106 条一般侵权规则。[①]

笔者赞同否定说，即《侵权法》缺失规制生态破坏环境侵权类型的规范。纵观《侵权法》关于环境侵权的法条，条文中反复使用的均为"环境污染"一词。从语义学上考究"污染"这一概念的用法，其含义为有害物质混入空气、土壤、水源等而造成损害。[②] 结合前文对环境污染和生态破坏的界定，虽然两者存在一定联系，似乎从这一角度出发可以将立法做扩大解释。但也应当看到两者之间的显著差异。"生态侵权强调的是对环境的生态功能的破坏，可称之为生态损害。从本质上看，可以把生态损害归为环境损害的一个类型，即对环境之生态功能的损害，表现为环境本身的损失，以及环境舒适性的降低、生态资源可持续利用的破坏，通常可以看做是对公共利益的损害"[③]。该类型强调的是对生态环境的侵害或侵害之虞。从这两类环境侵权的原因行为和损害方式来看，环境污染和生态破坏具备较大差异性。因此，环境污染与生态破坏是环境侵权的两个并列的子概念，环境污染并不能作扩充解释而包含生态破坏，不能简单地从两者的共性直接推出立法上的"污染环境"可以理解为完整的"环境侵权"。况且前述《侵权法释义》是将"破坏生态行为"纳入"环境污染行为"，而从文义本身看，"污染"尚不能涵盖"破坏"。根据法律解释中的语法解释，难以得出《侵权法》将生态破坏型侵权纳入其中的结论。有学者将生态破坏型环境侵权定义为"因实施破坏生态的行为，对他人人身、财产权益造成损害或有产生损害之虞，依法应当承担民事责任的行为"[④]。这一定义在实质上与传统的环境侵权定义基本一致。从《侵权法》修改过程看，《侵权法（草案）》三审稿和四审稿将一审稿和二审稿中的"污染环境"的表述修改为"生活、生态环境"，将"生态"一词纳入法条，而在正式颁布的法条当中又将之删减，继续使用"污染环境"一词。如果又解释说可以将法条理解为包括生态损害在内是不合理的，并没有从立法上明确解决环境污染的范围是否包含"生态环境的损害"这一关键问题。另外，笔者认为如果针对生态破坏而侵害人身或财产权益的环境侵权行为适用《民法通则》中的一般侵权规则，那么在举证责任方面需适用《民事诉讼法》规定的一般举证规则即"谁主张，谁举证"，

---

① 罗丽. 再论环境侵权民事责任—评《侵权责任法》第 65 条 [J]，清华法治论衡，2011（1）.
② 中国社会科学院语言研究所词典编辑室编. 现代汉语词典（第六版）[M]，商务印书馆，2012，p1371.
③ 吕忠梅. 环境损害赔偿法的理论与实践 [M]，中国政法大学出版社，2013，p24.
④ 薄晓波. 生态破坏侵权责任研究 [M]，知识产权出版社，2013，p55.

而生态破坏侵权行为与环境污染侵权行为一样具备环境侵权的一般特征即复杂性、受损难以恢复性、影响范围广泛性等,由于侵权者和受害人实质地位存有差异,这将使处于弱势地位的受害人难以获得救济,影响实体公正的实现。

因此,从前述对环境侵权的概念界定可以看出,其所涉及的利益范围已经突破了侵权责任法所保护的范围。《侵权法》未将破坏生态的侵权行为纳入该法第65条的所指范围,这一立法缺失将严重影响到生态破坏受害人的维权和人民法院对破坏生态侵权案件的审理与判决。① 而考虑到生态破坏和环境污染的联系和相互作用,不能完全将两者割裂开来,将救济范围仅局限于环境污染责任。

二、环境侵权损害救济的特征

在社会价值日益多元化的当代法治国家,不同的法律部门保护不同的价值。正是因为法律所保护的价值不同,旨在保护权利的责任规则范围也会出现较大差异。《环保法》的民事责任规则指向《侵权法》,其自身具有一定的公法特征,而后者则属于纯粹的私法范畴。两者所保护的价值和与之相配套的作为权利救济方式的责任规则都存在很大差异。

(一) 兼具公益性与私益性

一般来说,从环境侵害行为的作用机理看,其兼具私害性和公害性,既对民事主体产生人身或财产方面的损害,又对环境本身产生损害。因此,对环境侵权的救济相对应地存在两种不同性质的模式即环境私益救济和环境公益救济。两种救济模式的价值取向和直接目的不同,前者侧重的是对私主体权利的保护,后者偏重的是对公共环境利益的保护。环境权益的理论探讨相当复杂,纵观其中环境权概念,其区别于人身权和财产权,这主要体现在权益受损是否可辨以及认定方式方面。

环境公益诉讼与私益诉讼相对应,在学理上有不同探讨。吕忠梅教授认为:"环境公益诉讼是指任何行政机关或其他公共权力机构、法人或其他组织及个人的行为有使环境遭受侵害或有侵害之虞时,任何公民、法人、公众团体或国家机关为维护环境公共利益而向法院提起诉讼的制度。"② 2012年的《民事诉讼法》将公益诉讼纳入司法救济体系,第55条涵盖了环境公益诉讼。新《环保法》第58条也指出符合法律规定条件的社会组织可以提起环境公益诉讼。最

---

① 竺效.论环境侵权原因行为的立法拓展[J],中国法学,2015 (2).
② 吕忠梅,吴勇.环境公益实现之诉讼制度构想[A],别涛.环境公益诉讼[C],法律出版社,2007,p23.

高人民法院也出台了专门的司法解释以规范审理程序。环境公益诉讼强调对环境损害的救济，诉讼目的是为了维护社会公共环境权益，这是与私益诉讼的本质区别。目前关于环境公共利益的界定存在争议。有学者认为环境公益是指环境因其具有的生态服务功能而能满足人类需求所承载的公共性利益，其具有如下特性：第一，环境公益是人类对环境"本身"的需求，是人类为满足生存所必需的、基本的环境利益。第二，环境公益具有公共性，属于公共产品。① 而且维护环境公益不力所导致的环境侵害也有公共性。环境侵害导致环境生态系统破坏，却并不必然导致人的健康或财产的明显损害。② 另外，提起环境公益诉讼并不以实际损害为唯一前提，在损害之虞时也可提起。根据最高人民法院《关于审理环境民事公益诉讼案件适用法律若干问题的解释》第1条的规定就可看出对环境公共利益的保护更强调预防性，这突破了"没有损害就没有责任"的传统民事责任理论。

综上，环境侵权公益性救济体现出了"环境法与民法的根本冲突——环境法利益的公共性与民法利益的个体性。"③

就权益保护范围而言，《侵权法》作为私法，以救济私权利为出发点，为环境污染侵权的私法救济提供了法律依据，解决了环境私益诉讼的法律适用问题。而环境污染行为可能损害的对象包括环境生态功能、环境介质本身、因污染而变坏了的环境介质又间接地损害特定人的人身和财产。④ 其中不仅包含需要私益救济的部分还涉及需要公益救济的内容。当然，普通的环境侵权诉讼在直接地保护私益的同时也间接地涉及环境公共利益的保护，但这种保护方式的作用和有效性相当有限。环境侵权中的公益性损害无法确定为具体的某些受损主体，很难以私法救济手段维护所涉及的多数人的利益。另外，对环境公益的保护更加强调预防性，而根据侵权责任法所进行的环境私益的保护具有滞后性，这些均体现出了以私法救济为基础的侵权责任法在环境侵权责任方面的局限性。可以说，"环境公益诉讼不是侵权法框架下可以容纳的制度，它的价值、理念、原则、程序都与民事侵权制度大相径庭"⑤。

---

① 樊振华.公共产品背景下环境公益诉讼原告制度构建——基于《环境保护法》修改的思考[J].学海，2014（4）.
② 陈亮.美国环境公益诉讼原告适格规则研究[M]，中国检察出版社，2010，p40.
③ 吕忠梅.论环境法上的环境侵权—兼论《侵权责任法（草案）》的完善[J]，清华法治论衡，2010（1）.
④ 邹雄，蓝华生.环境污染责任适用范围辨析—《侵权责任法》第八章解读之一[J]，海峡法学，2011（1）.
⑤ 吕忠梅.论环境法上的环境侵权—兼论《侵权责任法（草案）》的完善[J]，清华法治论衡，2010（1）.

另外，侵权责任法的调整对象具有限定性。《侵权法》第2条明确规定了财产权和人身权等传统的基本民事权利，确定了侵权责任法的保护范围。虽然同时规定了带"等"字表述的兜底条款，但依然将权益范围限定在了"人身、财产权益"，强调的是对私权的保护。其中并没有包含环境权益，对于只有纯环境侵害没有致人损害的情形无法提供充分的法律救济予以修复。即便是如前文有学者所述对生态破坏造成权利主体损害的按照一般侵权责任，也是一种致人损害的责任，并不能解决生态损害的救济问题。而且，该法第15条中所规定的承担侵权责任的方式只有在人身和财产权益遭受侵害的情形下可以适用。并且，《侵权法》中"环境污染责任"在"医疗损害责任"和"高度危险责任"之间，前后均是对受损的私权利的保护，这也说明了环境污染责任的性质。

在社会价值日益多元化的当代法治国家，不同的法律部门保护不同的价值，因此旨在保护权利的责任规则范围也会出现差异。环境保护法的民事责任规则指向侵权责任法，其自身具有一定的公法特征，而后者则属于纯粹的私法范畴。两者所保护的价值和相配套的责任规则都存在很大差异。实际上目前的环境损害民事责任规范中存在价值冲突。环境公益突破了侵权责任法保护和规制的范围，通过传统的私益救济全面保护环境权益是不现实的，缺乏对环境侵权的有效救济。

（二）责任承担方式的创新性

根据《环保法》第64条的规定，《侵权法》因环境污染和生态破坏而造成的损害由《侵权法》提供相应法律救济。《侵权法》第15条规定了承担侵权责任的主要方式，这些传统的司法救济方式主要是针对受害人的民事法律救济，同样适用于《侵权法》中的环境污染侵权，但要对完整的环境侵权进行救济，《侵权法》在承担侵权责任的形式方面本身就存在一定局限性。

一方面，这些承担侵权责任的方式是在《侵权法》第2条所规定的保护范围之内适用，并不直接保护环境权益。侵权责任法通常是在环境侵权行为对受害人的人身权或者财产权造成侵害而形成具体损害时提供救济，而对于环境本身造成的影响也只能通过上述方式进行间接的、部分的救济。例如，"因生态损害已非以环境为媒介的人身或财产损害所能涵盖，这种损害的赔偿已超出了作为传统民事侵权法特别法的环境侵权法目前所能解决的范围"[①]。仅依靠传统的民事侵权赔偿责任已经不能充分救济环境损害，现有的法律制度难以支持生态损害索赔。可见，《侵权法》只能解决一部分环境纠纷，并不能为所有的环

---

① 梅宏. 生态损害. 生态文明视野下环境法研究不容忽视的问题 [J]，法学论坛，2007（1）.

境侵权损害提供法律救济。

另一方面，考虑到环境公益诉讼在环境公益保护方面具备独特功能，其在对已经发生的环境损害加以补救的同时更注重对环境损害的有效预防，它的提起并不要求一定有环境损害的结果发生。原告的诉讼请求内容可以具备将来指向，要求被告采取有效措施以防范产生、避免或减轻环境损害结果，而传统民事侵权救济具有明显的被动性和滞后性。环境公益诉讼的请求内容与普通侵权案件存在不同，因此，法院在审理时如果仅简单地运用《侵权法》第15条民事责任承担方式进行裁判，将难以进行有效救济。司法实践中，结合环境公益诉讼的特征，既要考虑防止侵权行为继续或扩大，又要考虑及时进行环境修复，还要考虑到惩戒性赔偿问题，需要法院创新性地探索民事责任的承担方式。例如在昆明市环保局诉昆明三农农牧有限公司与昆明羊甫联合牧业有限公司环境公益民事侵权纠纷一案中，法院判决败诉方承担污染环境修复费用，直接向环境公益损失救济专项资金账户支付；在中华环保联合会诉无锡市蠡湖惠山景区管理委员会生态环境侵权案中，法院经审理后判决建设单位通过异地补植的方式来恢复生态容量。2015年1月6日发布的《关于审理环境民事公益诉讼案件适用法律若干问题的解释》第20条就肯定了司法实践，增加了恢复性责任承担方式。可见，就责任类型而言，这些创新方式回应了环境公益诉讼的特点和功能，符合恢复受损的生态系统功能这一审判目标。因此，建构一个完整的环境侵权救济体系，需要在责任承担方式上有所扩张。

三、环境侵权法律救济体系之构建

近年来，我国环境侵权案件频发，各类环境问题反映出了环境保护形势的严峻程度。一些新的环境侵权责任问题需要从权利保护的角度重新进行审视，完善立法，以克服现行立法存在不协调、不明确的现象。首先，《环保法》与《侵权法》对环境侵权的概念认知不同，后者在保护客体方面存在局限性。环境法上的"环境侵权"和侵权法中的"侵权"内涵不同，而两法对此缺乏清晰的认识。虽然在《环保法》第64条没有明确生态损害，但其在立法理念和其他新增条款上已经将此纳入环境侵权，这也是生态文明视野下环境法研究不容忽视的问题。而《侵权法》中并没有相对应的适用依据，不能简单将致人损害扩大至对环境的损害。考虑到环境侵权的本质与特征，需要探讨界定生态损害的概念、范围以及生态破坏行为是否可以纳入《侵权法》的救济。其次，对环境侵权提供救济时，《环保法》与《侵权法》在价值取向上存在差别。《环保法》是从社会化责任出发，强调公益性维护，而《侵权法》是从个人责任出发，强调对私益的维护，忽视了不涉及私益的部分环境侵权。另外，两法保护环境的具体追求目标不同。《环保法》注重对环境侵权行为的抑制，强调预防性保护，而《侵权法》则要求已经产生实际的损害结果。再者，《侵权法》中有关环境污染侵权责任的规定与《环保法》的规定存在脱节现象。这主要体现在现行法律框架中的侵权责任不能涵盖对环境公益的救济。例如，对于环境公益诉讼，《侵权法》并未给出明确的答案，缺乏法律依据，这显然不利于全面保护环境目的的实现。这就出现了实际存在的环境公益损害与现行《侵权法》无法救济之间的矛盾冲突。可以说，《侵权法》在面对环境损害责任这一重任时心有余而力不足。

现在《侵权法》的规定并不能满足环境问题的解决，尤其是缺乏系统的环境公益损害救济制度，这将影响法院对环境侵权案件的审判实践。因此，《环保法》直接简单地通过准用性规则将环境侵权的责任承担内容完全纳入《侵权法》并不适当。要解决目前存在的这一矛盾，需要《环保法》和《侵权法》相互沟通和协调，构建全面完整的环境侵权体系。从权利保护的全面性要求出发，为了保障《民事诉讼法》的顺利实施，进一步在司法实践中贯彻落实《环保法》第64条，有必要完善环境侵权责任，补强环境立法。笔者认为可以通过立法解释由立法机关对《环保法》《侵权法》具体条文中所使用的概念作出说明，包括《侵权法》第八章的适用范围问题等，从立法技术上进行立法拓展，理顺污染环境型侵权和破坏生态型侵权的逻辑关系，以更加准确地理解法律规范，为司法实践中的法律适用提供明确的立法支撑；也可以考虑通过司法解释的形式进一步细化和规范化环境损害民事责任规则，特别是有关环境公益诉讼的内容，如何在环境维权时做到兼顾公益和私益是一个需要考虑的关键问题；或者可以专门制定有关环境侵权法律责任适用问题的实施细则，针对其中的衔接问题做出明确说明；也可以通过发布指导性案例的方式，根据具体案件的裁判过程进行法律解释、填补立法漏洞、价值补充，使不确定的概念得以具体化。通过采取有效方式解决前文所述的因立法疏漏所产生的困惑，有助于协调环境法和侵权责任法之间的关系，对所存在的衔接性问题进行针对性地调整，尤其是在环境侵权责任的互动方面，以充分保障环境权益。